JN191906

# 労災民事賠償マニュアル

## 申請、認定から訴訟まで

ロア・ユナイテッド法律事務所 代表パートナー弁護士
**岩出 誠**［編集代表］

**ロア・ユナイテッド法律事務所**［編集］

ぎょうせい

# はしがき

我が国の全産業における労働災害の発生件数は、厚生労働省労政審議会安全衛生分科会の平成29年12月６日「第13次労働災害防止計画」（厚労省より平成30年３月19日に公示）等も指摘しているように、長期的には、死亡災害、死傷災害ともに減少傾向にはある。しかし、未だ毎年900人前後が死亡し、休業４日以上の死傷者も11万人を超えている。化学物質による労働災害の損害賠償事件も増加している。

他方、我が国の自殺をめぐる状況をみると、自殺者数は、自殺対策基本法等の諸施策の効果もあり、平成23年からようやく３万人を下回ってきたとはいえ、依然として高水準で推移しており、人口10万人当たりの自殺による死亡率（自殺死亡率）も欧米の先進国と比較して突出して高い水準にあるなど極めて深刻な事態となっている。

その中で、業務による心理的負荷を原因とする精神障害についての労災請求件数については、平成10年度においては42件であったものが、平成29年度には1,732件（うち、未遂を含む自殺件数は前年度比23件増の221件）に達するとともに、今後も増加が見込まれる状況にあり、労災支給決定件数は平成17年度の127件から平成29年度の506件へと急増している。これらは、単に労災認定の問題にとどまらず、企業の健康配慮義務違反による、いわゆる過労自殺などとして、企業に対して高額な賠償が命じられた民事裁判例も急増している。自殺に至らないまでも業務に起因する精神疾患の場合の企業に対する損害賠償請求も急増している。同様の現象は、過重労働に基づく脳・心臓疾患や死亡（過労死）についても多発している。

また、粉塵やアスベストや化学物質に起因する災害の労災認定、損害賠償請求も急増している。

以上のほか、判例法理を踏まえた、労契法５条の安全配慮義務の明文化、労基則改正による職業病の例示項目、通勤災害の範囲の拡大等がなされ、さらに、平成17年の大改正以来、平成29年まで毎年のように安衛法改正がなされ、平成30年にも、働き方改革関連法の中で安衛法の改正がなされ、企業に課される安衛法上の義務はより高度化し、これがいわゆる労災民事賠償事件の現在以上の増加の契機となることは否めない。

かかる状況の中で、本書は、労働災害として認定される補償の種類および傷病の性質から、業務起因性の認定、損害賠償額の算定、後遺症の認定等、労災の申請から認定、民事賠償訴訟等までの手続を一貫して解説する。

また、労働災害の予防という観点から、使用者による安全配慮義務や従業員の健康管理、メンタルヘルス、企業の防衛策としての労災上積み補償等、労災保険に関する様々な実務上留意すべき論点についても詳説する。

さらに、労災申請や民事賠償訴訟等に必要な書式等も豊富に掲載し、法律実務家にとって、労災関連訴訟を行う上でのマニュアルとなるのはもちろん、社会保険労務士や企業の人事労務担当者等にとっても役立つ一冊である。

なお、本書は、編者による章立て、テーマ、文例選択等の調整はなされているが、各執筆者は、自説を述べるのではなく、判例を中心に、でき得る限り客観的に、前述の目的を狙って各自が独自に執筆した。したがって、各所で示されている見解は各担当執筆者の個人の責任において示されたもので、執筆者全員の統一見解でも、編者たるロア・ユナイテッド法律事務所の見解というものでもないこと、そのため、最低限の調整はしたものの、各所での各人の説明と利用者の便宜のためリファーには留意したが、強いて各項目相互間の解説につき若干の重複・矛盾には調整を行っていないことをお断りしておく。

本書が、人事・労務に関係し、あるいは、これに興味ある方々にいささかでもお役に立ち、各企業と従業員全体が、良い意味での日本的経営の根幹である人本主義の理念の下に、公正かつ規律ある企業文化を形成され、もって、正に職場での安全、生命と健康という、根源的な問題につき、企業の発展と従業員の福祉を向上させることに寄与できれば筆者一同の望外の喜びとするところである。

最後に、本書の企画、刊行全般について、株式会社ぎょうせいの皆さん、当事務所の担当の能千晴をはじめとする皆さんに色々とお骨折りいただいたことに御礼申し上げる。

平成30年７月

編者代表　ロア・ユナイテッド法律事務所
代表パートナー弁護士　岩出　誠

# 執筆者一覧


**ロア・ユナイテッド法律事務所**
〒105-0001　東京都港区虎ノ門一丁目１番23号　虎ノ門東宝ビル９階
電話：03-3592-1791（代表）　FAX：03-3592-1793
URL：http://www.loi.gr.jp


**【編者代表】**

**岩出 誠**（いわで・まこと）

東京大学大学院法学政治研究科修了（労働法専攻）、ロア・ユナイテッド法律事務所代表パートナー弁護士（昭和52年登録・東京弁護士会）。元厚生労働省労働政策審議会労働条件分科会公益代表委員、元千葉大学法科大学院客員教授、元青山学院大学客員教授、同大学院ビジネス法務専攻講師、首都大学東京法科大学院非常勤講師、明治学院大学大学院客員教授（労働法）ほか。

**＜主な著作・論文等＞**

『実務労働法講義〔第３版〕（上・下）』［民事法研究会、平成22年］、『労働法実務大系』［民事法研究会、平成27年］、『平成27年改正労働法の企業対応』［中央経済社、平成28年］、『新労働事件実務マニュアル〔第４版〕』（共著）［ぎょうせい、平成29年］、『アルバイト・パートのトラブル相談Q&A』（共著）［民事法研究会、平成29年］ほか多数。

**【執筆者】**（執筆順）

**岩楯 めぐみ**（いわだて・めぐみ）

名古屋大学経済学部卒業、特定社会保険労務士（平成16年登録、平成21年特定社会保険労務士付記）。社会保険労務士事務所岩楯人事労務コンサルティング代表。

**村林 俊行**（むらばやし・としゆき）

中央大学法学部法律学科卒業、ロア・ユナイテッド法律事務所パートナー弁護士（平成９年登録・東京弁護士会）。元青山学院大学大学院ビジネス法務専攻講師、平成23年度東京弁護士会法友全期会代表幹事ほか。

**岩野 高明**（いわの・たかあき）

早稲田大学法学部卒業、弁護士（平成19年登録・東京弁護士会）。

**岩出 亮**（いわで・りょう）

法政大学法科大学院法務研究科修了、パラリーガル。

**髙木 健至**（たかぎ・けんじ）
早稲田大学社会科学部卒業、北海道大学大学院法学研究科法律実務専攻修了、弁護士（平成27年登録・東京弁護士会）。東京弁護士会中小企業法律支援センター委員、労働法制特別委員会元幹事。
＜主な著作・論文等＞
『新労働事件実務マニュアル〔第４版〕』（共著）［ぎょうせい、平成29年］、『懲戒処分・解雇（実務Ｑ＆Ａシリーズ）』『募集・採用・内定・入社・試用期間（実務Ｑ＆Ａシリーズ）』（共著）［労務行政、平成29年］、『有期契約社員の無期転換制度実務対応のすべて』（共著）［日本加除出版、平成30年］、『人材サービスの実務』（共著）［第一法規、平成16年］のほか、『ビジネス法務』等専門誌への寄稿多数。

**村木 高志**（むらき・たかし）
早稲田大学法学部卒業、ロア・ユナイテッド法律事務所パートナー弁護士（平成17年登録・東京弁護士会）。
＜主な著作・論文等＞
『労政時報』別冊「即答人事トラブル110問」（共著）［労務行政研究所、平成18年］、『Ｑ＆Ａ労働契約法の解説』（共著）［ぎょうせい、平成20年］、『Ｑ＆Ａ労働契約法と改正パート労働法等のポイント』（共著）［新日本法規出版、平成20年］ほか多数。

**石居 茜**（いしい・あかね）
同志社大学大学院法学研究科前期課程私法学専攻修了、弁護士（平成14年登録・東京弁護士会）。

**木原 康雄**（きはら・やすお）
早稲田大学法学部卒業、弁護士（平成15年登録・東京弁護士会）。

**難波 知子**（なんば・ともこ）
首都大学東京大学院社会科学研究科法曹養成専攻卒業、弁護士（平成20年登録・東京弁護士会）。

**中村 仁恒**（なかむら・よしひさ）
早稲田大学法学部卒業、早稲田大学法科大学院修了、弁護士（平成27年登録・東京弁護士会）。東京弁護士会労働法制特別委員会委員。
＜主な著作・論文等＞
『懲戒処分・解雇（実務Ｑ＆Ａシリーズ）』『募集・採用・内定・入社・試用期間（実務Ｑ＆Ａシリーズ）』（共著）［労務行政、平成29年］、『人材サービスの実務』（共著）［第一法規、平成16年］、『証拠収集実務マニュアル〔第３版〕』（共著）［ぎょうせい、平成29年］のほか、『企業実務』等専門誌への寄稿多数。

# 凡　例

## 1　根拠法令

本文中の以下の法令については、次に掲げる略語を用いた。それ以外のものについては、原則としてフルネームで記した。

| 略語 | 法令名 |
|---|---|
| 安衛法 | 労働安全衛生法 |
| 安衛則 | 労働安全衛生規則 |
| 行審法 | 行政不服審査法 |
| 行訴法 | 行政事件訴訟法 |
| 国公災法 | 国家公務員災害補償法 |
| 情報公開法 | 行政機関の保有する情報の公開に関する法律 |
| 地公災法 | 地方公務員災害補償法 |
| 特別支給則 | 労働者災害補償保険特別支給金支給規則 |
| 派遣法 | 労働者派遣事業の適正な運営の確保及び派遣労働者の就業条件の整備等に関する法律 |
| 非訟法 | 非訟事件手続法 |
| 民訴法 | 民事訴訟法 |
| 民訴費用法 | 民事訴訟費用等に関する法律 |
| 民調法 | 民事調停法 |
| 労基法 | 労働基準法 |
| 労基則 | 労働基準法施行規則 |
| 労契法 | 労働契約法 |
| 労災法 | 労働者災害補償保険法 |
| 労災則 | 労働者災害補償保険法施行規則 |
| 労審法 | 労働審判法 |
| 労審則 | 労働審判規則 |
| 労徴法 | 労働保険の保険料の徴収等に関する法律 |
| 労徴則 | 労働保険の保険料の徴収等に関する法律施行規則 |

## 2　裁判例

裁判例を示す場合、「判決」→「判」、「決定」→「決」と略した。また、裁判所の表示・判例の出典については、次のア、イに掲げる略語を用いた。

### ア　裁判所名略語

| 略語 | 名称 |
|---|---|
| 最 | 最高裁判所 |
| 高 | ○○高等裁判所 |
| 地 | ○○地方裁判所 |
| 支 | ○○支部 |

### イ　裁判例集出典略語

| 略語 | 名称 |
|---|---|
| 民集 | 最高裁判所民事判例集 |
| 裁判集民 | 最高裁判所裁判集民事 |
| 労民 | 労働関係民事裁判例集 |
| 訟月 | 訟務月報 |
| 金判 | 金融・商事判例 |
| 交民 | 交通事故民事裁判例集 |
| 判時 | 判例時報 |
| 判タ | 判例タイムズ |
| 労経速 | 労働経済判例速報 |
| 労判 | 労働判例 |

## 3　文　献

文献・雑誌は、次のア、イに掲げる略語を用いた。それ以外のものについては、原則としてフルネームで記した。

### ア　文　献

| | |
|---|---|
| 荒木・労働法 | 荒木尚志著『労働法〔第3版〕』[有斐閣、平成28年] |
| 岩出・講義（上）（下） | 岩出誠編著『実務労働法講義〔第3版〕（上・下）』[民事法研究会、平成22年] |
| 岩出・大系 | 岩出誠著『労働法実務大系』[民事法研究会、平成27年] |
| 岩出・26企業対応 | 岩出誠著『平成26年改正労働法の企業対応：有期特例法、改正パート労働法、改正安衛法等の実務留意点』[中央経済社、平成26年] |
| 佐々木ほか・実務 | 佐々木宗啓ほか編『類型別労働関係訴訟の実務』[青林書院、平成29年] |
| 菅野・労働法 | 菅野和夫著『労働法〔第11版補正版〕』[弘文堂、平成29年] |
| 菅野ほか・労働審判 | 菅野和夫ほか著『労働審判制度：基本趣旨と法令概説〔第2版〕』[弘文堂、平成19年] |
| 土田・労契法 | 土田道夫著『労働契約法〔第2版〕』[有斐閣、平成29年] |
| 東大労研・注釈労基法 | 東京大学労働法研究会編『注釈労働基準法（上・下）』[有斐閣、平成15年] |
| 西村・社会保障法 | 西村健一郎著『社会保障法』[有斐閣、平成15年] |
| 山口ほか・審理 | 山口幸雄・三代川美千代・難波孝一著『労働事件審理ノート〔第3版〕』[判例タイムズ社、平成23年] |

### イ　雑　誌

| | | | |
|---|---|---|---|
| ジュリ | ジュリスト | 法協 | 法学協会雑誌 |
| 曹時 | 法曹時報 | 労旬 | 労働法律旬報 |

# 目　次

## 第4章 通勤災害に関する給付



## 第5章 労災保険給付の手続

## 第6章 労災民事賠償事件（労災民訴）——損害賠償論

## 第8章　労災保険給付をめぐる紛争調整手続



## 第9章　公務員の公務災害補償制度と民事賠償請求の概要

# 第１章

# 業務上災害・労災全般についての基礎知識

# Ⅰ　労働災害が起こった場合の責任類型
## ——刑事・民事事件・監督行政上の責任

### はじめに

労災訴訟の実務を知る基礎として労働災害や職業病（一括して、「労災」ともいう）全般についての基礎知識を確認しておく（なお、以下の記述については、菅野605頁以下、西村・社会保障法325頁以下、荒木・労働法235頁以下、岩出・大系501頁以下等、およびこれらの引用する文献・判例参照）。すなわち、もしも不幸にも労災が発生した場合に誰にどのような責任が発生するのだろうか。すべての労災に必ず発生するわけではないが、予想され得る危険としては、次のものがある。すなわち、①刑事責任（禁錮、罰金などの刑罰）、②民事責任（労基法上の労災補償責任、労災民事賠償責任）、③行政責任（業務停止など）、④社会的責任（マスコミ等への公表など）、の４つである。以下、その構造を概論しておく。

### 1　労災における過失責任主義に基づく損害賠償請求の問題点

労働災害が生じた場合、後述のとおり（本章Ⅱ１、第６章）、その損害について使用者に安衛法違反などがあって、判例（最高裁判例は、川義事件・最三小判昭和59年４月10日労判429号12頁）やこれを明文化した労契法５条の措定する安全配慮義務違反による債務不履行や、不法行為としての責任が発生する場合、被災労働者または遺族に対して、事業者には民法上の損害賠償義務があり、被災労働者または遺族は、事業者に対して民法上の損害賠償請求ができる構造になっている。

しかし、安全配慮義務違反に基づく債務不履行責任の追及によると、過失責任主義に基づいた不法行為制度に基づく賠償請求によるとを問わず、基本的に過失責任主義に基づく損害賠償責任制度の下では、被災者である労働者や遺族が、使用者の故意・過失ないし個別の安全配慮義務の特定（安全配慮義務違反による債務不履行責任により損害賠償を求める場合にも、訴訟の実際の場面では、被災者側に、安全配慮「義務違反の内容を特定し、かつ、義務違反に該当する事実を主張・立証する責任」があるとされている。例えば、航空自衛隊芦屋分遣隊事件・最二小判昭和56年２月16日民集35巻１号56頁参照）、過失等と損害との因果関係やそれらの存在を主張立証する必要があり（菅野605頁、荒木・労働法235頁以下等参照）、被災者側にも過失があれば過失相殺によって賠償額が減額され、また、訴訟遂行には、一般的に、多くの費用や労力が必要とされるため、民法上の損害賠償制度によってその被害の迅速・簡易な回復を図ることは困難な場合が少なくない。

### 2　労基法・労災法による労災補償

そこで、労基法は、「第８章　災害補償」において、労災補償制度を設けて、労働者が業務上負傷し、疾病にかかり、または、死亡した場合は、使用者に、療養補償（労基法75条）、休業補償（同76条）、打切補償（同81条）、障害補償（同77条）、遺族補償（同79条）、分割補償（同82条）、葬祭料（同80条）を支給する制度を設け、後述Ⅱ１の民事上の損害賠償制度による損害回復の困難を克服し、労働者の保護を図っている。

しかし、労基法上の業務上補償制度は、使用者に支払能力がない場合には補填不能である。その点を、政府が保険制度として管掌（運営）し、使用者は義務としてこれに加入し保険料を納め、労災を被った労働者がこの保険によって補償を受けられるとして、労基法上の業務上補償制度の限界を補うものが労災法に基づく労災保険制度である（労災保険制度全般に関しては、西村・社会保障法325頁以下参照）※。

※　学校法人専修大学事件・最二小判平成27年6月8日労判1118号18頁は、「労災保険法の制定の目的並びに業務災害に対する補償に係る労働基準法及び労災保険法の規定の内容等に鑑みると、業務災害に関する労災保険制度は、労働基準法により使用者が負う災害補償義務の存在を前提として、その補償負担の緩和を図りつつ被災した労働者の迅速かつ公正な保護を確保するため、使用者による災害補償に代わる保険給付を行う制度であるということができ、このような労災保険法に基づく保険給付の実質は、使用者の労働基準法上の災害補償義務を政府が保険給付の形式で行うものであると解するのが相当である」と同旨を明確に判示している。

## 3　安衛法等に基づく行政上・刑事上の責任

### ⑴　行政処分・指導・是正勧告等

労災が起きた場合、労働基準監督署（以下、本書において「労基署」という）により、労働安全のルールを定めた安衛法、その細則である安衛則等の労働安全関係法規の違反の有無に関する調査が行われ、事業者、労働者、機械等貸与者、建築物貸与者またはコンサルタントに対し、必要な事項を報告させ、または出頭を命ずることができる（安衛法100条）。

安衛法や安衛則には、事業者（事業を行う者で、労働者を使用する者。個人経営の場合はその事業主）が、労災を防止するために、守らなければならない、膨大な規定が定められている。

調査・報告によりそれらの規定に違反していれば、厚生労働大臣、都道府県労働局長または労働基準監督署長（以下、本書において「労基署長」という）が、関係規定に沿って、事業者、注文者、機械等貸与者または建築物貸与者等に対する関係業務計画変更や差止め命令（安衛法88条7項）、建設物等の全部または一部の使用の停止または変更命令を下すことができる（同98条1項）。

### ⑵　刑事罰

上記⑴の調査により、各違反がある場合で、行政上の指導等にとどまらず、悪質な違反と認められれば、各規定の定める処罰を受けることがある。安衛法は、最高で、7年以下の懲役から、300万円の罰金まで、各義務の内容に応じて罰則を定めている（115条の2以下）。

道交法違反でも法律を知らなかったという弁解が通らないように、安衛法などの違反についても規定を知らなかったでは済まされない。また、安衛法の特徴として、両罰規定といわれる規定があり（122条）、現場の監督者らの安衛法違反について、法人を含む事業者も一緒に罰せられることがある。実際にも、既に、過労死認定、過労死民事責任と絡んだ事案における、健康診断に関する安衛法違反をめぐる刑事判決が示されている（大阪地判平成12年8月9日判時1732号152頁）。

## 4　刑法上の業務上過失致死傷

労災においても、刑法上の業務上過失致死傷の適用があり得る。刑法は「業務上必要な注意を怠り、よって人を死傷させた者は、５年以下の懲役若しくは禁錮又は50万円以下の罰金に処する」と定めている（211条前段）。

「業務上必要な注意」とは、事故の発生を予想して、それを防止するための必要な措置を講ずることである。先に説明した安衛法上の安全に関する義務が、「業務上必要な注意」内容として、その義務違反が問われる場合もある。しかし、最近は、労災への社会的関心の高まりもあり、事故の予想範囲についても、予想後の事故防止措置の内容・程度のいずれについても、それらの明文の規定にとらわれず、さらに高度で厳しい安全義務を要求され得ることに注意を要する。

## 5　被災労働者や遺族からの損害賠償請求または民法536条２項に基づく全額の賃金請求

後述のとおり（本章Ⅱ１、第６章）、労災が起こった場合、労災保険があっても、被災労働者や遺族は、企業に対して①損害賠償請求や、②民法536条２項に基づく全額の賃金請求を求めることができる場合がある。

事業者に安衛法違反などの過失があって、判例（最高裁判例は、川義事件（前掲））やこれを明文化した労契法５条の措定する安全配慮義務違反や、不法行為として責任が発生する場合、労災保険給付でカバーされない損害については、前述１の労働者側の負担はあるものの、事業者には民法上の損害賠償義務があり、被災労働者または遺族は、事業者に対して民法上の損害賠償請求ができる構造になっている。このため、事業主としては、労災発生の場合、常にこの賠償請求を受けるリスクがある。

ただし、労災認定されたことが当然に労災事故そのものの存在や使用者の賠償責任を肯定することに直結するものではない（例えば、ユニプラ事件・東京高判平成22年10月13日労経速2087号28頁では、労基署事務官による調査結果は控訴人の申告に基づくものであり、控訴人の両膝痛の症状が工場での作業後に発生したことを裏付けるにとどまり、控訴人が労災認定を受けたことをもって本件事故が発生したとはいえないとした例で、労災認定がされながら労災事故そのものの証明なしとされている。労災認定が出ている中で賠償責任が否定された例として、医療法人社団明芳会（R病院）事件・東京地判平成26年３月26日労判1095号５頁、日本政策金融公庫（うつ病・自殺）事件・大阪高判平成26年７月17日労判1108号13頁、四国化工機ほか１社事件・高松高判平成27年10月30日労判1133号47頁、ヤマダ電機事件・前橋地高崎支判平成28年５月19日労判1141号５頁等）。

注目すべきは、最近、有力学説において、労災民事（賠償）事件の賃金全額の請求原因として、民法536条２項「債権者の責めに帰すべき事由によって債務を履行することができなくなったときは、債務者は、反対給付を受ける権利を失わない」の帰責事由（債権者の責めに帰すべき事由）が、①の損害賠償請求の場合の過失・帰責事由と変わらないとして、同項に基づく請求を認める見解が示され（谷口知平ほか編・甲斐道太郎著『新版・注釈民法(13)〔補訂版〕』684頁［有斐閣、平成18年］、明確には土田・労契法247頁、同旨、荒木・労働法123頁。これに対して、従前の学説は、同項が適用されるのは、労働者が債務の本旨に従った通常の労務の提供の意思と能力の存在を前提としているとして、その適用は認めていなかった。例えば、北岡大介「メンタルヘルス休職者に対する休職期間満了を理由とした解雇と労基法19条」労旬1705号45頁以下参照）、裁判例でもこれをも認める高裁裁判例が現れ（東芝深谷工場事件・東京高判平成23年２月

23日労判1022号５頁。地裁レベルでは、同事件（原審）・東京地判平成20年４月22日労判965号５頁、新聞輸送事件・東京地判昭和57年12月24日労判403号68頁、アイフル（旧ライフ）事件・大阪高判平成24年12月13日労判1072号55頁。同項の適用を否定するのがアジア航測事件・大阪地判平成13年11月９日労判821号45頁、学校法人専修大学事件・東京高判平成25年７月10日労判1076号93頁等）、今後の推移が注目される。なぜなら、これを認めた場合、賃金部分については労基法76条や労災法14条の適用の余地がなくなり（水町勇一郎「労使が読み解く労働判例④」季労229号129頁もこれを指摘する。この点で、労災保険制度趣旨・沿革にも造詣の深い西村健一郎「判例評釈」ジュリ1398号261頁が同項の適用を無批判に支持するのには意外な感がある）、労災補償制度を設けた趣旨や、使用者の保険利益を喪失させる解釈として重大な疑問がある。もし、かかる解釈が定着するような事態を迎えた場合には、労基法、労災法につき、賃金支払の場合の使用者の国に対する労災保険給付相当額の求償を認めるような調整につき、立法的対応が必要であろう（なぜなら、同様な問題といえる、企業が損害賠償義務を履行した場合に、将来給付分が控除されないとしたら、その将来給付分は、本来、企業が賠償しなければ国から被災者や遺族に対して支払われたはずのものであるとして、企業が、被災者側に支払った将来給付分の損害賠償金について、本来保険給付がなされるべきものを国に代わって立替払したとして代位請求したところ、三共自動車事件・最一小判平成元年４月27日民集43巻４号278頁は国に対して未支給の労災保険金を使用者に支払えと代位請求してもこれを認めていない。そこで、立法的な解決が求められるのである）。

### 6　社会的責任――IR面での対応

さらに、労災発生の場合、多くの死傷者を出した重大災害にとどまらず、過労死、過労自殺等についても、その発生、提訴、労災認定、賠償命令判決等のすべてが、とりわけ上場会社等においては、企業イメージを損ない、いわゆるIR上の支障となることは否めない。

## Ⅱ　労災補償制度の基本的な枠組み

### 1　労災における過失責任主義に基づく損害賠償請求の限界

労働災害が生じた場合、被災労働者または遺族は、前述のとおり（第１章Ⅰ１）、その損害について使用者に賠償責任（不法行為責任等）がある場合には、使用者に対して民事損害賠償を請求できる。さらに、前述のとおり（第１章Ⅰ５）、事の当否は措くとして、民法536条２項の使用者の帰責事由に基づく賃金請求も考えられる。

しかし、第１章Ⅰ１で前述したとおり、安全配慮義務違反に基づく債務不履行責任の追及によると、過失責任主義に基づく不法行為制度に基づく賠償請求とを問わず、基本的に過失責任主義に基づく損害賠償責任制度等の下では、被災者である労働者や遺族が、使用者の故意・過失・帰責事由ないし個別の安全配慮義務の特定、過失等と損害との因果関係やそれらの存在を主張立証する必要がある（民法536条２項の使用者の帰責事由に基づく賃金請求による場合、使用者の同項の帰責事由について同様の問題がある）。さらに、民法536条２項に基づく請求以外では、被災者側にも過失があれば過失相殺によって賠償額が減額され、また、訴訟遂行には、一般的にいって、多くの費用や労力が必要とされるため、民法上の損害賠償制度によってその被害の迅速・簡易な回復を図ることは困難な場合が少なくない（なお、民法536条２項の使用者の帰責事由に基づく賃金請求による場合、同項により支払われるのは労基法上の賃金であり、労基法24条１項の全額払の原則が適用され、同請求分には過失相殺がなされる余地はなく、ここに同項に基づく請求の労働者側のメリットがあるといえよう）。

## 2　労基法上の労災補償責任

そこで、労基法は、前述のとおり（第１章Ｉ２）、労災補償制度を設けて、労働者が業務上負傷し、疾病にかかり、または、死傷した場合は、使用者に、療養補償等を支給する制度を設け、前述Ⅱ１の民事上の損害賠償制度による損害回復の困難を克服し、労働者の保護を図っている。

現在、労災補償制度は、労基法上の災害補償と労災法の２本立ての制度によって営まれているが、使用者は、労災法に基づいて保険給付がなされるべき場合には、その価額の限度において労基法上の労災補償の責めを免れる、と両者の調整関係が規定されている（労基法84条１項。神奈川都市交通事件・最一小判平成20年１月24日労判953号５頁は、労働者も、労基法76条に定める休業補償と同一の事由について、労災法12条の８第１項２号、14条所定の休業補償給付を受けるべき場合においては、使用者は、労基法84条１項により、同法76条に基づく休業補償義務を免れる、とこの理を確認している）。労基法上の災害補償の特色は、①業務上の災害に対する使用者の無過失責任であること（無過失責任）、②補償は、療養補償を除き、被災労働者、遺族が実際に被った全損害ではなく、平均賃金に対する定率によって算定されること（賠償額の定額化）、③補償の履行が行政官庁の指導、罰則をもって確保される仕組みがとられていることの３点である。

## 3　労災保険制度の意義とその発展

### ⑴　労基法上の業務上補償制度の限界

しかし、前述のとおり（第１章Ｉ２）、労基法上の業務上補償制度は、使用者に支払能力がない場合には実効性がない。その点を、政府が保険制度として管掌（運営）し、使用者は義務としてこれに加入し保険料を納め、労災を被った労働者がこの保険によって補償を受けられるようにして、労基法上の業務上補償制度の限界を補うものが労災法に基づく労災保険制度である（前掲・学校法人専修大学事件・最二小判平成27年６月８日。労災保険制度全般に関しては、西村・社会保障法325頁以下参照）。

### ⑵　労災保険制度の発展

#### ア　制度発展の概要

労災法は、数次の改正により、その適用範囲、給付内容等において急速に拡大された。すなわち、①労基法上の業務上の事由による災害への補償にとどまらず、②通勤による労働者の負傷、疾病、障害、または死亡に対して迅速かつ公正な保護をするため、必要な保険給付を行い、③それらの給付内容の内の一部の年金化やスライド制による給付内容の充実化、あわせて、④業務上の事由ないし通勤により負傷し、または疾病にかかった労働者の社会復帰の促進、当該労働者およびその家族の援護、適正な労働条件の確保等を図り、もって労働者の福祉の増進に寄与すること（いわゆる社会復帰促進事業）を目的としている。そして、⑤その適用も、現在では、原則として全事業が強制適用となっており、例外は、わずかに経過措置としての、小規模個人経営の農林水産業が任意加入とされているにすぎない。

すなわち、労災保険制度は、業務災害については、前述したように、労基法における災害補償制度があくまで個別使用者の責任にとどまり被災労働者が十分な補償を受けられない場合が生じ得ることをケアすると同時に、通勤途上災害についても、通勤と業務の関連性などに着目して業務災害とほぼ同様の保険給付を行おうとするものである。

#### イ　労災保険料支払懈怠企業の被災者救済

全事業強制適用の結果、例えば、ある事業主が、従業員としてアルバイトしか使用していなかったところから、労災保険料の支払も必要がないと考え、同保険料を支払っていなかった状態で、アルバイトの学生が労災事故に巻き込まれた場合にも、その学生は、事業主が労災保険料を支払っていなくとも、当然に労災保険の適用を求めることができる。この場合、事業主は、さかのぼって労災保険料を徴収されることになる。ただし、２年間の消滅時効はあるが、逆に、事業主が故意または重大な過失により保険関係成立届出を怠っていたときは、保険給付に要した費用の全部または一部（40％まで）を負担させられることがある（労災法31条１項１号）。

### ⑶　労基法上の業務上補償制度の例外的適用の余地

労災保険制度の拡充・発展の下では、労基法上の業務上補償制度が例外的に適用されるのは、負傷当初の３日間の休業補償および業務上災害の定義（業務上の概念）、特に、業務上疾病の列挙、労基則40条に基づく後遺障害等級、労災保険の暫定的任意適用事業における労災補償に限られ、それら以外は、ほぼ全面的に労災法が業務上の災害への補償をカバーしている。しかし、近時でも、その利用の便宜性向上のため、新たに分割補償の規定を設けるなどの改正がされている（労基法82条）。

## 4　労災保険の保険料の仕組み

### ⑴　使用者負担の原則

労災保険料は、一部の国庫負担を別として、原則として、使用者の全額負担となっており、賃金総額に一定の労災保険率を乗じて算出する。料率は、適用事業の過去３年間の事故発生率等を考慮して、厚生労働大臣により定められ（最終改定平成30年４月１日施行。平成30年厚労令第13号）、1000分の88～1000分の2.5の間で事業の種類ごとに定められる（労徴法12条２項、労徴則別表第１。全業種の平均料率は 4.5/1,000。改定経緯・詳細につき、厚労省HP掲載の別表等参照）。

### ⑵　メリット制

労災保険料については、災害発生防止のインセンティヴとして、一定規模以上の事業について、当該事業の過去３年間の労災保険給付の額に応じて次年度の保険料率を40％の範囲で増減させるメリット制がとられている（労徴法12条３項）。

このメリット制の適用を受ける「一定規模以上の事業」とは、「１　100人以上の労働者を使用する事業／２　20人以上100人未満の労働者を使用する事業であって、当該労働者の数に当該事業と同種の事業に係る前項の規定による労災保険率から非業務災害率を減じた率を乗じて得た数が厚生労働省で定めた数以上であるもの（労徴則17条２項によれば、0.4）／３　前２号に掲げる事業のほか、厚生労働省令で定める規模の事業（労徴則17条３項によれば、①建設の事業および立木の伐採の事業については当該保険年度の確定保険料の額が40万円以上であること、②建設の事業にあっては請負金額が１億２千万円以上、立木の伐採の事業にあっては素材の生産量が１千立方メートル以上である事業）」である（各労働局のHP参照※）。

※　①の要件が適用されるのは平成24年度以降に労災保険の保険関係が成立した事業であり、平成23年度以前に成立した事業については、「確定保険料の額が100万円以上」となる。また、②の要件が適用されるのは平成27年度以降に労災保険の保険関係が成立した事業であり、平成26年度以前に成立した事業では、「請負金額（消費税相当額を含む）が１億２千万円以上）」となる。

**【単独有期事業のメリット制適用要件】**

| | メリット制の対象となる要件（①、②のいずれかを満たす場合） | | |
|---|---|---|---|
| | 平成23年度以前 | 平成23～26年度まで | 平成27年度以降 |
| 確定保険料額<br>① | 100万円以上 | 40万円以上 | |
| 請負金額<br>② | １億２千万円以上<br>（消費税相当額を含む） | | １億１千万円以上<br>（消費税相当額を除く） |

### ⑶　数次の請負によって事業が行われる場合の労災保険料の徴収

#### ア　建設業等における元請人の労基法上の災害補償責任

労基法87条により、厚生労働省令で定める事業（労基則48条の２により、労基法別表第１の３号（土木、建築その他工作物の建設、改造、保存、修理、変更、破壊、解体またはその準備の事業））については、戦前から、この種の事業の重層的下請実態に鑑みて、数次の請負によって行われる場合、災害補償については、その元請負人を使用者とみなす、としている（戦前からの歴史的経緯・意義については、拙稿「社外工の労働災害」ジュリ584号150頁以下参照。ただし、同条２項・３項で、一定の下請人への補償引受けは可能となっている）。

#### イ　建設業等における元請人の労災保険料負担

上記アの建設業等における元請人の労基法上の災害補償責任を踏まえて、労災保険料についても、労災法６条は、保険関係の成立および消滅については、労徴法に定めるところによると定め、労徴法８条１項は、「厚生労働省令で定める事業……が数次の請負によって行われる場合には、この法律の規定の適用については、その事業を一の事業とみなし、元請負人のみを当該事業の事業主とする」と定めている。

この場合の元請人の範囲が争われた東京労働局長ほか事件（東京地判平成20年４月17日判時2008号78頁）では、建設の事業が数次の請負によって行われる場合には、数次の請負に係る事業を一括して、その元請負人のみを事業者とみなし、当該事業者から事業全体の労働保険料を一括して徴収することになる。この労徴法８条１項の「数次の請負」および「元請負人」の意味について、労徴法の解釈については、憲法84条の課税要件明確の原則が直接に適用されることはないものの、租税以外の公課であっても、賦課徴収の強制の度合いにおいて租税に類似する性質を有するものについては、憲法84条の趣旨が及ぶ（最大判平成18年３月１日民集60巻２号587頁）と解した上で、労災保険料は、法律上当然に保険関係が成立し、納付しなければ国税徴収の例により強制徴収されるものであるから、賦課強制の度合いにおいて租税に類似した性格を有するものであるとし、憲法84条の趣旨が及ぶと解すべきで、労徴法８条１項の解釈に当たっても、法的安定性および予測可能性を害しないように明確性を重視して、文言に即して解釈されるべきであるとした上で、労徴法８条１項の「数次の請負」にいう「請負」とは、民法632条以下のいわゆる借用概念であり、「数次の請負」とは、請負契約が、元請けから下請け、下請けから孫請けというように、複数の段階を経て行われるものをいい、「元請負人」とは、そのような複数の段階を経て請負契約がされた場合における最先次の請負契約の請負人と解するのが相当であるとした。

この裁判例の実務への影響は大きく、いわゆる建売住宅販売業者のように自ら建築主として建物建築を請負業者に注文する者はあくまで注文者であり、請負契約において請負人の相手方である注文者を「請負人」と解することは法的安定性および予測可能性を重視して行うべき文言解釈としては困難であり、数次の請負の「元請負人」は注文者から最初に請け負った請負人であって注文者が「元請負人」となるわけではないとした先例である。このため、本判決を受けて、国は労徴法の取扱いを変更し、実務上の混乱が起きた。

例えば、プレハブメーカーや大手建売住宅販売業者が、従前は、「元請負人」として一括して労災保険料を負担してきたものが、文字どおり、最先次の請負契約の請負人たる「元請負人」がその負担をすることになったため、一時、そのような事務態勢や、請負契約上の改定等が整備されていない業界が混乱した。

【弁護士　岩出 誠】

## 5　労災保険補償給付・特別支給金等の概要

### ⑴　療養補償給付

#### ア　療養補償給付とは

療養補償給付とは、労働者が業務上負傷し、または疾病にかかったときに、当該労働者の請求に基づいて行われるもので、指定病院等で治療や薬剤の支給等を現物の給付として受ける「療養の給付」と、「療養の給付」をすることが困難な場合等に「療養の給付」に代えてその費用を現金の給付として受ける「療養の費用の支給」とがある（労災法13条）。

#### イ　給付の範囲

「療養の給付」は、次の範囲（政府が必要と認めるものに限る）で行われる（労災法13条２項）。

・診察
・薬剤又は治療材料の支給
・処置、手術その他の治療
・居宅における療養上の管理及びその療養に伴う世話その他の看護
・病院又は診療所への入院及びその療養に伴う世話その他の看護
・移送

なお、給付は傷病が治癒するまでまたは死亡により療養の必要がなくなるまで行われるが、労災保険における「治癒」とは、「症状が安定し、疾病が固定した状態にあるものをいうのであって、治療の必要がなくなったものである」（昭和23年１月13日基災発３号）とされ、身体の諸器官・組織が健康時の状態に完全に回復した状態のみをいうものではなく、傷病の症状が安定し、医学上一般に認められた医療を行ってもその効果が期待できなくなった状態も含まれるとされる。

「療養の費用の支給」も、給付の範囲は「療養の給付」と同様となる。

#### ウ　指定病院等

「療養の給付」は、指定病院等で治療や薬剤の支給等を受けることをいうが、ここでいう指定病院等とは、次に該当するものをいう（労災則11条１項）。

・社会復帰促進等事業として設置された病院又は診療所
・都道府県労働局長の指定する病院若しくは診療所、薬局又は訪問看護事業者

#### エ　「療養の費用の支給」

「療養の費用の支給」は、「療養の給付」をすることが困難な場合や、「療養の給付」を受けないことについて労働者に相当の理由がある場合になされ、該当する例としては次のものが挙げられる（労災則11条の２、昭和41年１月31日基発73号）。

・「療養の給付」をすることが困難な場合
（例）当該地区に指定病院等がない場合
（例）特殊な医療技術又は診療施設を必要とする傷病の場合に、最寄りの指定病院等にこれらの技術又は施設の設備がなされていない場合
・「療養の給付」を受けないことについて相当の理由がある場合
（例）当該傷病が指定病院等以外の病院、診療所等で緊急な療養を必要とする場合
（例）最寄りの病院、診療所等が指定病院等でない等の事情がある場合

### ⑵　休業補償給付および休業特別支給金

#### ア　休業補償給付とは

休業補償給付とは、労働者が業務上負傷し、または疾病にかかり、その療養のために労働することができないときに、当該労働者の請求に基づいて行われるもので、賃金を受けない日の第４日目から支給される（労災法14条１項）。

なお、最初の３日は待機期間と呼ばれるが、この期間は労災法に基づく休業補償給付の対象にはならない。よって、事業主は労基法に基づく休業補償（休業１日につき平均賃金の60％）を行う必要がある。また、待機期間は連続・断続にかかわらず通算して３日となる。

#### イ　賃金を受けない日

休業補償給付の対象となる「賃金を受けない日」とは、次のいずれかに該当する日を指す。

・所定労働時間の「全部」を労働することができない日については、
事業主から支払われる賃金が、平均賃金の100分の60に相当する額未満の日（賃金が支払われない日を含む。）
・所定労働時間の「一部」を労働することができない日については、
事業主から支払われる賃金が、平均賃金からその日の労働に応じて支払われる賃金の額を控除した額の100分の60に相当する額未満の日（賃金が支払われない日を含む。）

#### ウ　給付の額

休業補償給付の額は、次のとおりとなる（労災法14条１項）。

| 対象となる日 | 休業補償給付の額 |
| --- | --- |
| 所定労働時間の「全部」を労働することができない日 | 給付基礎日額の100分の60に相当する額 |
| 所定労働時間の「一部」を労働することができない日 | 給付基礎日額（最高限度額を給付基礎日額とすることとされている場合は、最高限度額の適用がないものとした場合における給付基礎日額）からその日の労働に応じて支払われる賃金の額を控除した額（当該控除して得た額が最高限度額を超える場合は、最高限度額に相当する額）の100分の60に相当する額 |

### エ　休業補償給付が行われない場合

労働者が次のいずれかに該当する場合は、休業補償給付は行われない（労災法14条の２、18条２項）。

・懲役、禁錮若しくは拘留の刑の執行のため若しくは死刑の言渡しを受けて刑事施設（少年法の規定により少年院において刑を執行する場合における当該少年院を含む。）に拘置されている場合若しくは留置施設に留置されて懲役、禁錮若しくは拘留の刑の執行を受けている場合、労役場留置の言渡しを受けて労役場に留置されている場合又は監置の裁判の執行のため監置場に留置されている場合
・少年法の規定による保護処分として少年院若しくは児童自立支援施設に送致され、収容されている場合又は売春防止法の規定による補導処分として婦人補導院に収容されている場合
・傷病補償年金を受けることとなった場合

### オ　障害厚生年金等との調整

休業補償給付を受ける労働者が同一の事由について厚生年金保険法に基づく障害厚生年金または国民年金法に基づく障害基礎年金を受けることができるときは、当該労働者に支給される休業補償給付の額は、政令で定める率を乗じて減額される（労災法14条２項）。

### カ　休業特別支給金

休業特別支給金は、社会復帰促進等事業として、保険給付である休業補償給付に上乗せして支給されるもので、休業補償給付の対象となる日について、当該労働者の請求に基づき支給され、その額は次のとおりとなる（特別支給則３条１項）。

| 対象となる日 | 休業特別支給金の額 |
| --- | --- |
| 所定労働時間の「全部」を労働することができない日 | 給付基礎日額の100分の20に相当する額 |
| 所定労働時間の「一部」を労働することができない日 | 給付基礎日額（最高限度額を給付基礎日額とすることとされている場合は、最高限度額の適用がないものとした場合における給付基礎日額）からその日の労働に応じて支払われる賃金の額を控除した額（当該控除して得た額が最高限度額を超える場合は、最高限度額に相当する額）の100分の20に相当する額 |

つまり、当該休業１日につき、休業補償給付と休業特別支給金を合わせて給付基礎日額の100分の80に相当する額が支給されることとなる。

また、「エ　休業補償給付が行われない場合」に該当する場合は、休業特別支給金も同

様に支給されない。

なお、「オ　障害厚生年金等との調整」については適用を受けず、障害厚生年金等を受けるために保険給付である休業補償給付が減額される場合であっても、社会復帰促進等事業として支給される休業特別支給金は減額されず満額支給される。

**◆給付基礎日額（労災法８条、８条の２、８条の３等）**

ア　原則

給付基礎日額は、原則として労基法に定める平均賃金に相当する額をいい、業務上の負傷や死亡の原因である事故が発生した日又は診断によって業務上の傷病の発生が確定した日（賃金締切日が定められているときは、その日の直前の賃金締切日）の直前３ヵ月間にその労働者に対して支払われた賃金（臨時に支払われる賃金、３ヵ月を超える期間ごとに支払われる賃金等を除く。）の総額を、その期間の暦日数で除した額をいう。

イ　特例

平均賃金に相当する額を給付基礎日額とすることが適当でないと認められるときは、特例の取り扱いがある。

例）平均賃金に相当する額を算定する際、私傷病による休業期間が含まれている場合は、その期間及び当該期間中に受けた賃金を除いて算出した額が原則の額を上回る場合は、当該額を給付基礎日額とする。

例）じん肺にかかったため粉じん作業以外の作業に常時従事することとなった日を平均賃金を算定すべき事由の発生した日とみなして算定した平均賃金に相当する額が原則の額を上回る場合は、当該額を給付基礎日額とする。

ウ　最低保障額

給付基礎日額が極端に低い場合を是正して補償の実効性を確保するため、最低保障額が定められ、ア、イにより算定された額が最低保障額に満たない場合は、最低保障額が給付基礎日額となる。但し、スライド（エ参照）が行われた場合は特例がある。また、最低保障額は、毎月勤労統計の平均給与額の変動に応じて変更される。

エ　スライド

保険給付が長期にわたる場合は、実質的な稼得能力を反映させるため、給付基礎日額に賃金水準の変動等を踏まえた一定率（スライド率）を乗じた額を基礎として給付が行われる。スライドには次のものがある。

◇休業補償給付のスライド

四半期ごとの平均給与額が±10％を超えて変動した場合は、給付基礎日額に平均給与額の変動率を基準として厚生労働大臣が定める率を乗じた額を、改定後の給付基礎日額として休業補償給付を行う。

◇休業補償給付のスライド（長期）

被災時の年齢による不均衡の是正を図るため、療養開始後１年６ヵ月を経過したときに休業補償給付を行う場合は、年齢階層別の最低・最高限度額を踏まえて給付基礎日額が決定され、それに基づいた給付がなされる。

◇年金たる保険給付のスライド

給付基礎日額に年度ごとの平均給与額の変動率を基準として厚生労働大臣が定める率を乗じた額を、改定後の給付基礎日額として年金たる保険給付を行う。また、休業補償給付のスライド（長期）と同様に、改定後の給付基礎日額について年齢階層別の最低・最高限度額が適用され、それに基づいた給付がなされる。

◇一時金たる保険給付のスライド

障害補償一時金、遺族補償一時金及び葬祭料の給付基礎日額についても、年金たる保険給付と同様のスライドが行われる。なお、年齢階層別の最低・最高限度額の適用はない。

### ⑶　傷病補償年金および特別支給金

#### ア　傷病補償年金とは

傷病補償年金とは、労働者が業務上負傷し、または疾病にかかり、その療養開始後1年6か月を経過した日またはその日以降に、次のいずれにも該当するときに、当該労働者の請求に基づいて支給される（労災法12条の8第3項）。

① 当該負傷または疾病が治癒していないこと。

② 当該負傷または疾病による障害の程度が「傷病等級」に該当すること。

### イ 傷病等級

傷病等級は、障害の程度に応じて第1級から第3級に3区分されたもので、その詳細は下表のとおりとなる。なお、障害の程度は6か月以上の期間にわたって存する障害の状態により認定される（労災則18条）。

| 傷病等級 | 障害の状態 |
| --- | --- |
| 第1級 | 1　神経系統の機能又は精神に著しい障害を有し、常に介護を要するもの<br>2　胸腹部臓器の機能に著しい障害を有し、常に介護を要するもの<br>3　両眼が失明しているもの<br>4　そしゃく及び言語の機能を廃しているもの<br>5　両上肢をひじ関節以上で失ったもの<br>6　両上肢の用を全廃しているもの<br>7　両下肢をひざ関節以上で失ったもの<br>8　両下肢の用を全廃しているもの<br>9　前各号に定めるものと同程度以上の障害の状態にあるもの |
| 第2級 | 1　神経系統の機能又は精神に著しい障害を有し、随時介護を要するもの<br>2　胸腹部臓器の機能に著しい障害を有し、随時介護を要するもの<br>3　両眼の視力が0.02以下になっているもの<br>4　両上肢を腕関節以上で失ったもの<br>5　両下肢を足関節以上で失ったもの<br>6　前各号に定めるものと同程度以上の障害の状態にあるもの |
| 第3級 | 1　神経系統の機能又は精神に著しい障害を有し、常に労務に服することができないもの<br>2　胸腹部臓器の機能に著しい障害を有し、常に労務に服することができないもの<br>3　一眼が失明し、他眼の視力が0.06以下になっているもの<br>4　そしゃく又は言語の機能を廃しているもの<br>5　両手の手指の全部を失ったもの<br>6　第1号及び第2号に定めるもののほか常に労務に服することができないものその他前各号に定めるものと同程度以上の障害の状態にあるもの |

### ウ 給付の額

傷病補償年金の額は次のとおりとなる（労災法18条1項）。

| 傷病等級 | 年金の額 |
| --- | --- |
| 第1級 | 給付基礎日額の313日分 |
| 第2級 | 給付基礎日額の277日分 |
| 第3級 | 給付基礎日額の245日分 |

なお、同一の事由により厚生年金保険法に基づく障害厚生年金または国民年金法に基づく障害基礎年金が支給されるときは、当該労働者に支給される傷病補償年金の額は、政令

で定める率を乗じて減額される。

#### エ　休業補償給付との関係

傷病補償年金を受ける場合は、休業補償給付は支給されない（労災法18条２項）。

なお、傷病補償年金を受けていた労働者が当該年金の支給要件を満たさなくなった場合は、労働者の請求に基づき、要件に該当する限り休業補償給付が支給される。

#### オ　打切補償との関係

業務上負傷し、または疾病にかかった労働者が、当該傷病の療養の開始後３年を経過した日において傷病補償年金を受けている場合または同日後において傷病補償年金を受けることとなった場合には、当該３年を経過した日または傷病補償年金を受けることとなった日において、労基法81条の打切補償を支払ったものとみなされる（労災法19条）。

これにより、労基法19条１項の解雇制限が解除され、客観的に合理的な理由があり、社会通念上相当であると認められる場合は解雇が可能となる。

#### カ　特別支給金

特別支給金は、社会復帰促進等事業として、保険給付である傷病補償年金に上乗せして支給されるもので、傷病補償年金の受給権者に対して申請に基づいて支給される。その種類は、傷病特別支給金（一時金）および傷病特別年金となり、その額は傷病等級により次のとおりとなる（特別支給則５条の２第１項、11条１項）。

| 傷病等級 | 傷病特別支給金（一時金） | 傷病特別年金 |
|---|---|---|
| 第１級 | 114万円 | 算定基礎日額の313日分 |
| 第２級 | 107万円 | 算定基礎日額の277日分 |
| 第３級 | 100万円 | 算定基礎日額の245日分 |

なお、障害厚生年金等を受けるために保険給付である傷病補償年金が減額される場合であっても、社会復帰促進等事業として支給される特別支給金は減額されず満額支給される。

**◆算定基礎日額（特別支給則６条）**

算定基礎日額とは、「算定基礎年額」を365で除した額をいう。

「算定基礎年額」とは、原則として、業務上の負傷や死亡の原因である事故が発生した日又は診断によって業務上の疾病の発生が確定した日以前１年間に支給された特別給与※の総額をいうが、それが、次に掲げる額よりも高いときは、次に掲げる額のうち低い額を「算定基礎年額」として計算する。

a　給付基礎日額×365日×20％

b　150万円

※特別給与とは、賞与等の３ヵ月を超える期間ごとに支払われる賃金をいう。

※定額の特別支給金を除き、給付基礎日額の年金と同様に、算定基礎日額についてもスライドが適用される。

### (4)　障害補償給付および特別支給金

#### ア　障害補償給付とは

障害補償給付とは、労働者が業務上負傷し、または疾病にかかってそれが治癒した後に、一定の障害が残っているときに、当該労働者の請求に基づいて行われるもので、障害の程度に応じて年金または一時金が支給される（労災法15条１項）。

### イ　障害等級

障害等級は、障害の程度に応じて第１級から第14級に14区分されたもので、その詳細は下表のとおりとなる（労災則14条１項）。

| 障害等級 | 身体障害 |
|---|---|
| 第１級 | 1　両眼が失明したもの<br>2　そしゃく及び言語の機能を廃したもの<br>3　神経系統の機能又は精神に著しい障害を残し、常に介護を要するもの<br>4　胸腹部臓器の機能に著しい障害を残し、常に介護を要するもの<br>5　削除<br>6　両上肢をひじ関節以上で失ったもの<br>7　両上肢の用を全廃したもの<br>8　両下肢をひざ関節以上で失ったもの<br>9　両下肢の用を全廃したもの |
| 第２級 | 1　一眼が失明し、他眼の視力が0.02以下になったもの<br>2　両眼の視力が0.02以下になったもの<br>2の2　神経系統の機能又は精神に著しい障害を残し、随時介護を要するもの<br>2の3　胸腹部臓器の機能に著しい障害を残し、随時介護を要するもの<br>3　両上肢を手関節以上で失ったもの<br>4　両下肢を足関節以上で失ったもの |
| 第３級 | 1　一眼が失明し、他眼の視力が0.06以下になったもの<br>2　そしゃく又は言語の機能を廃したもの<br>3　神経系統の機能又は精神に著しい障害を残し、終身労務に服することができないもの<br>4　胸腹部臓器の機能に著しい障害を残し、終身労務に服することができないもの<br>5　両手の手指の全部を失ったもの |
| 第４級 | 1　両眼の視力が0.06以下になったもの<br>2　そしゃく及び言語の機能に著しい障害を残すもの<br>3　両耳の聴力を全く失ったもの<br>4　一上肢をひじ関節以上で失ったもの<br>5　一下肢をひざ関節以上で失ったもの<br>6　両手の手指の全部の用を廃したもの<br>7　両足をリスフラン関節以上で失ったもの |
| 第５級 | 1　一眼が失明し、他眼の視力が0.1以下になったもの<br>1の2　神経系統の機能又は精神に著しい障害を残し、特に軽易な労務以外の労務に服することができないもの<br>1の3　胸腹部臓器の機能に著しい障害を残し、特に軽易な労務以外の労務に服することができないもの<br>2　一上肢を手関節以上で失ったもの<br>3　一下肢を足関節以上で失ったもの<br>4　一上肢の用を全廃したもの<br>5　一下肢の用を全廃したもの<br>6　両足の足指の全部を失ったもの |
| 第６級 | 1　両眼の視力が0.1以下になったもの<br>2　そしゃく又は言語の機能に著しい障害を残すもの<br>3　両耳の聴力が耳に接しなければ大声を解することができない程度になったもの |

|  |  |
|---|---|
|  | 3の2　一耳の聴力を全く失い、他耳の聴力が40cm以上の距離では普通の話声を解することができない程度になったもの<br>4　せき柱に著しい変形又は運動障害を残すもの<br>5　一上肢の三大関節中の二関節の用を廃したもの<br>6　一下肢の三大関節中の二関節の用を廃したもの<br>7　一手の五の手指又は母指を含み四の手指を失ったもの |
| 第７級 | 1　一眼が失明し、他眼の視力が0.6以下になったもの<br>2　両耳の聴力が40cm以上の距離では普通の話声を解することができない程度になったもの<br>2の2　一耳の聴力を全く失い、他耳の聴力が１m以上の距離では普通の話声を解することができない程度になったもの<br>3　神経系統の機能又は精神に障害を残し、軽易な労務以外の労務に服することができないもの<br>4　削除<br>5　胸腹部臓器の機能に障害を残し、軽易な労務以外の労務に服することができないもの<br>6　一手の母指を含み三の手指又は母指以外の四の手指を失ったもの<br>7　一手の五の手指又は母指を含み四の手指の用を廃したもの<br>8　一足をリスフラン関節以上で失ったもの<br>9　一上肢に偽関節を残し、著しい運動障害を残すもの<br>10　一下肢に偽関節を残し、著しい運動障害を残すもの<br>11　両足の足指の全部の用を廃したもの<br>12　外貌に著しい醜状を残すもの<br>13　両側のこう丸を失ったもの |
| 第８級 | 1　一眼が失明し、又は一眼の視力が0.02以下になったもの<br>2　せき柱に運動障害を残すもの<br>3　一手の母指を含み二の手指又は母指以外の三の手指を失ったもの<br>4　一手の母指を含み三の手指又は母指以外の四の手指の用を廃したもの<br>5　一下肢を５cm以上短縮したもの<br>6　一上肢の三大関節中の一関節の用を廃したもの<br>7　一下肢の三大関節中の一関節の用を廃したもの<br>8　一上肢に偽関節を残すもの<br>9　一下肢に偽関節を残すもの<br>10　一足の足指の全部を失ったもの |
| 第９級 | 1　両眼の視力が0.6以下になったもの<br>2　一眼の視力が0.06以下になったもの<br>3　両眼に半盲症、視野狭さく又は視野変状を残すもの<br>4　両眼のまぶたに著しい欠損を残すもの<br>5　鼻を欠損し、その機能に著しい障害を残すもの<br>6　そしゃく及び言語の機能に障害を残すもの<br>6の2　両耳の聴力が１m以上の距離では普通の話声を解することができない程度になったもの<br>6の3　一耳の聴力が耳に接しなければ大声を解することができない程度になり、他耳の聴力が１m以上の距離では普通の話声を解することが困難である程度になったもの<br>7　一耳の聴力を全く失ったもの<br>7の2　神経系統の機能又は精神に障害を残し、服することができる労務が相当な程度に制限されるもの |

|  |  |
|---|---|
|  | 7の3　胸腹部臓器の機能に障害を残し、服することができる労務が相当な程度に制限されるもの<br>8　一手の母指又は母指以外の二の手指を失ったもの<br>9　一手の母指を含み二の手指又は母指以外の三の手指の用を廃したもの<br>10　一足の第一の足指を含み二以上の足指を失ったもの<br>11　一足の足指の全部の用を廃したもの<br>11の2　外貌に相当程度の醜状を残すもの<br>12　生殖器に著しい障害を残すもの |
| 第10級 | 1　一眼の視力が0.1以下になったもの<br>1の2　正面視で複視を残すもの<br>2　そしゃく又は言語の機能に障害を残すもの<br>3　十四歯以上に対し歯科補てつを加えたもの<br>3の2　両耳の聴力が1m以上の距離では普通の話声を解することが困難である程度になったもの<br>4　一耳の聴力が耳に接しなければ大声を解することができない程度になったもの<br>5　削除<br>6　一手の母指又は母指以外の二の手指の用を廃したもの<br>7　一下肢を3cm以上短縮したもの<br>8　一足の第一の足指又は他の四の足指を失ったもの<br>9　一上肢の三大関節中の一関節の機能に著しい障害を残すもの<br>10　一下肢の三大関節中の一関節の機能に著しい障害を残すもの |
| 第11級 | 1　両眼の眼球に著しい調節機能障害又は運動障害を残すもの<br>2　両眼のまぶたに著しい運動障害を残すもの<br>3　一眼のまぶたに著しい欠損を残すもの<br>3の2　十歯以上に対し歯科補てつを加えたもの<br>3の3　両耳の聴力が1m以上の距離では小声を解することができない程度になったもの<br>4　一耳の聴力が40cm以上の距離では普通の話声を解することができない程度になったもの<br>5　せき柱に変形を残すもの<br>6　一手の示指、中指又は環指を失ったもの<br>7　削除<br>8　一足の第一の足指を含み二以上の足指の用を廃したもの<br>9　胸腹部臓器の機能に障害を残し、労務の遂行に相当な程度の支障があるもの |
| 第12級 | 1　一眼の眼球に著しい調節機能障害又は運動障害を残すもの<br>2　一眼のまぶたに著しい運動障害を残すもの<br>3　七歯以上に対し歯科補てつを加えたもの<br>4　一耳の耳かくの大部分を欠損したもの<br>5　鎖骨、胸骨、ろく骨、肩こう骨又は骨盤骨に著しい変形を残すもの<br>6　一上肢の三大関節中の一関節の機能に障害を残すもの<br>7　一下肢の三大関節中の一関節の機能に障害を残すもの<br>8　長管骨に変形を残すもの<br>8の2　一手の小指を失ったもの<br>9　一手の示指、中指又は環指の用を廃したもの<br>10　一足の第二の足指を失ったもの、第二の足指を含み二の足指を失ったもの又は第三の足指以下の三の足指を失ったもの<br>11　一足の第一の足指又は他の四の足指の用を廃したもの |

| | |
|---|---|
| | 12　局部にがん固な神経症状を残すもの<br>13　削除<br>14　外貌に醜状を残すもの |
| 第13級 | 1　一眼の視力が0.6以下になったもの<br>2　一眼に半盲症、視野狭さく又は視野変状を残すもの<br>2の2　正面視以外で複視を残すもの<br>3　両眼のまぶたの一部に欠損を残し又はまつげはげを残すもの<br>3の2　五歯以上に対し歯科補てつを加えたもの<br>3の3　胸腹部臓器の機能に障害を残すもの<br>4　一手の小指の用を廃したもの<br>5　一手の母指の指骨の一部を失ったもの<br>6　削除<br>7　削除<br>8　一下肢を1cm以上短縮したもの<br>9　一足の第三の足指以下の一又は二の足指を失ったもの<br>10　一足の第二の足指の用を廃したもの、第二の足指を含み二の足指の用を廃したもの又は第三の足指以下の三の足指の用を廃したもの |
| 第14級 | 1　一眼のまぶたの一部に欠損を残し、又はまつげはげを残すもの<br>2　三歯以上に対し歯科補てつを加えたもの<br>2の2　一耳の聴力が1m以上の距離では小声を解することができない程度になったもの<br>3　上肢の露出面にてのひらの大きさの醜いあとを残すもの<br>4　下肢の露出面にてのひらの大きさの醜いあとを残すもの<br>5　削除<br>6　一手の母指以外の手指の指骨の一部を失ったもの<br>7　一手の母指以外の手指の遠位指節間関節を屈伸することができなくなったもの<br>8　一足の第三の足指以下の一又は二の足指の用を廃したもの<br>9　局部に神経症状を残すもの |

また、次の取扱いがなされる。

①　上表に定める身体障害が2以上ある場合は、重い方の身体障害の該当する障害等級となる（労災則14条2項）。

②　次表左欄に掲げる状況に該当する場合は、重い方の障害等級を右欄に掲げる等級だけ繰り上げられた障害等級となる（労災則14条3項）。

| | |
|---|---|
| 第13級以上に該当する身体障害が2以上あるとき | 1級 |
| 第8級以上に該当する身体障害が2以上あるとき | 2級 |
| 第5級以上に該当する身体障害が2以上あるとき | 3級 |

③　上表に掲げるもの以外の身体障害については、その障害の程度に応じ、同表に掲げる身体障害に準じてその障害等級を定める（労災則14条4項）。

**ウ　給付の種類**

障害等級が第1級から第7級に該当するときは「障害補償年金」として年金が、障害等級第8級から第14級に該当するときは「障害補償一時金」として一時金が支給される（労災法15条）。

### エ　給付の額

障害補償年金および障害補償一時金の額は次のとおりとなる（労災法15条２項）。

なお、同一の事由により厚生年金保険法に基づく障害厚生年金または国民年金法に基づく障害基礎年金が支給されるときは、当該労働者に支給される障害補償年金の額は、政令で定める率を乗じて減額される。

◇障害補償年金

| 障害等級 | 年　金 |
|---|---|
| 第１級 | 給付基礎日額の313日分 |
| 第２級 | 給付基礎日額の277日分 |
| 第３級 | 給付基礎日額の245日分 |
| 第４級 | 給付基礎日額の213日分 |
| 第５級 | 給付基礎日額の184日分 |
| 第６級 | 給付基礎日額の156日分 |
| 第７級 | 給付基礎日額の131日分 |

◇障害補償一時金

| 障害等級 | 一時金 |
|---|---|
| 第８級 | 給付基礎日額の503日分 |
| 第９級 | 給付基礎日額の391日分 |
| 第10級 | 給付基礎日額の302日分 |
| 第11級 | 給付基礎日額の223日分 |
| 第12級 | 給付基礎日額の156日分 |
| 第13級 | 給付基礎日額の101日分 |
| 第14級 | 給付基礎日額の56日分 |

※障害等級が第８級以下である場合で、２以上の身体障害の該当する障害等級に応ずる障害補償給付の額の合算額が、繰上げ後の障害等級に応ずる障害補償給付の額に満たないときは、障害補償給付は当該合算額となる（労災則14条３項）。

※既に身体障害のあった者が、同一の部位について障害の程度を加重した場合は、加重後の障害等級に応じた障害補償給付の額から、加重前の障害等級に応じた障害補償給付の額を差し引いた額となる。なお、加重後に障害補償年金を支給すべき場合において、加重前の障害等級に応ずる障害補償給付が一時金の場合は、障害等級に応じた障害補償一時金の額を25で除して得た額を差し引いた額となる（労災則14条５項）。

### オ　障害補償年金前払一時金

障害補償年金前払一時金は、当分の間の措置として設けられたもので、障害補償年金の受給権者が社会復帰等のためにまとまった資金が必要になる場合があることを考慮して、障害補償年金を一定額まで前払いで支給する仕組みとなる（労災法附則59条１項）。

なお、当該前払一時金の請求は、同一の事由につき１回限りとされている（労災則附則27項）。

障害補償年金前払一時金として前払いで一括支払を受けることができる額は、原則として障害等級に応じて次のとおりとなる（労災則附則24項）。

◇障害補償年金前払一時金

| 障害等級 | 前払一時金 |
|---|---|
| 第１級 | 給付基礎日額の200日分、400日分、600日分、800日分、1000日分、1200日分又は1340日分 |
| 第２級 | 給付基礎日額の200日分、400日分、600日分、800日分、1000日分又は1190日分 |
| 第３級 | 給付基礎日額の200日分、400日分、600日分、800日分、1000日分又は1050日分 |
| 第４級 | 給付基礎日額の200日分、400日分、600日分、800日分又は920日分 |
| 第５級 | 給付基礎日額の200日分、400日分、600日分又は790日分 |
| 第６級 | 給付基礎日額の200日分、400日分、600日分又は670日分 |
| 第７級 | 給付基礎日額の200日分、400日分又は560日分 |

障害補償年金前払一時金が支給された場合は、障害補償年金の各月分（１年を経過した以降の分は年５％の単利で割り引いた額）の合計額が、当該一時金の額に達するまでの期間、障害補償年金の支給は停止される（労災法附則59条３項）。

### カ　障害補償年金差額一時金

障害補償年金差額一時金は、当分の間の措置として設けられたもので、障害補償年金の受給権者が死亡した場合に、その者に支給された障害補償年金と障害補償年金前払一時金の合計額が、障害等級に応じて定められた額に満たない場合に、遺族の請求に基づき、その差額を障害補償年金差額一時金として支給する仕組みとなる（労災法附則58条１項）。

障害等級に応じて定められたが、額は次のとおりとなる。

◇障害補償年金差額一時金

| 障害等級 | 金　額 |
|---|---|
| 第１級 | 給付基礎日額の1340日分 |
| 第２級 | 給付基礎日額の1190日分 |
| 第３級 | 給付基礎日額の1050日分 |
| 第４級 | 給付基礎日額の920日分 |
| 第５級 | 給付基礎日額の790日分 |
| 第６級 | 給付基礎日額の670日分 |
| 第７級 | 給付基礎日額の560日分 |

また、障害補償年金差額一時金の支給を受けることができる遺族は、次の受給順位による（労災法附則58条２項）。

①　労働者の死亡の当時その者と生計を同じくしていた配偶者（婚姻の届出をしていないが、事実上婚姻関係と同様の事情にあった者を含む。⑦も同様）
②　労働者の死亡の当時その者と生計を同じくしていた子
③　労働者の死亡の当時その者と生計を同じくしていた父母
④　労働者の死亡の当時その者と生計を同じくしていた孫
⑤　労働者の死亡の当時その者と生計を同じくしていた祖父母

⑥　労働者の死亡の当時その者と生計を同じくしていた兄弟姉妹
⑦　①に該当しない配偶者
⑧　②に該当しない子
⑨　③に該当しない父母
⑩　④に該当しない孫
⑪　⑤に該当しない祖父母
⑫　⑥に該当しない兄弟姉妹

### キ　特別支給金

特別支給金は、社会復帰促進等事業として、保険給付である障害補償給付に上乗せして支給されるもので、障害補償給付の受給権者に対して申請に基づいて支給される。その種類は、障害等級に応じて、障害特別支給金（一時金）、および、障害特別年金または障害特別一時金となり、その額は次のとおりとなる（特別支給則４条１項、７条１項、８条１項）。

| 障害等級 | 障害特別支給金 | 障害特別年金 | 障害特別一時金 |
|---|---|---|---|
| 第１級 | 342万円 | 算定基礎日額の313日分 | |
| 第２級 | 320万円 | 算定基礎日額の277日分 | |
| 第３級 | 300万円 | 算定基礎日額の245日分 | |
| 第４級 | 264万円 | 算定基礎日額の213日分 | |
| 第５級 | 225万円 | 算定基礎日額の184日分 | |
| 第６級 | 192万円 | 算定基礎日額の156日分 | |
| 第７級 | 159万円 | 算定基礎日額の131日分 | |
| 第８級 | 65万円 | | 算定基礎日額の503日分 |
| 第９級 | 50万円 | | 算定基礎日額の391日分 |
| 第10級 | 39万円 | | 算定基礎日額の302日分 |
| 第11級 | 29万円 | | 算定基礎日額の223日分 |
| 第12級 | 20万円 | | 算定基礎日額の156日分 |
| 第13級 | 14万円 | | 算定基礎日額の101日分 |
| 第14級 | ８万円 | | 算定基礎日額の56日分 |

※既に身体障害のあった者が、同一の部位について障害の程度を加重した場合は、加重後の障害等級に応じた障害特別支給金の額から、加重前の障害等級に応じた障害特別支給金の額を差し引いた額となる（特別支給則４条２項）。また、障害特別年金および障害特別一時金も同様に取り扱う（特別支給則７条２項、８条２項）。
※同一の業務災害により傷病特別支給金の支給を受けた者については、障害等級に応じた障害特別支給金の額が既に支給を受けた傷病特別支給金の額を超えるときに限り、その差額が支給される（特別支給則４条３項）。

また、障害特別年金についても、障害補償年金差額一時金と同様に差額一時金の制度があり、その額は、次の額から既に支給された障害特別年金の額を差し引いた額となる（特別支給則附則６項）。

◇障害特別年金差額一時金

| 障害等級 | 額 |
|---|---|
| 第１級 | 算定基礎日額の1340日分 |
| 第２級 | 算定基礎日額の1190日分 |
| 第３級 | 算定基礎日額の1050日分 |
| 第４級 | 算定基礎日額の920日分 |
| 第５級 | 算定基礎日額の790日分 |
| 第６級 | 算定基礎日額の670日分 |
| 第７級 | 算定基礎日額の560日分 |

なお、障害厚生年金等を受けるために保険給付である傷害補償年金が減額される場合であっても、社会復帰促進等事業として支給される特別支給金は減額されず満額支給される。

### ⑸　遺族補償給付および特別支給金

#### ア　遺族補償給付とは

遺族補償給付とは、業務上負傷し、または疾病にかかった労働者が死亡したときに、その遺族の請求に基づいて行われる。

#### イ　給付の種類

遺族補償給付には、遺族補償年金と遺族補償一時金があり、遺族補償一時金は、遺族補償年金を受ける遺族がいない場合等に支給される（労災法16条、16条の６第１項）。

#### ウ　遺族補償年金

##### a　遺族補償年金の受給資格者

遺族補償年金の受給資格者は、労働者の配偶者※1、子※2、父母、孫、祖父母および兄弟姉妹で、労働者の死亡当時その収入によって生計を維持※3していた者となる。ただし、妻※1以外の者については、労働者の死亡当時、次の各号に掲げる要件に該当する場合に限られる（労災法16条の２第１項、労災法附則43条１項）。

| 対象者 | 要　件（いずれかを満たすこと） |
|---|---|
| 夫※1 | ・55歳以上<br>・一定の障害の状態※4にある |
| 子 | ・18歳に達する日以後の最初の３月31日までの間にある<br>・一定の障害の状態にある |
| 父母 | ・55歳以上<br>・一定の障害の状態にある |
| 孫 | ・18歳に達する日以後の最初の３月31日までの間にある<br>・一定の障害の状態にある |
| 祖父母 | ・55歳以上<br>・一定の障害の状態にある |

| 兄弟姉妹 | ・18歳に達する日以後の最初の３月31日までの間にある<br>・55歳以上<br>・一定の障害の状態にある |
|---|---|

※１　「配偶者」「妻」「夫」には、婚姻の届出をしていなくても、事実上婚姻関係と同様の事情にあった者を含む。
※２　「子」には、労働者の死亡の当時胎児であった子が含まれ、出生のとき以降受給資格者となる（労災法16条の２第２項）。
※３　「生計を維持」とは、もっぱらまたは主として労働者の収入によって生計を維持されている場合だけでなく、労働者の収入によって生計の一部を維持されている場合も含まれる。したがって、いわゆる共稼ぎもこれに含まれる（労災則14条の４、昭和41年１月31日基発73号）。
※４　一定の障害の状態とは、障害等級５級以上に該当する身体障害がある状態または負傷もしくは疾病が治らないで、身体の機能もしくは精神に、労働が高度の制限を受けるか、もしくは労働に高度の制限を加えることを必要とする程度以上の障害がある状態をいう（労災則15条）。

### b　遺族補償年金の受給権者

遺族補償年金を実際に受ける受給権者は、ａの受給資格者のうち次の順序による最先順位者となり、同順位者が複数いる場合は全員が受給権者となる（労災法16条の２第３項、労災法附則43条１項・２項）。

① 妻、60歳以上又は一定の障害の夫
② 18歳に達する日以後の最初の３月31日までの間にある又は一定の障害の子
③ 60歳以上又は一定の障害の父母
④ 18歳に達する日以後の最初の３月31日までの間にある又は一定の障害の孫
⑤ 60歳以上又は一定の障害の祖父母
⑥ 18歳に達する日以後の最初の３月31日までの間にある又は60歳以上又は一定の障害の兄弟姉妹
⑦ 55歳以上60歳未満の夫
⑧ 55歳以上60歳未満の父母
⑨ 55歳以上60歳未満の祖父母
⑩ 55歳以上60歳未満の兄弟姉妹

### c　遺族補償年金の額

遺族補償年金の額は、遺族数（遺族補償年金の受給権者および当該受給権者と生計を同じくしている受給資格者（55歳以上60歳未満の夫・父母・祖父母・兄弟姉妹は60歳までは除く）の人数）に応じて下表のとおりとなる。また、遺族補償年金の受給権者が２人以上いるときは、その額を等分した額がそれぞれの受給権者に支給される（労災法16条の３、労災法附則43条１項）。

なお、同一の事由により厚生年金保険法に基づく遺族厚生年金または国民年金法に基づく遺族基礎年金が支給されるときは、当該労働者に支給される遺族補償年金の額は、政令で定める率を乗じて減額される。

| 遺族数 | 遺族補償年金の額 |
|---|---|
| １人 | 給付基礎日額の153日分（ただし、55歳以上又は一定の障害の妻の場合は給付基礎日額の175日分） |
| ２人 | 給付基礎日額の201日分 |
| ３人 | 給付基礎日額の223日分 |
| ４人以上 | 給付基礎日額の245日分 |

#### d　遺族補償年金の失権

遺族補償年金の受給権者が次のいずれかに該当する場合は、受給権は消滅する。この場合、最先順位者が全員受給権を失うと、その次の順位の者が受給権者となる（これを「転給」という）（労災法16条の4）。

・死亡したとき。
・婚姻（届出をしていないが、事実上婚姻関係と同様の事情にある場合を含む。）をしたとき。
・直系血族又は直系姻族以外の者の養子（届出をしていないが、事実上養子縁組関係と同様の事情にある者を含む。）となったとき。
・離縁によって死亡した労働者との親族関係が終了したとき。
・労働者の死亡当時から一定の障害の状態にない子、孫又は兄弟姉妹が、18歳に達した日以後の最初の3月31日が終了したとき。
・一定の障害の状態にある夫、子、父母、孫、祖父母又は兄弟姉妹については、その事情がなくなったとき（夫、父母又は祖父母については、労働者の死亡当時60歳以上であったとき、子又は孫については、18歳に達する日以後の最初の3月31日までの間にあるとき、兄弟姉妹については、18歳に達する日以後の最初の3月31日までの間にあるか又は労働者の死亡の当時60歳以上であったときを除く。）。

#### e　遺族補償年金の支給停止

次のいずれかに該当する場合は、遺族補償年金の支給は停止される。

・遺族補償年金の受給権者の所在が1年以上明らかでない場合には、同順位者があるときは同順位者の、同順位者がないときは次順位者の申請によって、その所在が明らかでない間、その支給は停止される。この場合に、同順位者がないときは、その間、次順位者を先順位者とする（労災法16条の5第1項）。
・労働者の死亡当時、55歳以上60歳未満の夫、父母、祖父母、兄弟姉妹が60歳に達するまでの間、その支給は停止される（これを「若年停止」という。）（労災法附則43条3項）。

### エ　遺族補償年金前払一時金

遺族補償年金前払一時金は、当分の間の措置として設けられたもので、遺族補償年金の受給権者が、まとまった資金が必要になる場合があることを考慮して、遺族補償年金を一定額まで前払いで支給する仕組みとなる（労災法附則60条1項）。

なお、当該前払一時金の請求は、1回限りとされている（労災則附則33項）。

また、遺族補償年金の若年停止に該当する場合でも、当該前払一時金は請求することができる（労災法附則43条3項）。

遺族補償年金前払一時金として前払いで一括支払を受けることができる額は、給付基礎日額の200日分、400日分、600日分、800日分および1000日分のうちから受給権者が選択した額となる（労災則附則31項）。

遺族補償年金前払一時金が支給された場合は、遺族補償年金の各月分（1年を経過した以降の分は年5％の単利で割り引いた額）の合計額が、当該一時金の額に達するまでの期間、遺族補償年金の支給は停止される（労災法附則60条3項、労災則附則34項）。

### オ　遺族補償一時金

#### a　遺族補償一時金の支給要件

遺族補償一時金は、次のいずれかに該当する場合に支給される（労災法16条の6第1項）。

・労働者の死亡当時遺族補償年金を受けることができる遺族がないとき。
・遺族補償年金の受給権者がすべて失権した場合で、当該労働者の死亡に関して支給された遺族補償年金及び遺族補償前払一時金の合計額が給付基礎日額の1000日分に満たないとき。

#### b　遺族補償一時金の受給権者

遺族補償一時金の受給権者は、次の受給資格者のうち最先順位者となる（労災法16条の6、16条の7）。

① 配偶者
② 労働者の死亡の当時その収入によって生計を維持していた子
③ 労働者の死亡の当時その収入によって生計を維持していた父母
④ 労働者の死亡の当時その収入によって生計を維持していた孫
⑤ 労働者の死亡の当時その収入によって生計を維持していた祖父母
⑥ ②に該当しない子
⑦ ③に該当しない父母
⑧ ④に該当しない孫
⑨ ⑤に該当しない祖父母
⑩ 兄弟姉妹

#### c　遺族補償一時金の額

遺族補償一時金の額は、次のとおりとなる（労災法16条の8第1項）。

また、遺族補一時金の受給権者が2人以上いるときは、その額を等分した額がそれぞれの受給権者に支給される（労災法16条の8第2項）。

| 対象者 | 遺族補償一時金の額 |
|---|---|
| 労働者の死亡当時遺族補償年金を受けることができる遺族がないとき | 給付基礎日額の1000日分 |
| 遺族補償年金の受給権者がすべて失権した場合で、当該労働者の死亡に関して支給された遺族補償年金及び遺族補償前払一時金の合計額が給付基礎日額の1000日分に満たないとき | 給付基礎日額の1000日分から、すでに支給された遺族補償年金等の金額を差し引いた額 |

### カ　遺族補償給付の受給資格の欠格

次のいずれかに該当する場合は、遺族補償給付を受けることができる遺族としない（労災法16条の9）。

・労働者を故意に死亡させた者は、遺族補償給付を受けることができる遺族としない。
・労働者の死亡前に、当該労働者の死亡によって遺族補償年金の受給資格者の先順位又は同順位の遺族となるべき者を故意に死亡させた者は、遺族補償年金を受けることができる遺族としない。
・遺族補償年金の受給資格者を故意に死亡させた者は、遺族補償一時金を受けることができる遺族としない。
・労働者の死亡前に、当該労働者の死亡によって遺族補償年金の受給資格者となるべき者を故意に死亡させた者は、遺族補償一時金を受けることができる遺族としない。
・遺族補償年金の受給資格者が、遺族補償年金の受給資格者の先順位又は同順位の他の遺族を故意に死亡させた者は、遺族補償年金の受給資格者でなくなる。また、遺族補償年金の受給資格者であるときはその権利は消滅する。

### キ　特別支給金

特別支給金は、社会復帰促進等事業として、保険給付である遺族補償給付に上乗せして支給されるもので、遺族補償給付の受給権者に対して申請に基づいて支給される。その種類は、遺族特別支給金（一時金）と、遺族数（遺族補償年金の受給権者及び当該受給権者と生計を同じくしている受給資格者の人数）に応じて、遺族補償年金の受給権者には遺族特別年金が、遺族補償一時金の受給権者には遺族特別一時金が支給され、その額は次のとおりとなる（特別支給則５条）。

◇遺族補償年金の受給権者に支給される特別支給金

| 遺族数 | 遺族特別支給金（一時金） | 遺族特別年金 |
|---|---|---|
| １人 | 300万円 | 算定基礎日額の153日分（但し、55歳以上の妻又は一定の障害の妻の場合は算定基礎日額の175日分） |
| ２人 | | 算定基礎日額の201日分 |
| ３人 | | 算定基礎日額の223日分 |
| ４人以上 | | 算定基礎日額の245日分 |

◇遺族補償一時金の受給権者に支給される特別支給金

| 対象者 | 遺族特別支給金（一時金） | 遺族特別一時金 |
|---|---|---|
| 労働者の死亡当時遺族補償年金を受けることができる遺族がないとき | 300万円 | 算定基礎日額の1000日分 |
| 遺族補償年金の受給権者がすべて失権した場合で、当該労働者の死亡に関して支給された遺族補償年金及び遺族補償前払一時金の合計額が給付基礎日額の1000日分に満たないとき | − | 算定基礎日額の1000日分から、すでに支給された遺族特別年金の金額を差し引いた額 |

なお、遺族厚生年金等を受けるために保険給付である遺族補償年金が減額される場合であっても、社会復帰促進等事業として支給される特別支給金は減額されず満額支給される。

## ⑹　葬祭料

### ア　葬祭料とは

葬祭料とは、労働者が業務上死亡したときに、葬祭を行う者の請求に基づいて給付される。なお、葬祭を行う者は通常は遺族となるが、これらの者が葬祭を行わない場合に死亡労働者の友人や勤務していた会社が葬祭を主催したときは、遺族以外の者でも葬祭を行う者となる（労災法17条）。

### イ　給付の額

葬祭料の額は、次の①または②のうちいずれか高い方の額となる（労災則17条）。

| ① 315, 000円＋給付基礎日額の30日分 |
|---|
| ② 給付基礎日額の60日分 |

### ⑺ 介護補償給付

#### ア 介護補償給付とは

介護補償給付とは、傷病補償年金または障害補償年金を受ける権利を有する労働者が厚生労働省令で定める程度の常時介護または随時介護を要する状態にあって、実際に常時介護または随時介護を受けているときに、当該労働者の請求に基づいて給付される（労災法12条の８第４項）。

#### イ 厚生労働省令で定める程度

厚生労働省令で定める程度とは、次の状態をいう（労災則18条の３の２）。

| | |
|---|---|
| 常時介護を要する状態 | ① 障害等級１級（３号）に規定する身体障害又は傷病等級１級（１号）に規定する障害の状態にあるもの<br>② 障害等級１級（４号）に規定する身体障害又は傷病等級１級（２号）に規定する障害の状態にあるもの<br>③ 障害等級１級に規定する身体障害又は傷病等級１級（３号から９号）に規定する障害の状態であって、①又は②と同程度の介護を要する状態にあるもの |
| 随時介護を要する状態 | ④ 障害等級２級（２号の２）に規定する身体障害又は傷病等級２級（１号）に規定する障害の状態にあるもの<br>⑤ 障害等級２級（２号の３）に規定する身体障害又は傷病等級２級（２号）に規定する障害の状態にあるもの<br>⑥ 障害等級１級に規定する身体障害又は傷病等級１級（３号から９号）に規定する障害の状態であって、④又は⑤と同程度の介護を要する状態にあるもの |

#### ウ 給付の額

介護補償給付の額は、月単位で支給され、介護に要する費用の支出の有無および親族等による介護を受けた日の有無により、次のとおりとなる（労災則18条の３の４）。

◇常時介護を要する状態の場合

| | | | 親族等による介護を受けた日がある | |
|---|---|---|---|---|
| | | | 有り | 無し |
| 介護に要する費用支出 | 有り | 月57, 190円以上 | 実費（最大105, 290円） | 実費（最大105, 290円） |
| | | 月57, 190円未満 | 57, 190円 | |
| | 無し | | 57, 190円 | － |

※介護補償給付の開始月については、月105, 290円を上限に実際に介護に要した費用が支給され、当該費用を支出していない場合は支給されない。

※金額は平成30年４月１日施行の額

◇随時介護を要する状態の場合

<table>
<tr><td colspan="3" rowspan="2"></td><td colspan="2">親族等による介護を受けた日がある</td></tr>
<tr><td>有り</td><td>無し</td></tr>
<tr><td rowspan="3">介護に要する<br>費用支出</td><td rowspan="2">有り</td><td>月28,600円以上</td><td>実費<br>（最大52,650円）</td><td rowspan="2">実費<br>（最大52,650円）</td></tr>
<tr><td>月28,600円未満</td><td>28,600円</td></tr>
<tr><td colspan="2">無し</td><td>28,600円</td><td>－</td></tr>
</table>

※介護補償給付の開始月については、月52,650円を上限に実際に介護に要した費用が支給され、当該費用を支出していない場合は支給されない。

※金額は平成30年４月１日施行の額

### エ　支給対象とならない場合

次の施設に入居している場合は、既に十分な介護サービスが提供されていると考えられることから、介護補償給付の支給対象とならない（労災法12条の８第４項）。

・障害者支援施設（生活介護を受けている場合に限る。）
・特別養護老人ホーム等の障害者支援施設（生活介護を行うものに限る。）に準ずる施設として厚生労働大臣が定めるもの
・病院又は診療所

## ⑻　二次健康診断等給付

### ア　二次健康診断等給付とは

二次健康診断等給付は、脳血管疾患および心臓疾患の発生を予防するために設けられたもので、安衛法66条１項による一次健康診断の結果、次の①～④のいずれの項目にも異常の所見があると診断されたときに、当該労働者の請求に基づいて給付される。ただし、一次健康診断等により既に脳血管疾患または心臓疾患の症状を有すると認められる者は除かれる（労災法26条１項）。

①　血圧の測定
②　血中脂質検査
③　血糖検査
④　腹囲の検査又はＢＭＩの測定

### イ　給付の範囲

二次健康診断等給付の範囲は、次のとおりとなる（労災法26条２項・３項）。

<table>
<tr><td>二次健康診断</td><td>次の項目に関する医師による健康診断（１年度につき１回に限る。）<br>①　空腹時の血中脂質検査<br>②　空腹時の血糖値検査<br>③　ヘモグロビンＡ１ｃ検査（一次健康診断で受検している場合を除く。）<br>④　負荷心電図検査又は胸部超音波検査<br>⑤　頸部超音波検査<br>⑥　微量アルブミン尿検査（一次健康診断の尿蛋白検査で疑陽性（±）又は弱陽性（＋）の所見があると診断された場合に限る。）</td></tr>
</table>

| 特定保健指導 | 二次健康診断の結果に基づき、脳血管疾患及び心臓疾患の発生の予防を図るため、面接により行われる医師又は保健師による、栄養指導、運動指導等の保健指導（二次健康診断ごとに１回に限る。）<br>但し、二次健康診断により既に脳血管疾患又は心臓疾患の症状を有すると認められる者には特定保健指導は行わない。 |
|---|---|

これらは、社会復帰促進等事業として設置された病院もしくは診療所または都道府県労働局長の指定する病院もしくは診療所において行われる（労災則11条の３第１項）。

### ウ　医師の意見聴取

二次健康診断を受けた労働者から、当該診断実施日から３か月以内に、当該診断結果を証明する書類が事業者に提出された場合は、事業者は、当該書類が提出された日から２か月以内に医師の意見を聴かなければならない（労災法27条）。

## ⑼　社会復帰促進等事業の概要

労災保険では、業務災害等への保険給付に加えて、被災労働者やその遺族に対する社会復帰促進等事業として、次の３つの事業を行っている（労災法29条）。

◇社会復帰促進事業
……被災労働者の円滑な社会復帰を促進するために必要な事業
例）労災病院等の施設の運営
例）義肢等補装具費用制度
一定の欠損障害又は機能障害等の残った者に、補装具の購入・修理費を支給
例）アフターケア制度
治癒後に後遺障害に付随する疾病を発症させるおそれのある一定の傷病について、治癒した後に、診察、保健指導及び検査等の措置を実施

◇被災労働者等援護事業
……被災労働者及びその遺族の援護を図るために必要な事業
例）特別支給金の支給
例）被災労働者の遺族や重度障害を受けた被災者などで、その子どもの学資の支払が困難な場合に学資を支援
例）労災特別介護施設などの運営

◇安全衛生確保等事業
……労働者の安全及び衛生の確保、保険給付の適切な実施の確保並びに賃金の支払の確保を図るために必要な事業
例）労働時間等の設定の改善により成果を上げた中小企業の事業主に対して助成金を支給
例）無料電話相談「労働条件相談ほっとライン」、労働条件ポータルサイト「確かめよう労働条件」の運営、大学・高校等でのセミナーの開催
例）保健衛生業における腰痛災害を減少させるための腰痛予防対策講習会の実施

【特定社会保険労務士　岩楯 めぐみ】

# 第２章

## 業務上認定の基本的な考え方
## ——災害性の傷病を中心として

# Ⅰ　業務上外の認定の意義

労基法の災害補償あるいは労災法の補償給付は、「業務上」において労働者に生じた負傷、疾病、傷害または死亡した場合に支給される（労災法７条、12条の８第２項）。労災法の補償給付が他の社会保険のそれとの間にかなりの格差があることを踏まえると、労災法の補償給付の対象となる「業務上」災害と認定されるかどうかは、被災労働者やその遺族にとっては極めて重要な問題となることから、この点に関する行政解釈の役割が大きいものといえる（岩出・講義（下）910頁参照）。

この点行政解釈によれば、「業務上」とは「業務遂行性」と「業務起因性」との双方を充足する必要があるとされてきた。そして、両者の関係については、「業務遂行性」は「業務起因性」の第一次的判断基準をなすものとされ、「業務遂行性」がなければ「業務起因性」は存在せず、「業務遂行性」があっても「業務起因性」の認定がなされるとは限らない関係にあるとされる。ここに「業務遂行性」とは、具体的な業務の遂行中という狭い意味ではなく、労働者が事業主の支配ないし管理下にある中でという意味であり、「業務起因性」とは、業務または業務行為を含めて労働者が労働契約に基づき事業主の支配下にあることに伴う危険が現実化したものと経験則上認められること（相当因果関係が存在すること）をいうとされてきた（菅野・労働法611〜612頁）。

# Ⅱ　業務上外に関する行政解釈と最高裁判例による一般的認定基準

この点最高裁判例においては、必ずしも前述の行政解釈に依拠するわけではなく、いわゆる過労死事件においてではあるが「労災保険法に基づく労災保険給付の支給要件としての業務起因性が認められるためには、業務に内在ないし通常随伴する危険の現実化として死傷病等が発生したと評価されることにより両者の間に相当因果関係が認められることが必要である」と述べて、いわゆる業務内在危険現実化説を採用している（町田高校事件・最三小判平成８年１月23日労判687号16頁）。

ただし、過労死、過労自殺については、以上で述べた事故等の突発的事態による災害の場合とは異なり、後述のとおり、その認定基準が時代とともに大きく変遷してきている。

# Ⅲ　業務上の負傷・死亡における業務上外の具体的判断

業務遂行性については、３つの類型に大別されるとされている（菅野・労働法612頁以下）。すなわち、①事業主の支配下にあり、かつ、その管理（施設管理）下にあって業務に従事している際に生じた災害（例えば、事業場内で作業中（作業に通常伴う用便、飲水等の中断を含む）の災害）、②事業主の支配下にあり、かつ、その管理下にあるが、業務には従事していないときの災害（例えば、事業場内の休憩中や、始業前・就業後の事業場内での行動の際の災害）、③事業主の支配下にあるが、その管理を離れて、業務に従事している際の災害（例えば、事業場外で労働しているときや出張中の災害）である。これに対して、通勤途上（途中で用務を行う場合は除く）や純然たる私的行動、事業場外の任意的な親睦活動は、業務遂行性が否定される。

業務起因性については、業務に従事している際の災害につき、特に業務起因性について反証または業務起因性がないことについての特段の事情につき立証がない限り、一般に「業務上」の災害と認定されることとなる（岩出・講義（下）911頁）。業務起因性についての反証例としては、自然現象（地震、落雷等）、外部の力（自動車が飛び込んできた等）、本人の私的逸脱行為、規律違反行為（泥酔下の運転行為等）等が挙げられる（菅野・労働法613頁）。ただし、地震に際して当該災害を被りやすい業務上の事情（危険）があれば、業務起因性が認められる。この点、東日本大震災の直後に出された平成23年３月24日付通達（「東北地方太平洋沖地震に係る業務上外の判断等について」基労管発324第１号、基労補発324第２号）によれば、「業務遂行中に、地震や津波により建物が倒壊したこと等が原因で被災した場合にあっては、作業方法や作業環境、事業場施設の状況などの危険環境下の業務に伴う危険が現実化したものとして業務災害として差し支えない」としている。したがって、業務遂行中に震災によって事業場の設備で負傷した場合には、通常は労災保険の適用を受けられる。

以下、具体的に問題となるケースについて検討する。

## 1　会社負担の忘年会での事故

会社負担の忘年会は、会社業務の一環として行われることがあることから、このような忘年会に参加した際に社員が負傷した場合に、「業務上」の災害として労災法の補償給付の対象となるか問題となる。

この点、国・品川労基署長事件（東京地判平成27年１月21日労経速2241号３頁）は、業務遂行性とは「労働者が現に業務ないしはこれに付随する一定の行為に従事している場合のみならず、現にこれらに従事していなくとも、労働関係上、事業主の支配下にあるものと認められる場合を含むものと解するのが相当である」としており、福井労基署長事件（名古屋高金沢支判昭和58年９月21日労民34巻５＝６号809頁）では、使用者が主催して懇親会等の社外行事を行うことが事業運営上緊要なものと認められ、かつ、労働者に対して参加が強制されている場合に限り、労働者の社外行事への参加が業務行為となるとしている。

したがって、「業務上」と認定されるかどうかは、①忘年会への出席を強制されていたかどうか、②忘年会が事業運営上緊要なものといえるかどうかが大きな焦点となるので、このような要素がなく単に慰労目的で、費用も会社が負担していないような忘年会であれば、「業務上」と認定することは困難といえる。

## 2　会社主催のゴルフコンペ参加時の事故

会社主催のゴルフコンペ等は、会社の接待業務の一環として行われることがあることから、このようなゴルフコンペに参加した際に社員が負傷した場合に、「業務上」の災害として労災法の補償給付の対象となるか問題となる。

この点、行政解釈においては、「単なる懇親を主とする宴会は、その席において何らかの業務の話題があり、また業務の円滑な運用に寄与するものがあったとしてもその席に出席することは、特命によって宴会の準備等を命じられたもの、又は、出席者の送迎に当たる自動車運転者等のほかは原則としてこれを業務とみることはできない」（昭和45年６月10日裁決等）ものとしており、裁判例も行政解釈と同様な判断を示していた（高崎労基署事件・前橋地判昭和50年６月24日訟月21巻８号1712頁）。

ただし、近時、裁決例においてではあるが「業務上」の認定を緩やかに認めるものも現れている（東京労働基準局・労災保険審査官平成９年３月11日）。

要するに、ゴルフコンペ参加に際しての災害が「業務上」と認定されるかどうかは、①社員が会社の担当者としてプレーをせずに準備、接待、送迎等している場合は認定される可能性が高いが、②社員自身もプレーする場合には、「業務上」の判断を緩和する裁決を前提としても、そこで重要な取引の交渉が具体的に行われる場合や事業にとって具体的な課題と必要性がある場合等の例外的な場合のみ認定される可能性があることになろう（岩出・講義（下）913～914頁）。

## 3　職場でのけんか

社員の業務中の負傷については、社員が事業主の支配ないし管理下にある中で負傷した場合には「業務遂行性」が認められるが、本人の私的逸脱行為による場合には「業務起因性」が否定される（菅野・労働法613頁）。職場でのけんかは、社員の私的逸脱行為といえることから、職場でのけんかの際に社員が負傷した場合には、「業務起因性」が否定されて労災法の補償給付の対象となるか問題となる。

この点裁判例は、社員のけんかの際の負傷について、被害者の社員が加害者に対して嘲笑的な態度をとったこと等により加害者を挑発したとの事実認定を前提として、業務と関連せず、また、業務妨害者に退去を求めるために必要な行為と解することはできないとして、業務起因性を否定したものがある（最一小判昭和49年９月２日民集28巻６号1135頁）。

要するに、職場でのけんかの際の負傷については、加害者の暴行が、①被災者たる社員との私的怨恨、または②被災者たる社員による職務上の限度を超えた挑発行為や侮辱的行為等によって生じたものである等の被災者たる社員の業務とは無関係といえるような事由によるものでない限りは、「業務上」と認定されるものと解される（新潟労基署長（中野建設工業）事件・新潟地判平成15年７月25日労判858号170頁）。

## 4　休憩時間中の事故

休憩時間中の負傷については、事業主の支配ないし管理下にあるが、業務に従事していないときの災害として「業務遂行性」を認めることができる。しかし、労働時間中であれば「業務起因性」が認められるもの（飲水、用便等の生理的行為や歩行・移動行為などによる災害）や事業所施設の不備・欠陥によるものでない限り、「業務起因性」が認められない（菅野・労働法613頁）。

この点、裁判例は、休憩時間中のハンドボールを使った「簡易ゲーム」参加中の負傷について、いわゆる小集団活動としての性格を有することから、その自主性を否定して会社の業務と密接な関連性を有する行為として「業務起因性」を認めたものがある（佐賀労基署長事件・佐賀地判昭和57年11月５日労判397号10頁）。

要するに、休憩時間中の負傷については、例えばスポーツへの参加等が拘束性の強いものである場合には、「業務上」と認定されるものと解される。

## 5　QC活動中の事故

QC（Quality Control）活動とは、それぞれの職場において、品質管理の手法を用いて具体的な業務課題の解決に取り組み、その品質の適正保持・効率化・改善などの対策を考え、実践する自主的な活動のことをいう。一般的にQCサークルと呼ばれる小集団による活動を指すことが多い。このようにQC活動は、会社業務の一環として行われることがあることから、このようなQC活動に参加した際に社員が負傷した場合に、「業務上」の災害として労災法の補償給付の対象となるか問題となる。

この点、裁判例は、QCサークル活動は、事業活動に直接役立つ性質のもので、交通安全運動もその運営上の利点があるものとして、いずれも本件事業主が、育成・支援するものと推認され、これに関わる作業は、労災認定の業務起因性を判断する際には、使用者の支配下における業務であると判断するのが相当であるとして、QCサークル活動を過労死等の過重労働の認定要素として判断をしたものがある（国・豊田労基署長（トヨタ自動車）事件・名古屋地判平成19年11月30日労判951号11頁、国・国立循環器病センター（看護師・くも膜下出血死）事件・大阪地判平成20年１月16日労判958号21頁参照）。

要するに、QCサークル活動中の負傷については、QCサークル活動が事業活動に直接役立つ性質のもので、本件事業主が、育成・支援するものと推認される場合には、「業務上」と認定されるものと解される。

## 6　特別加入者の業務上判断

中小事業主、一人親方等については、労災法上の労働者ではないが、労災保険への任意的な特別加入が認められている（労災法33条以下、労災則46条の16以下）。これら特別加入者が被った災害が「業務上」と認定されるのは、その制度趣旨（労働者に近似する側面に対する労働者に準じた保護の付与）から、これらの者の業務のうち労働者の行う業務に準じた業務に限定される（労災則46条の26に基づく通達）。

この点、裁判例は、プレス工場の取締役が、始業前の得意先回りの前の仕事をして、始業時間１時間半以上前にプレス機械の準備作業をしている際の災害は「業務上」とは認められないとしている（所沢労基署長事件・浦和地判昭和58年４月20日労判412号26頁）。ただし、一般の労働者における早番・交代制等などによる早朝勤務の存在との関係からはその結論の一般化には疑問があるとの指摘がある（岩出・講義（下）918頁）。

## 7　海外出張と海外派遣

### ⑴　労災保険――海外出張と海外派遣の相違

派遣法に規定する海外派遣とは、「派遣労働者をこの法律の施行地外の地域に所在する事業所その他の施設において就業させるための労働者派遣」をいう（派遣法23条４項）。例えば、海外支店や営業所などへの駐在員、合弁会社や提携先企業への出向などが該当する。これに対して、海外出張とは、国内の事業場に所属し、その事業場の使用者の指揮監督の下、海外で業務に従事することをいう（国・淀川労基署長（商工経営センター・中国共同事務所）事件・大阪地判平成19年７月４日労判943号98頁）。例えば、商談のためや技術習得のために海外に行く場合などが該当する。

このうち、海外出張をする労働者は、国内の事業に使用される労働者なので、労災保険の適用対象となる。これに対して、海外派遣の労働者は、原則として労災保険の適用がなく、事前に海外派遣者の特別加入制度の加入手続を踏んでいた場合に労災保険の対象となるにすぎない（労災法33条７号、同36条。昭和52年３月30日基発192号）。

問題は、海外出張と海外派遣の区別基準であるが、近時の裁判例は、「単に労働の提供の場が海外にあるだけで、国内の事業場に所属して当該事業場の使用者の指揮に従って勤務しているのか、それとも、海外の事業場に所属して当該事業場の使用者の指揮に従って勤務しているのか、という観点から、当該労働者の従事する労働の内容やこれについての指揮命令関係等の当該労働者の国外での勤務実態を踏まえ、どのような労働関係にあるのかによって、総合的に判断されるべき」としている（国・中央労基署長（日本運搬社）事件・東京高判平成28年４月27日労判1146号46頁）。

### ⑵　海外での出向中の過労死の労災認定

この点について裁判例（国・中央労基署長（興国鋼線索）事件・大阪地判平成19年６月６日労判952号64頁）は、海外での出向中の過労死の労災認定について、⑴の区別基準からすれば海外派遣と認定されるはずの事案においても、発症前１か月間の90時間に及ぶ時間外労働や長期にわたる時間外労働等を総合考慮して、被災社員が発症前に従事していた業務は、本件疾病の基礎疾患である脳動脈瘤をその自然的経過を超えて著しく増悪させ、発症に至らせるほどの過重負担になるものであったとして、労災認定を行っている。過労死の労災認定については、後述第３章Ⅱ参照。

【弁護士　村林 俊行】

# 第３章

## 業務上の疾病

# Ⅰ　業務上の疾病と労災保険

労働者が業務上疾病にかかった場合には、労災法に基づく療養補償給付や休業補償給付等を受給することができる（労災法12条の８第２項)。業務上疾病に該当する疾病の種類は、労基則35条に基づき同規則別表第１の２に列挙されている。また、労働者が業務上死亡した場合には、遺族が遺族補償給付や葬祭料を受給することができるが（労災法12条の８第２項)、疾病による死亡が業務上の死亡に当たるというためには、当該疾病が同別表に列挙されているものであることが必要である。

いわゆる過労死（脳や心臓等に疾患を発症して突然死すること）や過労自殺の原因となる疾病については、実務上、同別表のうち「その他業務に起因することの明らかな疾病」(改正前９号）に当たるものとして扱われてきたが、平成22年の同規則改正に伴い、同別表に脳や心臓等の疾患および精神障害等が新たに追加された（改正後８号および９号)。

# Ⅱ　過労死・過労自殺の業務上外認定

## 1　過労死の業務上外認定

### (1)　労基署の業務上外判断と裁判所の業務起因性判断

過重な労働や業務上のストレス等が原因となり、過労死が発生した場合には、遺族としては、まずは労基署に労災申請して遺族補償給付等を求めることになる。これが業務上の原因によると認められれば（これを「業務上認定」という)、遺族はその要件に従い遺族補償年金または遺族補償一時金、および葬祭料等を受給することができる。最近でも、平成25年に日本放送協会で女性記者が心不全で亡くなるという過労死事案が発生している（労基署が認定した死亡前１か月間の残業時間は159時間)。一方、業務上認定がされた場合、事業主は、後に遺族から健康管理上の安全配慮義務違反に基づく損害賠償を求められる蓋然性が高まることから（しかも、当然のことながら請求額は高額となることが予想される。賠償額の高額化については第６章Ⅰ２参照)、労基署が業務上・業務外のどちらの認定をするのかについて重大な関心を持つことになる。そこで、いかなる場合に業務上認定がされるのかを把握するとともに、そのような事態が生じないようあらかじめ対処しておくことが極めて重要である。

また、仮に労基署が業務外認定をした場合であっても、その後、不支給処分取消行政訴訟において、労基署の判断が覆ることも少なくない（不支給処分取消行政訴訟については、第８章Ⅱ参照)。後述のとおり、裁判所の判断は、一般的に厚労省通達の基準や行政庁の判断より緩やかに業務起因性を肯定する傾向にあるので、事業主としては、裁判例の傾向に注視していく必要がある。

### (2)　厚生労働省の過労死に関する認定基準

厚生労働省による過労死の業務上外認定に関する通達としては、「脳血管疾患及び虚血性心疾患等（負傷に起因するものを除く。）の認定基準について」(平成13年12月12日基発1063号。

この章において、以下「過労死認定基準」という）が示されている。脳血管疾患（脳内出血（脳出血）、くも膜下出血、脳梗塞および高血圧性脳症）と虚血性心疾患等（心筋梗塞、狭心症、心停止（心臓性突然死を含む）および解離性大動脈瘤）が対象となる。過労死認定基準は、従前の基準（平成７年２月１日基発38号）を刷新したものであるが、主な改正点は次のとおりである。

① 脳・心臓疾患の発症に影響を及ぼす業務による明らかな過重負荷として、長期間にわたる疲労の蓄積を考慮することとしたこと

② その評価期間を発症前概ね６か月間としたこと

③ 長期間にわたる業務の過重性を評価するに当たって、労働時間の評価の目安を示したこと

④ 業務の過重性を評価するための具体的負荷要因（労働時間、不規則な勤務、交替制勤務、深夜勤務、作業環境、精神的緊張を伴う業務等）やその負荷の程度を評価する視点を示したこと

注目すべき点は、②に関して、具体的な労働時間の目安をも示した点である。すなわち、Ⓐ「発症前１か月間ないし６か月間にわたって、１か月当たり概ね45時間を超える時間外労働が認められない場合は、業務と発症との関連性が弱いが、おおむね45時間を超えて時間外労働時間が長くなるほど、業務と発症との関連性が徐々に強まると評価できる」とするとともに、Ⓑ「発症前１か月間に概ね100時間または発症前２か月間ないし６か月間にわたって、１か月当たり概ね80時間を超える時間外労働が認められる場合は、業務と発症との関連性が強いと評価できる」とするものである（この章において、以下「労働時間基準」という）。

また、過労死認定基準では、従前のとおり、いわゆる相対的有力原因説（業務による過重負荷が、他の要因よりも相対的に有力な要因である場合に業務起因性を認めるとするもの）も維持されている。

労基署においては、基本的に、過労死認定基準に基づき業務上外の認定をすることになる。しかしながら、次に述べるとおり、近時の裁判例は、これらの行政通達に定める基準よりも緩やかな基準で業務起因性を肯定する傾向が見受けられる。

過労死認定基準（概要）

1　基本的な考え方

⑴　脳・心臓疾患は、血管病変等が長い年月の生活の営みの中で、形成、進行及び増悪するといった自然経過をたどり発症する。

⑵　しかしながら、業務による明らかな過重負荷が加わることによって、血管病変等がその自然経過を超えて著しく増悪し、脳・心臓疾患が発症する場合がある。

⑶　脳・心臓疾患の発症に影響を及ぼす業務による明らかな過重負荷として、発症に近接した時期における負荷のほか、長期間にわたる疲労の蓄積も考慮することとした。

⑷　また、業務の過重性の評価に当たっては、労働時間、勤務形態、作業環境、精神的緊張の状態等を具体的かつ客観的に把握、検討し、総合的に判断する必要がある。

2　対象疾病

⑴　脳血管疾患

ア　脳内出血（脳出血）

イ　くも膜下出血

ウ　脳梗塞

エ　高血圧性脳症
⑵　虚血性心疾患等
ア　心筋梗塞
イ　狭心症
ウ　心停止（心臓性突然死を含む。）
エ　解離性大動脈瘤
3　認定要件
次の⑴、⑵又は⑶の業務による明らかな過重負荷を受けたことにより発症した脳・心臓疾患は、労基則別表第1の2第9号（注：改正前。改正後は第8号及び第9号に該当）に該当する疾病として取り扱う。
⑴　発症直前から前日までの間において、発生状態を時間的及び場所的に明確にし得る異常な出来事に遭遇したこと（異常な出来事）。
⑵　発症に近接した時期において、特に過重な業務に就労したこと（短期間の過重業務）。
⑶　発症前の長期間にわたって、著しい疲労の蓄積をもたらす特に過重な業務に就労したこと（長期間の過重業務）。
4　認定要件の運用
⑴　脳・心臓疾患の疾患名及び発症時期の特定について
ア　疾患名の特定について
脳・心臓疾患の発症と業務との関連性を判断する上で、発症した疾患名は重要であるので、臨床所見、解剖所見、発症前後の身体の状況等から疾患名を特定し、対象疾病に該当することを確認すること。
イ　発症時期の特定について
脳・心臓疾患の発症時期については、業務と発症との関連性を検討する際の起点となるものであるので、臨床所見、症状の経過等から症状が出現した日を特定し、その日をもって発症日とすること。
⑵　過重負荷について
過重負荷とは、医学経験則に照らして、脳・心臓疾患の発症の基礎となる血管病変等をその自然経過を超えて著しく増悪させ得ることが客観的に認められる負荷をいう。
ア　異常な出来事について
（ア）　異常な出来事
a　極度の緊張、興奮、恐怖、驚がく等の強度の精神的負荷を引き起こす突発的又は予測困難な異常な事態
b　緊急に強度の身体的負荷を強いられる突発的又は予測困難な異常な事態
c　急激で著しい作業環境の変化
（イ）　評価期間
発症直前から前日までの間
（ウ）　過重負荷の有無の判断
遭遇した出来事が前記（ア）に掲げる異常な出来事に該当するか否かによって判断すること。
イ　短期間の過重業務について
（ア）　特に過重な業務
特に過重な業務とは、日常業務（通常の所定労働時間内の所定業務内容をいう。）に比較して特に過重な身体的、精神的負荷を生じさせたと客観的に認められる業務をいう。
（イ）　評価期間
発症前おおむね１週間
（ウ）　過重負荷の有無の判断
特に過重な業務に就労したと認められるか否かについては、⑴発症直前から前日までの間について、⑵発症直前から前日までの間の業務が特に過重であると認められない場合には、発症前おおむね

１週間について、業務量、業務内容、作業環境等を考慮し、同僚等にとっても、特に過重な身体的、精神的負荷と認められるか否かという観点から、客観的かつ総合的に判断すること。

具体的な負荷要因は、次のとおりである。

a　労働時間

b　不規則な勤務

c　拘束時間の長い勤務

d　出張の多い業務

e　交替制勤務・深夜勤務

f　作業環境（温度環境・騒音・時差）

g　精神的緊張を伴う業務

（b～gの項目の負荷の程度を評価する視点は別紙のとおり）

ウ　長期間の過重業務について

（ア）　疲労の蓄積の考え方

恒常的な長時間労働等の負荷が長期間にわたって作用した場合には、「疲労の蓄積」が生じ、これが血管病変等をその自然経過を超えて著しく増悪させ、その結果、脳・心臓疾患を発症させることがある。このことから、発症との関連性において、業務の過重性を評価するに当たっては、発症時における疲労の蓄積がどの程度であったかという観点から判断することとする。

（イ）　評価期間

発症前おおむね６か月間

（ウ）　過重負荷の有無の判断

著しい疲労の蓄積をもたらす特に過重な業務に就労したと認められるか否かについては、業務量、業務内容、作業環境等を考慮し、同僚等にとっても、特に過重な身体的、精神的負荷と認められるか否かという観点から、客観的かつ総合的に判断すること。

具体的には、労働時間のほか前記イの（ウ）のb～gまでに示した負荷要因について十分検討すること。

その際、疲労の蓄積をもたらす最も重要な要因と考えられる労働時間に着目すると、その時間が長いほど、業務の過重性が増すところであり、具体的には、発症日を起点とした１か月単位の連続した期間をみて、

Ⓐ　発症前１か月間ないし６か月間にわたって、１か月当たりおおむね45時間を超える時間外労働が認められない場合は、業務と発症との関連性が弱いが、おおむね45時間を超えて時間外労働時間が長くなるほど、業務と発症との関連性が徐々に強まると評価できること

Ⓑ　発症前１か月間におおむね100時間又は発症前２か月間ないし６か月間にわたって、１か月当たりおおむね80時間を超える時間外労働が認められる場合は、業務と発症との関連性が強いと評価できることを踏まえて判断すること。

### (3)　下級審の裁判例の動向

過労死認定基準が示された後、裁判所においても、同基準により新たに定められた労働時間基準を重視する判断が出ている（死亡事案ではないが、発症前２か月間の月平均時間外労働が100時間超であった事案につき、脳内出血発症について業務起因性を認めた国・さいたま労基署長（鉄建建設）事件・大阪地判平成21年４月20日労判984号35頁等）。しかしながら、裁判例の中には、時間外労働時間が格別多くない事案についても、他の負荷要因を指摘して業務起因性を肯定するものも多数現れてきている（例えば、これも死亡事案ではないが、不規則かつ深夜を含む勤務態様を重視して、くも膜下出血発症について業務起因性を認めた地公災基金三重県支部長（伊勢総合病院）事件・名古屋高判平成14年４月25日労判829号30頁、寒冷なコンテナ内での荷物の積替えという作業環境を重視して、虚血性心疾患発症による死亡について業務起因性を認めた立川労基署長（東京港運

送）事件・東京高判平成16年12月16日労判888号68頁等)。岡山労基署長（東和タクシー）事件（広島高岡山支判平成16年12月９日労判889号62頁）では、「『認定基準』は、その作成の目的、経過及び内容に照らして尊重すべきものではあるが、業務上外認定処分を所管する行政庁が処分を行う下級行政機関に対して運用基準を示した通達であって、業務外認定処分取消訴訟における業務起因性の判断について裁判所を拘束するものではない」とした上で、隔日勤務での１日当たりの長時間労働（19時間）や深夜勤務、運転中に強いられる緊張等を根拠に、虚血性心疾患発症による死亡につき業務起因性が認められている。同事件判決は、業務起因性の判断基準についても、共働原因説（業務による過重な負荷が、基礎疾患等を自然的経過を超えて増悪させて疾病を発症させるなど、発症の共働原因となったと認められる場合には業務起因性を認めるとするもの）によるべきであると判示し、業務が相対的に有力な原因であることまでは要しないとの立場を明確にした。

このように、下級審においては、労働時間基準のⒷを満たす場合はもちろん、満たさない場合であっても、他の負荷要因を考慮して、不支給処分を取り消す判決が目立つ。

### ⑷　最高裁判例の動向

心臓疾患についての業務上外認定に関する最高裁判例としては、公務災害事案であるが、地公災基金鹿児島県支部長（内之浦町教委職員）事件（最二小判平成18年３月３日労判919号５頁）がある。この事件は、心筋梗塞の既往症のあった地方公務員が、公務として行われたバレーボールの試合に出場した際に急性心筋梗塞を発症して死亡したことについて、公務上死亡であるか否かが争われたものである。最高裁判所は、「Ａの心臓疾患が、確たる発症因子がなくてもその自然の経過により心筋こうそくを発症させる寸前にまでは増悪していなかったと認められる場合」には、「Ａはバレーボールの試合に出場したことにより心臓疾患をその自然の経過を超えて増悪させ心筋こうそくを発症して死亡したものとみるのが相当であって、Ａの死亡の原因となった心筋こうそくの発症とバレーボールの試合に出場したこととの間に相当因果関係の存在を肯定することができる」と判示した上で、「Ａの心臓疾患が、確たる発症因子がなくてもその自然の経過により心筋こうそくを発症させる寸前にまでは増悪していなかった」かどうかについてさらに審理を尽くすよう事件を原審に差し戻した（その後、差戻審判決で公務性が認められ、同判決が確定した)。

### ⑸　判例・裁判例を踏まえた対応

以上の判例・裁判例の動向を踏まえると、事業主としては、労働時間基準Ⓑに抵触しない場合であっても、他の負荷要因が存在する場合には、裁判で業務起因性が肯定される事態を覚悟しなければならない。また、労働者が基礎疾患を有しているような場合には、業務の性質によっては相対的に突然死の危険が増加すると考えられるので、さらなる注意が必要である。前掲の地公災基金鹿児島県支部長（内之浦町教委職員）事件最高裁判決によって、「基礎疾患が自然の経過により発症寸前にまで増悪していなかったと認められれば、当該業務上の負荷により発症したものとして業務起因性を認める」との一般的な基準が定立されたとみる余地もある。いずれにしても、基礎疾患のある従業員はもちろん、これを抱えていない従業員についても、定期健康診断等の結果を踏まえつつ、（当該従業員に）適当な業務であるか、適正な業務量・労働時間であるか等につき管理していく必要がある。

## 2　過労自殺の業務上外認定

### ⑴　過労自殺とうつ病発症のメカニズム

過労が原因で自殺に至るケースも、残念ながら後を絶たない。電通での新入社員の過労自殺（平成27年12月）が衆目を集めたことは記憶に新しい。ヤマト運輸でも、平成28年に男性社員が過労自殺している。いわゆる過労自殺と呼ばれるものは、通常過労によりうつ病を発症し、抑うつ状態で自殺するに至るが、うつ病発症のメカニズムについては、未だに十分な解明がなされていない。現代の医学的知見によれば、環境由来のストレス（業務上または業務以外の心理的負荷）と個体側の反応性・脆弱性（個体側の要因）との関係で精神破綻が生ずるか否かが決まり、ストレスが非常に強ければ、個体側の脆弱性が小さくても精神障害が起こるし、反対に個体側の脆弱性が大きければ、ストレスが小さくても破綻が生ずるとする「ストレス―脆弱性理論」が広く受け入れられている。この理論は、後記する厚生労働省の基準や多くの裁判例で採用されているが、同理論では、個体側の反応性・脆弱性を考慮することから、業務の過重性を判断する際に、「平均的な労働者」を基準とするのか、あるいは「性格が最も脆弱である者」を基準とするのかによって、結論に差異が生ずる場合がある。

過労自殺に関しては、上述のとおり、うつ病発症の原因が必ずしも明確でなく、また、業務の過重性の判断基準にも争いがあることから、労基署による労災認定や事業主に対する損害賠償請求訴訟において、業務上外の判断が度々問題となる。

### ⑵　過労自殺と労災法12条の２の２第１項との関係

ところで、労災法12条の２の２第１項は、「労働者が、故意に負傷、疾病、障害若しくは死亡又はその直接の原因となつた事故を生じさせたときは、政府は、保険給付を行わない」と定めているところ、自殺は故意に死亡することであるから、労働者の自殺は、当該自殺の原因が業務上のうつ病等にある場合であっても、一律に労災保険給付の対象とはならないのではないか、という点が一応問題となり得る。もっとも、過重な業務により精神疾患を発症し自殺に至る場合のあることは否定し得ないところ、このような場合にまで労災認定がされないという結論は、労災法の趣旨に合致しないものといわざるを得ない。そこで、裁判例においては、同条項の「故意」とは業務上の疾病と相当因果関係にない他の原因・動機に基づく場合を指すとか、自由意思の介在を排するような特別の事情がある場合には同条項は適用されないなどと理論付けることによって、この問題をクリアしている。したがって、現在では、業務上の傷病と自殺との間に相当因果関係が認められる場合には、同条項によって保険給付を拒絶されることはないと考えてよい。

### ⑶　過労自殺の２つの類型

一口に過労自殺といっても、自殺に至る類型は、①過労が原因で反応性うつ病（特定の心理的ストレスが引き金になってうつ症状を発症するもの）を発症し、自殺に至る場合（典型的な過労自殺型）と、②業務上傷病により療養中の者が、抑うつ症状を発症して（または増悪して）自殺に至る場合（業務上傷病原因型）とに分類することができる。

### ⑷　業務上傷病原因型についての裁判所の判断

上記②の場合（業務上傷病原因型）については、さらに業務上傷病が精神疾患である場合と、そうでない場合とに分けられ、後者の場合には、当該業務上傷病と抑うつ症状発症との間、抑うつ症状と自殺との間について、それぞれ相当因果関係の存否が問題となる。この点に関し、佐伯労基署長（けい肺・自殺）事件控訴審判決（福岡高判平成６年６月30日判タ875号130頁）では、長期間の粉じん作業により発症したけい肺結核症患者が療養中に自殺したことについて、上記の枠組みを用いた上で、けい肺結核症と抑うつ症状の発症、さらには自殺との間に「一定の関連性があることは否定できない」としたものの、けい肺結核症と抑うつ症状発症との間に「法的な意味での相当因果関係があるものということができるか否かはなお疑問があるものといわざるを得」ないとし、さらには抑うつ症状と自殺との間の相当因果関係を否定した。この類型の事案では、ほかに岸和田労基署長事件（大阪地判平成９年10月29日労判728号72頁）があるが、この事件でも、業務上の転落事故による傷害と抑うつ症状発症との間の因果関係が否定されており、業務上の傷病が精神疾患でない場合の相当因果関係の立証は簡単であるとはいえない。もっとも、近時の国・大野労基署長（じん肺・自殺）事件（福井地判平成21年９月９日労判990号15頁）のように、業務上傷病原因型について業務起因性を肯定する判決も現れている。同事件では、業務に起因するじん肺の発症から約10年後にうつ病を発症し、さらに４年後に自殺したという事案について、じん肺が不治の死に至る病であることや、呼吸機能の悪化など深刻な身体症状に悩まされていたこと等により、被災労働者が受けていた心理的負担は相当程度に過重であったとして、業務上の傷病とうつ病の発症、さらには自殺との間の相当因果関係を認めた。

### ⑸　典型的な過労自殺型についての厚生労働省の基準

上記①の場合（典型的な過労自殺型）に関しては、行政手続上、自殺と業務との間の因果関係の有無は、厚生労働省の基準（「心理的負荷による精神障害の認定基準について」平成23年12月26日基発1226第１号。この章において、以下「精神障害認定基準」という）に基づき判断される。同基準は、「業務によりICD－10のF0からF4に分類される精神障害を発病したと認められる者が自殺を図った場合には、精神障害によって正常の認識、行為選択能力が著しく阻害され、あるいは自殺行為を思いとどまる精神的抑制力が著しく阻害されている状態に陥ったものと推定し、業務起因性を認める」としている。したがって、業務上のうつ病を発症した者が自殺した場合、自殺の原因として他に有力な事情のないときは、業務上認定されることになる。

### ⑹　精神障害等に関する厚生労働省の基準

そこで、自殺に先立つうつ病等についての業務上外認定が問題となるが、労災実務上は、業務上外の判断は、前掲の精神障害認定基準によることになる。同基準は、①対象疾病を発病していること、②対象疾病の発病前概ね６か月の間に、業務による強い心理的負荷が認められること、③業務以外の心理的負荷および個体側要因により対象疾病を発病したとは認められないこと、という３つの要件が満たされれば、業務上認定をするというものである。具体的には、②および③に関しては、別途定めた心理的負荷の評価表に基づいて業務上・外の心理的負荷の強弱をそれぞれ評価し（②については「強」「中」「弱」の３段階で総合評価をする）、②が認められる場合、つまり、業務による強い心理的負荷があったと認められる場合には、③業務以外の心理的負荷または個体側要因によって発病したことが医学的に明らかであると判断できない限り、業務上認定されることになる。

ここで、労働時間に関しては、同基準は、次のとおり定めている。

**ア　極度の長時間労働による評価**

極度の長時間労働は、心身の極度の疲弊、消耗を来し、うつ病等の原因となることから、発病日から起算した直前の１か月間に概ね160時間を超える時間外労働を行った場合等には、当該極度の長時間労働に従事したことのみで心理的負荷の総合評価を「強」とする。

**イ　長時間労働の「出来事」としての評価**

長時間労働以外に特段の出来事が存在しない場合には、長時間労働それ自体を「出来事」とし、新たに設けた「１か月に80時間以上の時間外労働を行った（項目16）」という「具体的出来事」に当てはめて心理的負荷を評価する。項目16の平均的な心理的負荷の強度は「Ⅱ」であるが、発病日から起算した直前の２か月間に１月当たり概ね120時間以上の時間外労働を行い、その業務内容が通常その程度の労働時間を要するものであった場合等には、心理的負荷の総合評価を「強」とする。

**ウ　恒常的長時間労働が認められる場合の総合評価**

出来事に対処するために生じた長時間労働は、心身の疲労を増加させ、ストレス対応能力を低下させる要因となることや、長時間労働が続く中で発生した出来事の心理的負荷はより強くなることから、出来事自体の心理的負荷と恒常的な長時間労働（月100時間程度となる時間外労働）を関連させて総合評価を行う。具体的には、「中」程度と判断される出来事の後に恒常的な長時間労働が認められる場合等には、心理的負荷の総合評価を「強」とする。なお、出来事の前の恒常的な長時間労働の評価期間は、発病前概ね６か月の間とする。

### ⑺　典型的な過労自殺型についての裁判例の動向

過労自殺についても、労基署の不支給処分を取り消す判決が相次いでおり、このことは、裁判所において、業務と精神障害発症との間の相当因果関係の存在が、（精神障害認定基準よりも）緩やかに肯定され得ることを意味している。例えば、名古屋南労基署長（中部電力）事件第一審判決（名古屋地判平成18年５月17日労判918号14頁）は、相当因果関係の判断は、「性格傾向が最もぜい弱である者（ただし、同種労働者の性格傾向の多様さとして通常想定される範囲内の者）を基準とするのが相当である」と判示して労基署長の不支給処分を取り消しているし、さらに同事件の控訴審判決（名古屋高判平成19年10月31日労判954号31頁）は、精神障害認定基準の前身である労働省の指針（「心理的負荷による精神障害等に係る業務上外の判断指針」平成11年９月14日基発第544号。この章において、以下「旧指針」という）について、同指針は「上級行政庁が下部行政機関に対してその運用基準を示した通達に過ぎず、裁判所を拘束するものでないことは言うまでもない」と判示して、原審の判断を維持している。

旧指針が精神障害認定基準に改定された後も、国・半田労基署長（医療法人Ｂ会Ｄ病院）事件控訴審判決（名古屋高判平成29年３月16日労判1162号28頁）は、同基準は「法令と異なり、行政上の基準（通達）にすぎない上、最終的な評価に当たっては幅のある判断を加えて行うものであるから、当該労働者が置かれた具体的な立場や状況等を十分に斟酌して適正に心理的負荷の強度を評価するに足りるだけの明確な基準とはいえない」とした上、同基準は「参考資料と位置付けるのが相当である」と説示し、労基署長の不支給処分を是認した一審判決を取り消した（ただし、自殺事案ではない）。また、精神障害認定基準が原則として「発病前おおむね６か月の間」の心理的負荷を判断の基礎としている点についても、国・中央労基署長（旧旭硝子ビルウォール）事件判決（東京地判平成27年３月23日労判1120号22頁）は、「発症前６か月の事実に形式的に割り切って業務起因性の判断を行うのは、少なくとも本件においては相当ではないというべきである」と説示し、対象期間についても柔軟性を持たせている。

そのほか、過重な時間外労働時間数やその急激な増加が認められない事案においても、八女労基署長（九州カネライト）事件（福岡地判平成18年４月12日労判916号20頁）では、単身赴任での出向や担当業務の変更などが、国・八王子労基署長（パシフィックコンサルタンツ）事件（東京地判平成19年５月24日労判945号５頁）では、単身での島しょ国への海外勤務や在留資格の喪失等が、それぞれ心理的負荷の増大要因として考慮され、業務と精神障害発症との間の相当因果関係、さらには業務と自殺との間の相当因果関係が認められた。

このような流れに対し、近時、業務上の心理的負荷の存否を厳格に判断する裁判例も現れている。さいたま労基署長（日研化学）事件控訴審判決（東京高判平成19年10月11日労判959号114頁）は、原審が認定した強度の業務負荷の存在を否定した上で、労働者の不適応や焦燥感は、同人の業務遂行能力の低下によるのであり、これは労働者の脆弱性・反応性の強さを示す事情であると判示した。そして、結論としても業務起因性を否定し、原判決を取り消した。

### ⑻　裁判例を踏まえた対応

以上のとおり、裁判例の大勢は、行政基準より緩やかに業務と精神障害との間の相当因果関係を肯定し、ひいては自殺についても業務起因性を肯定している。過労自殺についても、労災認定がされれば、その後事業主の賠償責任にも問題が波及する危険が高まるので、事業主としては、従業員の健康管理に努めていく必要がある。まずは労働時間や業務量、ノルマ等の管理が中心になると思われるが、職場におけるセクシュアル・ハラスメントやパワー・ハラスメント、部署内での集団的ないじめ等がないかどうかについても点検する必要がある。

## Ⅲ　過労による精神疾患の業務上外認定と症状消失後の再発に備えた対応

自殺に至らないまでも、業務に起因する精神疾患は、労災保険給付の対象となる。業務上外の認定は、労基署において、前掲の精神障害認定基準に基づきなされることになる。

ところで、うつ病等の精神疾患は、症状の消失と再発を繰り返す例が多いことを特徴とする疾病である。そこで、実務においては、症状が再発した場合の業務起因性が問題となることが少なくない。実際にも、従業員が休職と復職を繰り返した後で、解雇もしくは就業規則に定める自然退職等を契機として、労災申請がされる場合も多い。事業主としては、当該従業員に対し、復職後にどれだけの業務量を課してよいものか悩ましいところである。

この点に関し、旧指針は、「業務上の精神障害が治ゆした後再び精神障害が発病した場合については、発病のたびにその時点での業務による心理的負荷、業務以外の心理的負荷及び個体側要因を各々検討し、業務起因性を判断することとする」とし、以前に精神疾患を患ったという事情は考慮することなく、その時点での業務負荷等を検討する旨を明示している。この点に関しては、精神障害認定基準でも同様である。

これに対し、休職・復職を反復した労働者が休業補償給付等の不支給処分の取消しを求めた札幌中央労基署長（粧連）事件（札幌地判平成19年11月30日平成20年版年間労働判例命令要旨集（労務行政研究所）174頁）において、一審裁判所は、２度目以降の発症が当初の疾病の再発であると認められるのであれば、病歴を有していない人に比べると、より軽い心理的負荷しか与えない出来事でも発症する可能性があるとし、当初の疾病の影響が何らかの形で残存し、それに業務上の出来事に起因する心理的負荷が加わって２度目以降の発症を惹起したと考えられる場合には、業務起因性を認めるべきであると判示した。これは、業務負荷が旧指針の定める基準より軽度であっても、業務起因性を肯定し得るとするものである。しかし、この判断は、控訴審で覆されている。同事件の控訴審（札幌高判平成20年11月21日平成21年版年間労働判例命令要旨集218頁）は、旧指針に則って、治ゆした時点以降の業務負荷の過重性を認めず、２度目以降の発症については業務起因性がないとした。

このように、症状が再発した場合の業務起因性判断については、高裁レベルで行政通達に沿った判断が下された。もっとも、同事件の一審判決や過労死に関する裁判例で度々指摘されているとおり、行政通達が裁判所を拘束するものではないことからすると、今後も裁判所において業務起因性の判断基準を緩和する判断が下る可能性も否定できない。

【弁護士　岩野 高明】

## 表1　業務による心理的負荷評価表

特別な出来事

| 特別な出来事の類型 | 心理的負荷の総合評価を「強」とするもの | |
|---|---|---|
| 心理的負荷が極度のもの | ・　生死にかかわる、極度の苦痛を伴う、又は永久労働不能となる後遺障害を残す業務上の病気やケガをした<br>（業務上の傷病により６か月を超えて療養中に症状が急変し極度の苦痛を伴った場合を含む）<br>・　業務に関連し、他人を死亡させ、又は生死にかかわる重大なケガを負わせた（故意によるものを除く）<br>・　強姦や、本人の意思を抑圧して行われたわいせつ行為などのセクシュアルハラスメントを受けた<br>・　その他、上記に準ずる程度の心理的負荷が極度と認められるもの | …項目１関連<br>…項目３関連<br>…項目36関連 |
| 極度の長時間労働 | ・　発病直前の１か月におおむね160時間を超えるような、又はこれに満たない期間にこれと同程度の（例えば３週間におおむね120時間以上の）時間外労働を行った（休憩時間は少ないが手待時間が多い場合等、労働密度が特に低い場合を除く） | …項目16関連 |

※「特別な出来事」に該当しない場合には、それぞれの関連項目により評価する。

特別な出来事以外

（総合評価における共通事項）

1　出来事後の状況の評価に共通の視点

出来事後の状況として、表に示す「心理的負荷の総合評価の視点」のほか、以下に該当する状況のうち、著しいものは総合評価を強める要素として考慮する。

①　仕事の裁量性の欠如（他律性、強制性の存在）。具体的には、仕事が孤独で単調となった、自分で仕事の順番・やり方を決めることができなくなった、自分の技能や知識を仕事で使うことが要求されなくなった等。

②　職場環境の悪化。具体的には、騒音、照明、温度（暑熱・寒冷）、湿度（多湿）、換気、臭気の悪化等。

③　職場の支援・協力等（問題への対処等を含む）の欠如。具体的には、仕事のやり方の見直し改善、応援体制の確立、責任の分散等、支援・協力がなされていない等。

④　上記以外の状況であって、出来事に伴って発生したと認められるもの（他の出来事と評価できるものを除く。）

2　恒常的長時間労働が認められる場合の総合評価

①　具体的出来事の心理的負荷の強度が労働時間を加味せずに「中」程度と評価される場合であって、出来事の後に恒常的な長時間労働（月100時間程度となる時間外労働）が認められる場合には、総合評価は「強」とする。

②　具体的出来事の心理的負荷の強度が労働時間を加味せずに「中」程度と評価される場合であって、出来事の前に恒常的な長時間労働（月100時間程度となる時間外労働）が認められ、出来事後すぐに（出来事後おおむね10日以内に）発病に至っている場合、又は、出来事後すぐに発病には至っていないが事後対応に多大な労力を費しその後発病した場合、総合評価は「強」とする。

③　具体的出来事の心理的負荷の強度が、労働時間を加味せずに「弱」程度と評価される場合であって、出来事の前及び後にそれぞれ恒常的な長時間労働（月100時間程度となる時間外労働）が認められる場合には、総合評価は「強」とする。

（具体的出来事）

| | 出来事の類型 | 平均的な心理的負荷の強度 | | | | 心理的負荷の総合評価の視点 | 心理的負荷の強度を「弱」「中」「強」と判断する具体例 | | |
|---|---|---|---|---|---|---|---|---|---|
| | | 具体的出来事 | 心理的負荷の強度 | | | | | | |
| | | | Ⅰ | Ⅱ | Ⅲ | | 弱 | 中 | 強 |
| 1 | ①事故や災害の体験 | （重度の）病気やケガをした | | | ☆ | ・　病気やケガの程度<br>・　後遺障害の程度、社会復帰の困難性等 | 【解説】<br>右の程度に至らない病気やケガについて、その程度等から「弱」又は「中」と評価 | | ○　重度の病気やケガをした<br><br>【「強」である例】<br>・　長期間（おおむね２か月以上）の入院を要する、又は労災の障害年金に該当 |

| | 出来事の類型 | 平均的な心理的負荷の強度 | | | | 心理的負荷の総合評価の視点 | 心理的負荷の強度を「弱」「中」「強」と判断する具体例 | | |
|---|---|---|---|---|---|---|---|---|---|
| | | 具体的出来事 | 心理的負荷の強度 | | | | | | |
| | | | Ⅰ | Ⅱ | Ⅲ | | 弱 | 中 | 強 |
| | ①事故や災害の体験（続き） | | | | | | | | する若しくは原職への復帰ができなくなる後遺障害を残すような業務上の病気やケガをした<br>・　業務上の傷病により６か月を超えて療養中の者について、当該傷病により社会復帰が困難な状況にあった、死の恐怖や強い苦痛が生じた |
| 2 | | 悲惨な事故や災害の体験、目撃をした | | ☆ | | ・　本人が体験した場合、予感させる被害の程度<br>・　他人の事故を目撃した場合、被害の程度や被害者との関係等 | 【「弱」になる例】<br>・　業務に関連し、本人の負傷は軽症・無傷で、悲惨とまではいえない事故等の体験、目撃をした | ○　悲惨な事故や災害の体験、目撃をした<br><br>【「中」である例】<br>・　業務に関連し、本人の負傷は軽症・無傷で、右の程度に至らない悲惨な事故等の体験、目撃をした | 【「強」になる例】<br>・　業務に関連し、本人の負傷は軽度・無傷であったが、自らの死を予感させる程度の事故等を体験した<br>・　業務に関連し、被害者が死亡する事故、多量の出血を伴うような事故等特に悲惨な事故であって、本人が巻き込まれる可能性がある状況や、本人が被害者を救助することができたかもしれない状況を伴う事故を目撃した（傍観者的な立場での目撃は、「強」になることはまれ） |
| 3 | ②仕事の失敗、過重な責任の発生等 | 業務に関連し、重大な人身事故、重大事故を起こした | | | ☆ | ・　事故の大きさ、内容及び加害の程度<br>・　ペナルティ・責任追及の有無及び程度、事後対応の困難性等 | 【解説】<br>負わせたケガの程度、事後対応の内容等から「弱」又は「中」と評価 | | ○　業務に関連し、重大な人身事故、重大事故を起こした<br><br>【「強」である例】<br>・　業務に関連し、他人に重度の病気やケガ（長期間（おおむね２か月以上）の入院を要する、又は労災の障害年金に該当する若しくは原職への復帰ができなくなる後遺障害を残すような病気やケガ）を負わせ、事後対応にも当たった<br>・　他人に負わせたケガの程度は重度ではないが、事後対応に多大な労力を費した（減給、降格等の重いペナルティを課された、職場の人間関係が著しく悪化した等を含む） |
| 4 | | 会社の経営に影響するなどの重大な仕事上のミスをした | | | ☆ | ・　失敗の大きさ・重大性、社会的反響の大きさ、損害等の程度<br>・　ペナルティ・責任追及の有無及び程度、事後対応の困難性等 | 【解説】<br>ミスの程度、事後対応の内容等から「弱」又は「中」と評価 | | ○　会社の経営に影響するなどの重大な仕事上のミスをし、事後対応にも当たった<br><br>【「強」である例】<br>・　会社の経営に影響するなどの重大な仕事上のミス（倒産を招きかねないミス、大幅な業績悪化に繋がるミス、会社の信用を著しく傷つけるミス等）をし、事後対応にも当たった<br>・　「会社の経営に影響するなどの重大な仕事上のミス」とまでは言えないが、その事後対応に多大な労力を費した（懲戒処分、降 |

| | 出来事の類型 | 平均的な心理的負荷の強度 | | | | 心理的負荷の総合評価の視点 | 心理的負荷の強度を「弱」「中」「強」と判断する具体例 | | |
|---|---|---|---|---|---|---|---|---|---|
| | | 具体的出来事 | 心理的負荷の強度 | | | | | | |
| | | | Ⅰ | Ⅱ | Ⅲ | | 弱 | 中 | 強 |
| | ②仕事の失敗、過重な責任の発生等（続き） | | | | | | | | 格、月給額を超える賠償責任の追及等重いペナルティを課された、職場の人間関係が著しく悪化した等を含む） |
| 5 | | 会社で起きた事故、事件について、責任を問われた | | ☆ | | ・　事故、事件の内容、関与・責任の程度、社会的反響の大きさ等<br>・　ペナルティの有無及び程度、責任追及の程度、事後対応の困難性等<br><br>（注）この項目は、部下が起こした事故等、本人が直接引き起こしたものではない事故、事件について、監督責任等を問われた場合の心理的負荷を評価する。本人が直接引き起こした事故等については、項目4で評価する。 | 【「弱」になる例】<br>・　軽微な事故、事件（損害等の生じない事態、その後の業務で容易に損害等を回復できる事態、社内でたびたび生じる事態等）の責任（監督責任等）を一応問われたが、特段の事後対応はなかった | ○　会社で起きた事故、事件について、責任を問われた<br><br>【「中」である例】<br>・　立場や職責に応じて事故、事件の責任（監督責任等）を問われ、何らかの事後対応を行った | 【「強」になる例】<br>・　重大な事故、事件（倒産を招きかねない事態や大幅な業績悪化に繋がる事態、会社の信用を著しく傷つける事態、他人を死亡させ、又は生死に関わるケガを負わせる事態等）の責任（監督責任等）を問われ、事後対応に多大な労力を費した<br>・　重大とまではいえない事故、事件ではあるが、その責任（監督責任等）を問われ、立場や職責を大きく上回る事後対応を行った（減給、降格等の重いペナルティが課された等を含む） |
| 6 | | 自分の関係する仕事で多額の損失等が生じた | | ☆ | | ・　損失等の程度、社会的反響の大きさ等<br>・　事後対応の困難性等<br><br>（注）この項目は、取引先の倒産など、多額の損失等が生じた原因に本人が関与していないものの、それに伴う対応等による心理的負荷を評価する。本人のミスによる多額の損失等については、項目4で評価する。 | 【「弱」になる例】<br>・　多額とはいえない損失（その後の業務で容易に回復できる損失、社内でたびたび生じる損失等）等が生じ、何らかの事後対応を行った | ○　自分の関係する仕事で多額の損失等が生じた<br><br>【「中」である例】<br>・　多額の損失等が生じ、何らかの事後対応を行った | 【「強」になる例】<br>・　会社の経営に影響するなどの特に多額の損失（倒産を招きかねない損失、大幅な業績悪化に繋がる損失等）が生じ、倒産を回避するための金融機関や取引先への対応等の事後対応に多大な労力を費した |
| 7 | | 業務に関連し、違法行為を強要された | | ☆ | | ・　違法性の程度、強要の程度（頻度、方法）等<br>・　事後のペナルティの程度、事後対応の困難性等 | 【「弱」になる例】<br>・　業務に関連し、商慣習としてはまれに行われるような違法行為を求められたが、拒むことにより終了した | ○　業務に関連し、違法行為を強要された<br><br>【「中」である例】<br>・　業務に関連し、商慣習としてはまれに行われるような違法行為を命じられ、これに従った | 【「強」になる例】<br>・　業務に関連し、重大な違法行為（人の生命に関わる違法行為、発覚した場合に会社の信用を著しく傷つける違法行為）を命じられた<br>・　業務に関連し、反対したにもかかわらず、違法行為を執拗に命じられ、やむなくそれに従った<br>・　業務に関連し、重大な違法行為を命じられ、何度もそれに従った<br>・　業務に関連し、強要された違法行為が発覚し、事後対応に多大な労力を費した（重いペナルティを課された等を含む） |

| | 出来事の類型 | 平均的な心理的負荷の強度 | | | | 心理的負荷の総合評価の視点 | 心理的負荷の強度を「弱」「中」「強」と判断する具体例 | | |
|---|---|---|---|---|---|---|---|---|---|
| | | 具体的出来事 | 心理的負荷の強度 | | | | | | |
| | | | Ⅰ | Ⅱ | Ⅲ | | 弱 | 中 | 強 |
| 8 | ②仕事の失敗、過重な責任の発生等（続き） | 達成困難なノルマが課された | | ☆ | | ・　ノルマの内容、困難性、強制の程度、達成できなかった場合の影響、ペナルティの有無等<br>・　その後の業務内容・業務量の程度、職場の人間関係等 | 【「弱」になる例】<br>・　同種の経験等を有する労働者であれば達成可能なノルマを課された<br>・　ノルマではない業績目標が示された（当該目標が、達成を強く求められるものではなかった） | **○　達成困難なノルマが課された**<br><br>【「中」である例】<br>・　達成は容易ではないものの、客観的にみて、努力すれば達成も可能であるノルマが課され、この達成に向けた業務を行った | 【「強」になる例】<br>・　客観的に、相当な努力があっても達成困難なノルマが課され、達成できない場合には重いペナルティがあると予告された |
| 9 | | ノルマが達成できなかった | | ☆ | | ・　達成できなかったことによる経営上の影響度、ペナルティの程度等<br>・　事後対応の困難性等<br><br>（注）期限に至っていない場合でも、達成できない状況が明らかになった場合にはこの項目で評価する。 | 【「弱」になる例】<br>・　ノルマが達成できなかったが、何ら事後対応は必要なく、会社から責任を問われること等もなかった<br>・　業績目標が達成できなかったものの、当該目標の達成は、強く求められていたものではなかった | **○　ノルマが達成できなかった**<br><br>【「中」である例】<br>・　ノルマが達成できなかったことによりペナルティ（昇進の遅れ等を含む。）があった | 【「強」になる例】<br>・　経営に影響するようなノルマ（達成できなかったことにより倒産を招きかねないもの、大幅な業績悪化につながるもの、会社の信用を著しく傷つけるもの等）が達成できず、そのため、事後対応に多大な労力を費した（懲戒処分、降格、左遷、賠償責任の追及等重いペナルティを課された等を含む） |
| 10 | | 新規事業の担当になった、会社の建て直しの担当になった | | ☆ | | ・　新規業務の内容、本人の職責、困難性の程度、能力と業務内容のギャップの程度等<br>・　その後の業務内容、業務量の程度、職場の人間関係等 | 【「弱」になる例】<br>・　軽微な新規事業等（新規事業であるが、責任が大きいとはいえないもの）の担当になった | **○　新規事業の担当になった、会社の建て直しの担当になった**<br><br>【「中」である例】<br>・　新規事業等（新規プロジェクト、新規の研究開発、会社全体や不採算部門の建て直し等、成功に対する高い評価が期待されやりがいも大きいが責任も大きい業務）の担当になった。 | 【「強」になる例】<br>・　経営に重大な影響のある新規事業等（失敗した場合に倒産を招きかねないもの、大幅な業績悪化につながるもの、会社の信用を著しく傷つけるもの、成功した場合に会社の新たな主要事業になるもの等）の担当であって、事業の成否に重大な責任のある立場に就き、当該業務に当たった |
| 11 | | 顧客や取引先から無理な注文を受けた | | ☆ | | ・　顧客・取引先の重要性、要求の内容等<br>・　事後対応の困難性等 | 【「弱」になる例】<br>・　同種の経験等を有する労働者であれば達成可能な注文を出され、業務内容・業務量に一定の変化があった<br>・　要望が示されたが、達成を強く求められるものではなく、業務内容・業務量に大きな変化もなかった | **○　顧客や取引先から無理な注文を受けた**<br><br>【「中」である例】<br>・　業務に関連して、顧客や取引先から無理な注文（大幅な値下げや納期の繰上げ、度重なる設計変更等）を受け、何らかの事後対応を行った | 【「強」になる例】<br>・　通常なら拒むことが明らかな注文（業績の著しい悪化が予想される注文、違法行為を内包する注文等）ではあるが、重要な顧客や取引先からのものであるためこれを受け、他部門や別の取引先と困難な調整に当たった |
| 12 | | 顧客や取引先からクレームを受けた | | ☆ | | ・　顧客・取引先の重要性、会社に与えた損害の内容、程度等<br>・　事後対応の困難性等<br><br>（注）この項目は、本人に過失のないクレームについて評価する。本人のミスによるものは、項目4で評価する。 | 【「弱」になる例】<br>・　顧客等からクレームを受けたが、特に対応を求められるものではなく、取引関係や、業務内容・業務量に大きな変化もなかった | **○　顧客や取引先からクレームを受けた**<br><br>【「中」である例】<br>・　業務に関連して、顧客等からクレーム（納品物の不適合の指摘等その内容が妥当なもの）を受けた | 【「強」になる例】<br>・　顧客や取引先から重大なクレーム（大口の顧客等の喪失を招きかねないもの、会社の信用を著しく傷つけるもの等）を受け、その解消のために他部門や別の取引先と困難な調整に当たった |

| | 出来事の類型 | 平均的な心理的負荷の強度<br>具体的出来事 | 心理的負荷の強度<br>Ⅰ | <br>Ⅱ | <br>Ⅲ | 心理的負荷の総合評価の視点 | 心理的負荷の強度を「弱」「中」「強」と判断する具体例<br>弱 | <br>中 | <br>強 |
|---|---|---|---|---|---|---|---|---|---|
| 13 | ②仕事の失敗、過重な責任の発生等（続き） | 大きな説明会や公式の場での発表を強いられた | ☆ | | | ・　説明会等の規模、業務内容と発表内容のギャップ、強要、責任、事前準備の程度等 | ○　**大きな説明会や公式の場での発表を強いられた** | 【解説】<br>説明会等の内容や事前準備の程度、本人の経験等から評価するが、「強」になることはまれ | |
| 14 | | 上司が不在になることにより、その代行を任された | ☆ | | | ・　代行した業務の内容、責任の程度、本来業務との関係、能力・経験とのギャップ、職場の人間関係等<br>・　代行期間等 | ○　**上司が不在になることにより、その代行を任された** | 【解説】<br>代行により課せられた責任の程度、その期間や代行した業務内容、本人の過去の経験等とのギャップ等から評価するが、「強」になることはまれ | |
| 15 | ③仕事の量・質 | 仕事内容・仕事量の（大きな）変化を生じさせる出来事があった | | ☆ | | ・　業務の困難性、能力・経験と業務内容のギャップ等<br>・　時間外労働、休日労働、業務の密度の変化の程度、仕事内容、責任の変化の程度等<br><br>（注）発病前おおむね６か月において、時間外労働時間数に変化がみられる場合には、他の項目で評価される場合でも、この項目でも評価する。 | 【「弱」になる例】<br>・　仕事内容の変化が容易に対応できるもの（※）であり、変化後の業務の負荷が大きくなかった<br>※　会議・研修等の参加の強制、職場のOA化の進展、部下の増加、同一事業場内の所属部署の統廃合、担当外業務としての非正規職員の教育等<br>・　仕事量（時間外労働時間数等）に、「中」に至らない程度の変化があった | ○　**仕事内容・仕事量の大きな変化を生じさせる出来事があった**<br><br>【「中」である例】<br>・　担当業務内容の変更、取引量の急増等により、仕事内容、仕事量の大きな変化（時間外労働時間数としてはおおむね20時間以上増加し１月当たりおおむね45時間以上となるなど）が生じた | 【「強」になる例】<br>・　仕事量が著しく増加して時間外労働も大幅に増える（倍以上に増加し、１月当たりおおむね100時間以上となる）などの状況になり、その後の業務に多大な労力を費した（休憩・休日を確保するのが困難なほどの状態となった等を含む）<br>・　過去に経験したことがない仕事内容に変更となり、常時緊張を強いられる状態となった |
| 16 | | １か月に80時間以上の時間外労働を行った | | ☆ | | ・　業務の困難性<br>・　長時間労働の継続期間<br><br>（注）この項目の「時間外労働」は、すべて休日労働時間を含む。 | 【「弱」になる例】<br>・　１か月に80時間未満の時間外労働を行った<br>（注）他の項目で評価されない場合のみ評価する。 | ○　**１か月に80時間以上の時間外労働を行った**<br><br>（注）他の項目で評価されない場合のみ評価する。 | 【「強」になる例】<br>・　発病直前の連続した２か月間に、１月当たりおおむね120時間以上の時間外労働を行い、その業務内容が通常その程度の労働時間を要するものであった<br>・　発病直前の連続した３か月間に、１月当たりおおむね100時間以上の時間外労働を行い、その業務内容が通常その程度の労働時間を要するものであった |
| 17 | | ２週間以上にわたって連続勤務を行った | | ☆ | | ・　業務の困難性、能力・経験と業務内容のギャップ等<br>・　時間外労働、休日労働、業務密度の変化の程度、業務の内容、責任の変化の程度等 | 【「弱」になる例】<br>・　休日労働を行った | ○　**２週間（12日）以上にわたって連続勤務を行った**<br><br>【「中」である例】<br>・　平日の時間外労働だけではこなせない業務量がある、休日に対応しなければならない業務が生じた等の事情により、２週間（12日）以上にわたって連続勤務を行った（１日あたりの労働時間が特に短い場合、手待時間が多い等の労働密度が特に低い場合を除く） | 【「強」になる例】<br>・　１か月以上にわたって連続勤務を行った<br>・　２週間（12日）以上にわたって連続勤務を行い、その間、連日、深夜時間帯に及ぶ時間外労働を行った<br>（いずれも、１日あたりの労働時間が特に短い場合、手待時間が多い等の労働密度が特に低い場合を除く） |
| 18 | | 勤務形態に変化があった | ☆ | | | ・　交替制勤務、深夜勤務等変化の程度、変化後の状況等 | ○　**勤務形態に変化があった** | 【解説】<br>変更後の勤務形態の内容、一般的な日常生活とのギャップ等から評価するが、「強」になることはまれ | |

| | 出来事の類型 | 平均的な心理的負荷の強度 | | | | 心理的負荷の総合評価の視点 | 心理的負荷の強度を「弱」「中」「強」と判断する具体例 | | |
|---|---|---|---|---|---|---|---|---|---|
| | | 具体的出来事 | 心理的負荷の強度 | | | | | | |
| | | | Ⅰ | Ⅱ | Ⅲ | | 弱 | 中 | 強 |
| 19 | ③仕事の量・質（続き） | 仕事のペース、活動の変化があった | ☆ | | | ・　変化の程度、強制性、変化後の状況等 | ○　**仕事のペース、活動の変化があった** | 【解説】<br>仕事のペースの変化の程度、労働者の過去の経験等とのギャップ等から評価するが、「強」になることはまれ | |
| 20 | ④役割・地位の変化等 | 退職を強要された | | | ☆ | ・　解雇又は退職強要の経過、強要の程度、職場の人間関係等<br><br>（注）ここでいう「解雇又は退職強要」には、労働契約の形式上期間を定めて雇用されている者であっても、当該契約が期間の定めのない契約と実質的に異ならない状態となっている場合の雇止めの通知を含む。 | 【解説】<br>退職勧奨が行われたが、その方法、頻度等からして強要とはいえない場合には、その方法等から「弱」又は「中」と評価 | | ○　**退職を強要された**<br><br>【「強」である例】<br>・　退職の意思のないことを表明しているにもかかわらず、執拗に退職を求められた<br>・　恐怖感を抱かせる方法を用いて退職勧奨された<br>・　突然解雇の通告を受け、何ら理由が説明されることなく、説明を求めても応じられず、撤回されることもなかった |
| 21 | | 配置転換があった | | ☆ | | ・　職種、職務の変化の程度、配置転換の理由・経過等<br>・　業務の困難性、能力・経験と業務内容のギャップ等<br>・　その後の業務内容、業務量の程度、職場の人間関係等<br><br>（注）出向を含む。 | 【「弱」になる例】<br>・　以前に経験した業務等、配置転換後の業務が容易に対応できるものであり、変化後の業務の負荷が軽微であった | ○　**配置転換があった**<br><br>（注）ここでの「配置転換」は、所属部署（担当係等）、勤務場所の変更を指し、転居を伴うものを除く。 | 【「強」になる例】<br>・　過去に経験した業務と全く異なる質の業務に従事することとなったため、配置転換後の業務に対応するのに多大な労力を費した<br>・　配置転換後の地位が、過去の経験からみて異例なほど重い責任が課されるものであった<br>・　左遷された（明らかな降格であって配置転換としては異例なものであり、職場内で孤立した状況になった） |
| 22 | | 転勤をした | | ☆ | | ・　職種、職務の変化の程度、転勤の理由・経過、単身赴任の有無、海外の治安の状況等<br>・　業務の困難性、能力・経験と業務内容のギャップ等<br>・　その後の業務内容、業務量の程度、職場の人間関係等 | 【「弱」になる例】<br>・　以前に経験した場所である等、転勤後の業務が容易に対応できるものであり、変化後の業務の負荷が軽微であった | ○　**転勤をした**<br><br>（注）ここでの「転勤」は、勤務場所の変更であって転居を伴うものを指す。<br>なお、業務内容の変化についての評価は、項目21に準じて判断する。 | 【「強」になる例】<br>・　転勤先は初めて赴任する外国であって現地の職員との会話が不能、治安状況が不安といったような事情から、転勤後の業務遂行に著しい困難を伴った |
| 23 | | 複数名で担当していた業務を1人で担当するようになった | | ☆ | | ・　業務の変化の程度等<br>・　その後の業務内容、業務量の程度、職場の人間関係等 | 【「弱」になる例】<br>・　複数名で担当していた業務を一人で担当するようになったが、業務内容・業務量はほとんど変化がなかった | ○　**複数名で担当していた業務を一人で担当するようになった**<br><br>【「中」である例】<br>・　複数名で担当していた業務を一人で担当するようになり、業務内容・業務量に何らかの変化があった。 | 【「強」になる例】<br>・　業務を一人で担当するようになったため、業務量が著しく増加し時間外労働が大幅に増えるなどの状況になり、かつ、必要な休憩・休日も取れない等常時緊張を強いられるような状態となった |

| | 出来事の類型 | 平均的な心理的負荷の強度 | | | | 心理的負荷の総合評価の視点 | 心理的負荷の強度を「弱」「中」「強」と判断する具体例 | | |
|---|---|---|---|---|---|---|---|---|---|
| | | 具体的出来事 | 心理的負荷の強度 | | | | | | |
| | | | Ⅰ | Ⅱ | Ⅲ | | 弱 | 中 | 強 |
| 24 | ④ 役割・地位の変化等（続き） | 非正規社員であるとの理由等により、仕事上の差別、不利益取扱いを受けた | | ☆ | | ・ 差別・不利益取扱いの理由・経過、内容、程度、職場の人間関係等<br>・ その継続する状況 | 【「弱」になる例】<br>・ 社員間に処遇の差異があるが、その差は小さいものであった | **○ 非正規社員であるとの理由等により、仕事上の差別、不利益取扱いを受けた**<br><br>【「中」である例】<br>・ 非正規社員であるとの理由、又はその他の理由により、仕事上の差別、不利益取扱いを受けた<br>・ 業務の遂行から疎外・排除される取扱いを受けた | 【「強」になる例】<br>・ 仕事上の差別、不利益取扱いの程度が著しく大きく、人格を否定するようなものであって、かつこれが継続した |
| 25 | | 自分の昇格・昇進があった | ☆ | | | ・ 職務・責任の変化の程度等<br>・ その後の業務内容、職場の人間関係等 | **○ 自分の昇格・昇進があった** | 【解説】<br>本人の経験等と著しく乖離した責任が課せられる等の場合に、昇進後の職責、業務内容等から評価するが、「強」になることはまれ | |
| 26 | | 部下が減った | ☆ | | | ・ 職場における役割・位置付けの変化、業務の変化の内容・程度等<br>・ その後の業務内容、職場の人間関係等 | **○ 部下が減った** | 【解説】<br>部下の減少がペナルティの意味を持つものである等の場合に、減少の程度（人数等）等から評価するが、「強」になることはまれ | |
| 27 | | 早期退職制度の対象となった | ☆ | | | ・ 対象者選定の合理性、代償措置の内容、制度の事前周知の状況、その後の状況、職場の人間関係等 | **○ 早期退職制度の対象となった** | 【解説】<br>制度の創設が突然であり退職までの期間が短い等の場合に、対象者選定の基準等から評価するが、「強」になることはまれ | |
| 28 | | 非正規社員である自分の契約満了が迫った | ☆ | | | ・ 契約締結時、期間満了前の説明の有無、その内容、その後の状況、職場の人間関係等 | **○ 非正規社員である自分の契約満了が迫った** | 【解説】<br>事前の説明に反した突然の契約終了（雇止め）通告であり契約終了までの期間が短かった等の場合に、その経過等から評価するが、「強」になることはまれ | |
| 29 | ⑤対人関係 | （ひどい）嫌がらせ、いじめ、又は暴行を受けた | | | ☆ | ・ 嫌がらせ、いじめ、暴行の内容、程度等<br>・ その継続する状況<br><br>（注）上司から業務指導の範囲内の叱責等を受けた場合、上司と業務をめぐる方針等において対立が生じた場合等は、項目30等で評価する。 | 【解説】<br>部下に対する上司の言動が業務指導の範囲を逸脱し、又は同僚等による多人数が結託しての言動が、それぞれ右の程度に至らない場合について、その内容、程度、経過と業務指導からの逸脱の程度により「弱」又は「中」と評価<br><br>【「弱」になる例】<br>・ 複数の同僚等の発言により不快感を覚えた（客観的には嫌がらせ、いじめとはいえないものも含む） | 【「中」になる例】<br>・ 上司の叱責の過程で業務指導の範囲を逸脱した発言があったが、これが継続していない<br>・ 同僚等が結託して嫌がらせを行ったが、これが継続していない | **○ ひどい嫌がらせ、いじめ、又は暴行を受けた**<br><br>【「強」である例】<br>・ 部下に対する上司の言動が、業務指導の範囲を逸脱しており、その中に人格や人間性を否定するような言動が含まれ、かつ、これが執拗に行われた<br>・ 同僚等による多人数が結託しての人格や人間性を否定するような言動が執拗に行われた<br>・ 治療を要する程度の暴行を受けた |
| 30 | | 上司とのトラブルがあった | | ☆ | | ・ トラブルの内容、程度等<br>・ その後の業務への支障等 | 【「弱」になる例】<br>・ 上司から、業務指導の範囲内である指導・叱責を受けた<br>・ 業務をめぐる方針等において、上司との考え方の相違が生じた<br>（客観的にはトラブルとはいえないものも含む） | **○ 上司とのトラブルがあった**<br><br>【「中」である例】<br>・ 上司から、業務指導の範囲内である強い指導・叱責を受けた<br>・ 業務をめぐる方針等において、周囲からも客観的に認識されるような対立が上司との間に生じた | 【「強」になる例】<br>・ 業務をめぐる方針等において、周囲からも客観的に認識されるような大きな対立が上司との間に生じ、その後の業務に大きな支障を来した |

| | 出来事の類型 | 平均的な心理的負荷の強度 | | | | 心理的負荷の総合評価の視点 | 心理的負荷の強度を「弱」「中」「強」と判断する具体例 | | |
|---|---|---|---|---|---|---|---|---|---|
| | | 具体的出来事 | 心理的負荷の強度 | | | | | | |
| | | | Ⅰ | Ⅱ | Ⅲ | | 弱 | 中 | 強 |
| 31 | ⑤対人関係（続き） | 同僚とのトラブルがあった | | ☆ | | ・　トラブルの内容、程度、同僚との職務上の関係等<br>・　その後の業務への支障等 | 【「弱」になる例】<br>・　業務をめぐる方針等において、同僚との考え方の相違が生じた<br>（客観的にはトラブルとはいえないものも含む） | **○　同僚とのトラブルがあった**<br><br>【「中」である例】<br>・　業務をめぐる方針等において、周囲からも客観的に認識されるような対立が同僚との間に生じた | 【「強」になる例】<br>・　業務をめぐる方針等において、周囲からも客観的に認識されるような大きな対立が多数の同僚との間に生じ、その後の業務に大きな支障を来した |
| 32 | | 部下とのトラブルがあった | | ☆ | | ・　トラブルの内容、程度等<br>・　その後の業務への支障等 | 【「弱」になる例】<br>・　業務をめぐる方針等において、部下との考え方の相違が生じた<br>（客観的にはトラブルとはいえないものも含む） | **○　部下とのトラブルがあった**<br><br>【「中」である例】<br>・　業務をめぐる方針等において、周囲からも客観的に認識されるような対立が部下との間に生じた | 【「強」になる例】<br>・　業務をめぐる方針等において、周囲からも客観的に認識されるような大きな対立が多数の部下との間に生じ、その後の業務に大きな支障を来した |
| 33 | | 理解してくれていた人の異動があった | ☆ | | | | **○　理解してくれていた人の異動があった** | | |
| 34 | | 上司が替わった | ☆ | | | （注）上司が替わったことにより、当該上司との関係に問題が生じた場合には、項目30で評価する。 | **○　上司が替わった** | | |
| 35 | | 同僚等の昇進・昇格があり、昇進で先を越された | ☆ | | | | **○　同僚等の昇進・昇格があり、昇進で先を越された** | | |
| 36 | ⑥セクシュアルハラスメント | セクシュアルハラスメントを受けた | | ☆ | | ・　セクシュアルハラスメントの内容、程度等<br>・　その継続する状況<br>・　会社の対応の有無及び内容、改善の状況、職場の人間関係等 | 【「弱」になる例】<br>・　「○○ちゃん」等のセクシュアルハラスメントに当たる発言をされた場合<br>・　職場内に水着姿の女性のポスター等を掲示された場合 | **○　セクシュアルハラスメントを受けた**<br><br>【「中」である例】<br>・　胸や腰等への身体接触を含むセクシュアルハラスメントであっても、行為が継続しておらず、会社が適切かつ迅速に対応し発病前に解決した場合<br>・　身体接触のない性的な発言のみのセクシュアルハラスメントであって、発言が継続していない場合<br>・　身体接触のない性的な発言のみのセクシュアルハラスメントであって、複数回行われたものの、会社が適切かつ迅速に対応し発病前にそれが終了した場合 | 【「強」になる例】<br>・　胸や腰等への身体接触を含むセクシュアルハラスメントであって、継続して行われた場合<br>・　胸や腰等への身体接触を含むセクシュアルハラスメントであって、行為は継続していないが、会社に相談しても適切な対応がなく、改善されなかった又は会社への相談等の後に職場の人間関係が悪化した場合<br>・　身体接触のない性的な発言のみのセクシュアルハラスメントであって、発言の中に人格を否定するようなものを含み、かつ継続してなされた場合<br>・　身体接触のない性的な発言のみのセクシュアルハラスメントであって、性的な発言が継続してなされ、かつ会社がセクシュアルハラスメントがあると把握していても適切な対応がなく、改善がなされなかった場合 |

## 表２　業務以外の心理的負荷評価表

| 出来事の類型 | 具体的出来事 | 心理的負荷の強度 | | |
|---|---|---|---|---|
| | | Ⅰ | Ⅱ | Ⅲ |
| ① 自分の出来事 | 離婚又は夫婦が別居した | | | ☆ |
| | 自分が重い病気やケガをした又は流産した | | | ☆ |
| | 自分が病気やケガをした | | ☆ | |
| | 夫婦のトラブル、不和があった | ☆ | | |
| | 自分が妊娠した | ☆ | | |
| | 定年退職した | ☆ | | |
| ② 自分以外の家族・親族の出来事 | 配偶者や子供、親又は兄弟が死亡した | | | ☆ |
| | 配偶者や子供が重い病気やケガをした | | | ☆ |
| | 親類の誰かで世間的にまずいことをした人が出た | | | ☆ |
| | 親族とのつきあいで困ったり、辛い思いをしたことがあった | | ☆ | |
| | 親が重い病気やケガをした | | ☆ | |
| | 家族が婚約した又はその話が具体化した | ☆ | | |
| | 子供の入試・進学があった又は子供が受験勉強を始めた | ☆ | | |
| | 親子の不和、子供の問題行動、非行があった | ☆ | | |
| | 家族が増えた（子供が産まれた）又は減った（子供が独立して家を離れた） | ☆ | | |
| | 配偶者が仕事を始めた又は辞めた | ☆ | | |
| ③ 金銭関係 | 多額の財産を損失した又は突然大きな支出があった | | | ☆ |
| | 収入が減少した | | ☆ | |
| | 借金返済の遅れ、困難があった | | ☆ | |
| | 住宅ローン又は消費者ローンを借りた | ☆ | | |
| ④ 事件、事故、災害の体験 | 天災や火災などにあった又は犯罪に巻き込まれた | | | ☆ |
| | 自宅に泥棒が入った | | ☆ | |
| | 交通事故を起こした | | ☆ | |
| | 軽度の法律違反をした | ☆ | | |
| ⑤ 住環境の変化 | 騒音等、家の周囲の環境（人間環境を含む）が悪化した | | ☆ | |
| | 引越した | | ☆ | |
| | 家屋や土地を売買した又はその具体的な計画が持ち上がった | ☆ | | |
| | 家族以外の人（知人、下宿人など）が一緒に住むようになった | ☆ | | |
| ⑥ 他人との人間関係 | 友人、先輩に裏切られショックを受けた | | ☆ | |
| | 親しい友人、先輩が死亡した | | ☆ | |
| | 失恋、異性関係のもつれがあった | | ☆ | |
| | 隣近所とのトラブルがあった | | ☆ | |

（注）心理的負荷の強度ⅠからⅢは、別表１と同程度である。

# 第４章
## 通勤災害に関する給付

# Ⅰ　通勤災害制度

通勤途中での負傷、疾病、障害および死亡（以下「通勤災害」という）については、労災保険による給付を受けることができる（労災法７条１項２号）。給付の種類や金額は、業務上の負傷等の場合とほぼ同じである（ただ、労基法上の補償とは異なる制度であることから、給付の名称には「補償」の文言が付かない。例えば、業務災害における「療養補償給付」は、通勤災害では「療養給付」となる。労災法21条）。

# Ⅱ　通勤災害の認定要件

通勤災害と認定されるためには、「通勤」による負傷等に該当しなければならない。「通勤」とは、労働者が、就業に関し、①住居と就業の場所との間の往復、②就業の場所から他の就業の場所への移動、③住居と就業の場所との間の往復に先行し、または後続する住居間の移動を、合理的な経路および方法により行うことをいい、業務の性質を有するものは除かれる（労災法７条２項）。したがって、単身赴任者が週末を自宅で過ごし、日曜日の夕方に自宅から単身赴任先の社宅へ移動する途中で事故に遭ったという場合は、上記③に当たるので通勤災害となる（この場合、自宅と単身赴任先の社宅の両方が「住居」となる）。また、近時に社会的な関心の高い副業に関しては、本業の就業場所から副業の就業場所へ移動することは、上記の②に該当するので、移動中に事故に遭えば、これも通勤災害となる。この場合、保険給付の手続は、副業の事業所において行う。

通勤の途中で合理的な経路を逸脱したり、移動を中断したりした場合には、逸脱または中断の間およびその後の移動は、原則として「通勤」とは認められない。ただし、逸脱または中断が、やむを得ない事由によって、日常生活上必要な一定の行為を行うための最小限度のものである場合には、逸脱または中断から元の経路に復帰した時点から、「通勤」として認められることになる（労災法７条３項）。この日常生活上必要な行為には、日用品の購入、職業訓練、病院等への通院、親族の介護等が含まれる（労災則８条）。

どの程度帰宅の経路から外れると「逸脱」とされるかについては、裁判例の中には極めて厳格な判断を下したものもある。札幌労基署長（札幌市農業センター）事件（札幌高判平成元年５月８日労判541号27頁）では、夕食の材料を購入するために、自宅と反対方向へわずか140メートルの地点にある商店へ向かう途中、四十数メートル歩行したところで自動車に追突されてしまったという事案で、合理的な経路からの逸脱に当たるとして、通勤災害と認められなかった（日用品の購入であっても、「逸脱」している間は「通勤」には該当しない。買い物をした後で、帰宅の経路に復した時点から「通勤」になる）。仮に、買い物を済ませて元の経路に復帰したところで事故に遭ったのであれば、通勤災害と認められたであろうことを考えると、裁判所の判断は、いささか形式的にすぎるのではないかとも感じられる。

## Ⅲ 「就業に関し」（業務関連性）とは

よく問題となるのは、終業後に懇親会等の会合に参加し、その後帰宅途中で災害に遭った場合に、「通勤」の要件である「就業に関し」に当たるのかという点である。つまり、当該会合が業務と関連性を有するかということである。裁判例においては、会合の目的・場所・出席者・開始時刻・継続時間、出欠席についての自由度、費用の多寡・負担者、および酒類の提供の有無・分量等を総合して業務関連性を判断している。例えば、中央労基署長（日立製作所・通勤災害）事件（東京地判平成21年１月16日労判981号51頁）では、社内部署で催された歓送迎会の後、帰宅途中に災害に遭った事案について、会場が社外であること、業務時間終了後であること、食事や酒類が供されたこと、目的が慰労や懇親であったこと、参加が強制されていなかったこと、費用は参加者が負担し、会社からは補助がなかったこと等の事情から、業務関連性が否定された。一方、国・中央労基署長（通勤災害）事件（東京地判平成19年３月28日労判943号28頁）では、会合の場所が社屋内であったこと、会合が毎月定期的に開催されていたこと、費用を会社が負担していたこと、会合の目的が業務に関するものであったこと、一般には参加が自由であったとしても、少なくとも当該従業員においては当該会合を統括する役目を負っていたこと、酒類の提供を伴うものではあったが、会合の目的からするとなお業務に当たらないとはいえないこと、会合の途中一時居眠りをしたが、一時的な休息の範囲を出るものではないこと等を根拠に、業務関連性が肯定されている。

## Ⅳ 震災に関する通勤災害

平成23年３月11日に東日本大震災が発生した際には、津波などで多くの方が被災された。震災時の負傷等（通勤災害を含む）の業務上外判断については、厚生労働省が通達やＱ＆Ａ集を出しているので（平成23年３月24日「東北地方太平洋沖地震に係る業務上外の判断等について」、同日付「東北地方太平洋沖地震と労災保険Ｑ＆Ａ」）、以下主に同通達およびＱ＆Ａに基づき説明する。

基本的な考え方としては、通勤途中で震災により負傷した場合も、通常の通勤災害と同様に労災補償の対象となる。また、震災により避難所など自宅以外の場所から通勤することになった場合でも、当該避難所等が「住居」（労災法７条２項１号）となるので、この場所と就業の場所との間の往復の途中で負傷した場合には、やはり補償を受けることができる。

具体的には、以下のとおりである。

① 電車で通勤中、地震で電車が脱線したことにより負傷した場合
⇒通勤に通常内在する危険が現実化したものといえるので、通勤災害と認められる。

② 通勤途中に震災が発生し、津波警報が聴こえたため、職場や自宅へ向かわずに、避難場所へ移動する途中で負傷した場合
⇒警報に従い避難するために移動することは、「逸脱」には当たらないものと解釈されるので、通勤災害と認められる。

③　地震後に電車が止まってしまったため、歩いて帰宅する途中に負傷した場合
⇒電車が止まってしまったのであれば、徒歩で帰宅することも合理的な移動方法といえるので、通勤災害と認められる。
④　電車が止まってしまったために、その晩は会社やホテルで宿泊し、翌朝帰宅する途中で負傷した場合
⇒帰宅できないやむを得ない事情がある場合は、「就業に関し」宿泊したものといえるので、通勤災害と認められる。
⑤　地震後に電車のダイヤが大幅に乱れているため、通常より２時間早く自宅を出て会社へ向かう途中で負傷した場合
⇒早く出発しなければならない合理的な理由がある場合には、途中で逸脱・中断がない限り、通勤災害と認められる。
⑥　電車が止まってしまったために、会社が認めていないオートバイ通勤をしたところ、転倒して負傷した場合
⇒会社からの許可の有無にかかわらず、合理的な移動方法であれば、通勤災害と認められる。
⑦　地震のために怪我をして入院している親族の看護のために、病院に宿泊してから会社へ向かう途中で負傷した場合
⇒病院が「住居」となるので、通勤災害と認められる。

このほか、勤務先が被災したために、別の事業所で勤務することになったり、臨時の販売所等で営業をすることになったりした場合には、これらの場所が「就業の場所」（労災法７条２項１号）になるので、例えば、避難所とこれらの場所との間の往復の際に負傷したときは、通勤災害と認定される。また、仕事帰りに病院で親族を介護した後、帰宅途中に負傷した場合は、労災法７条３項ただし書で、勤務先から他の事業所等への移動中に負傷した場合は、同条２項２号で、それぞれ通勤災害と認定される。

なお、東日本大震災では、津波で亡くなるなど、被災の状況が不明という場合も多かったようである。しかし、この場合でも、明らかに通勤とはいえない行為をしていたというのでなければ、通勤災害として認定する扱いになっている。

【弁護士　岩野 高明】

# 第５章

## 労災保険給付の手続

# Ⅰ　保険給付請求の手続

各請求書は労基署に備え付けの用紙を使用する。また、詳しい手続と記載例は、厚生労働省HPに「労災補償関係」として各給付のリーフレットが閲覧できるので、参照されたい。

http://www.mhlw.go.jp/new-info/kobetu/roudou/gyousei/rousai/index.html

## 1　業務災害に関する保険給付請求の手続

各給付の提出書類と提出先は下記のとおりである。提出書類の各書式を掲載したので、参照されたい。なお、参考に請求の際の添付書類を記載しているが、実際に提出する場合には、提出先の労基署に問い合わせて確認すること。

### ⑴　療養補償給付たる療養の給付請求

**<提出書類>**療養補償給付たる療養の給付請求書【様式第５号】

**<提 出 先>**労災指定病院・薬局等（以下「労災指定病院等」という）を経由して所轄労働基準監督署長

### ⑵　療養補償給付たる療養の費用請求

**<提出書類>**療養補償給付たる療養の費用請求書【様式第７号】

※詳細な書類は下記のとおり。

・薬局から薬剤の支給を受けた場合【様式第７号⑵】
・柔道整復師から手当てを受けた場合【様式第７号⑶】
・はり師・きゅう師、あん摩マッサージ指圧師から手当てを受けた場合【様式第７号⑷】
・訪問看護事業者から訪問看護を受けた場合【様式第７号⑸】

**<添付書類>**労災指定病院等以外から受け取った領収書

・看護・移送等に要した費用がある場合
⇒その費用を証明できる書類を添付。
・マッサージの施術を受けた場合
⇒初療の日および初療の日から６か月を経過した日ならびに６か月を経過した日以降３か月ごとの請求書に医師の診断書を添付。
・はり・きゅうの施術を受けた場合
⇒初療の日および初療の日から６か月を経過した日の請求書に、医師の診断書を添付する。また、初療の日から９か月を経過する場合は、はり師またはきゅう師の意見書および症状経過表、さらに医師の診断書、意見書を添付。

**<提 出 先>**所轄労働基準監督署長

### ⑶　療養補償給付たる療養の給付を受ける指定病院等の変更

既に労災指定病院等で療養の給付を受けているが、帰郷等の理由により、他の労災指定病院等に変更する場合には、変更の届出を行う。

**<提出書類>**療養補償給付たる療養の給付を受ける指定病院等（変更）届【様式第６号】

**<提 出 先>**変更後の労災指定病院等を経由して所轄労働基準監督署長

### ⑷　休業補償給付支給請求、休業特別支給金支給申請

休業特別支給金の支給申請書は休業（補償）給付支給請求書と同一の様式になっており、原則として休業（補償）給付の請求と同時に行う。

休業した全日数分を一括請求もできるし、分割しての請求も可能であるが、休業が長期間に及ぶときは、１か月ごとの請求が一般的である。

＜提出書類＞休業補償給付支給請求書・休業特別支給金支給申請書【様式第８号】

＜添付書類＞賃金台帳、出勤簿の写し

同一の事由によって障害基礎年金や障害厚生年金を受給している場合にはその支給額を証明できる書類を添付。

＜提 出 先＞所轄労働基準監督署長

### ⑸　障害補償給付支給請求、障害特別支給金・障害特別年金・障害特別一時金支給申請

障害特別支給金、障害特別年金、障害特別一時金の支給申請書は障害（補償）給付支給請求書と同一の様式になっており、原則として障害（補償）給付の請求と同時に行う。

＜提出書類＞障害補償給付支給請求書、障害特別支給金・障害特別年金・障害特別一時金支給申請書【様式第10号】

同一の事由によって障害基礎年金や障害厚生年金を受給している場合にはその支給額を証明できる書類を添付。

＜添付書類＞医師の診断書、レントゲン写真等の資料

＜提 出 先＞所轄労働基準監督署長

### ⑹　障害補償年金・障害年金前払一時金請求

障害補償年金前払一時金を請求するときは、障害（補償）年金と同一の様式になっているので、原則として同時に行う。

＜提出書類＞障害補償年金・障害年金前払一時金請求書【年金申請様式第10号】

＜提 出 先＞所轄労働基準監督署長

### ⑺　傷病補償年金の手続

傷病補償年金の支給・不支給は、労働者の請求により支給が決定されるのではなく、所轄労働基準監督署長の職権によって支給が決定されるので、請求手続はない。したがって、傷病補償年金の支給を受ける権利は時効によって消滅しない。

ただし、療養開始後１年６か月を経過した日において傷病が治っていないときは、その１年６か月を経過した日以後１か月以内に「傷病の状態等に関する届（様式第16号の２）」を所轄労働基準監督署長に提出しなければならない。

また、療養開始後１年６か月を経過しても傷病補償年金の支給要件を満たしていない場合は、毎年１月１日から同月末日までのいずれかの日の分を含む休業補償給付を請求する際に、その請求書に添えて「傷病の状態等に関する報告書（様式第16号の11）」をあわせて提出しなければならず、それによって傷病補償年金の支給・不支給を決定する。

ただし、当該報告書の提出を待つまでもなく、当該労働者が傷病等級に該当するに至っていることが推定できる場合や当該労働者が傷病等級に該当するに至ったとして申し出た場合には、所轄労働基準監督署長は「傷病の状態等に関する届」を提出させ支給決定の要

否を決定することとなる。

### ⑻　遺族補償年金支給請求、遺族特別支給金・遺族特別年金支給申請

遺族特別支給金および遺族特別年金の支給申請書は、遺族（補償）年金支給請求書と同一の様式になっているので、原則として遺族（補償）年金の請求と同時に行う。

＜提出書類＞遺族補償年金支給請求書、遺族特別支給金・遺族特別年金支給申請書【様式第12号】

＜添付書類＞被災労働者の死亡診断書等死亡の事実や死亡年月日を証明することができる書類、被災労働者と請求人との関係を証明することができる戸籍謄本等、請求人が被災労働者の収入によって生計を維持していた事実を証明することができる書類、同一の事由により遺族厚生年金、遺族基礎年金、寡婦年金等が支給される場合には、その支給額を証明することができる書類等

＜提 出 先＞所轄労働基準監督署長

### ⑼　遺族補償年金・遺族年金前払一時金請求

原則として遺族（補償）年金の請求と同時に、遺族（補償）年金前払一時金請求書を提出する。

＜提出書類＞遺族補償年金・遺族年金前払一時金請求書【年金申請様式第１号】

＜提 出 先＞所轄労働基準監督署長

### ⑽　遺族補償一時金支給請求、遺族特別支給金・遺族特別一時金支給請求

遺族特別支給金および遺族特別一時金の支給申請書は、遺族（補償）一時金支給請求書と同一の様式になっているので、原則として遺族（補償）一時金の請求と同時に行う。

＜提出書類＞遺族補償一時金支給請求書、遺族特別支給金・遺族特別一時金支給請求書【様式第15号】

＜添付書類＞請求人が被災労働者の収入によって生計を維持していた事実を証明することができる書類、被災労働者の死亡診断書等死亡の事実や死亡年月日を証明することができる書類、被災労働者と請求人との関係を証明することができる戸籍謄本等

＜提 出 先＞所轄労働基準監督署長

### ⑾　葬祭料請求

＜提出書類＞葬祭料請求書【様式第16号】

＜添付書類＞被災労働者の死亡診断書、被災労働者の死亡の事実および死亡の年月日を証明することができる書類（あわせて遺族（補償）給付の請求書を提出する際に当該請求書に添付してある場合には不要）

除籍謄本、住民票、戸籍の附票等

＜提 出 先＞所轄労働基準監督署長

### ⑿　介護補償給付・介護給付支給請求

＜提出書類＞介護補償給付・介護給付支給請求書【様式第16号の２の２】

＜添付書類＞初回請求時には医師または歯科医師の診断

介護費用の支出があった場合には介護費用の領収書を添付。

<提 出 先>所轄労働基準監督署長

## 2　通勤災害に関する保険給付請求の手続

### ⑴　療養給付たる療養の給付請求

<提出書類>療養給付たる療養の給付請求書【様式第16号の３】

<提 出 先>労災指定病院等を経由して所轄労働基準監督署長

### ⑵　療養給付たる療養の費用請求

<提出書類>療養給付たる療養の費用請求書【様式第16号の５⑴】

※詳細な書類は下記のとおり。

・薬局から薬剤の支給を受けた場合【様式第16号の５⑵】

・柔道整復師から手当てを受けた場合【様式第16号の５⑶】

・はり師・きゅう師、あん摩マッサージ指圧師から手当てを受けた場合【様式第16号の５⑷】

・訪問看護事業者から訪問看護を受けた場合【様式第16号の５⑸】

<添付書類>労災指定病院等以外から受け取った領収書

<提 出 先>所轄労働基準監督署長

### ⑶　療養給付たる療養の給付を受ける指定病院等の変更

<提出書類>療養給付たる療養の給付を受ける指定病院等（変更）届【様式第16号の４】

<提 出 先>変更後の労災指定病院等を経由して所轄労働基準監督署長

### ⑷　休業給付支給請求、休業特別支給金支給申請

<提出書類>休業給付支給請求書、休業特別支給金支給申請書【様式第16号の６】

<添付書類>賃金台帳、出勤簿

<提 出 先>所轄労働基準監督署長

### ⑸　障害給付支給請求、障害特別支給金・障害特別年金・障害特別一時金支給申請

<提出書類>障害給付支給請求書、障害特別支給金・障害特別年金・障害特別一時金支給申請書【様式第16号の７】（傷害補償給付支給請求書【様式第10号】に準じて記載）

<提 出 先>所轄労働基準監督署長

### ⑹　遺族年金支給請求、遺族特別支給金・遺族特別年金支給申請

<提出書類>遺族年金支給請求書、遺族特別支給金・遺族特別年金支給申請書【様式第16号の８】（遺族補償年金給付支給請求書【様式第12号】に準じて記載）

<提 出 先>所轄労働基準監督署長

### ⑺　遺族一時金支給請求、遺族特別支給金・遺族特別一時金支給申請

<提出書類>遺族一時金支給請求書、遺族特別支給金・遺族特別一時金支給申請書【様式第16号の９】（遺族補償一時金給付支給請求書【様式第15号】に準じて記載）

<提 出 先>所轄労働基準監督署長

### ⑻　葬祭給付請求

<提出書類>葬祭給付請求書【様式第16号の10】（葬祭料請求書【様式第16号】に準じて記載）

<添付書類>被災労働者の死亡診断書、除籍謄本、住民票、戸籍の附票等

<提出先>所轄労働基準監督署長

## 3　未支給の保険給付、未支給の特別支給金

受給権者が死亡した場合、その受給権者に支給すべき保険給付でまだ支給されていない給付（未支給の保険給付）がある場合には、一定の遺族がその未支給の保険給付を請求することができる。

### ⑴　遺族補償年金（遺族年金）以外の保険給付の受給権者が死亡した場合

療養（補償）給付、休業（補償）給付、障害（補償）給付、傷病（補償）年金が対象となる。

・請求できる遺族の範囲（原則）

下記のいずれの要件も満たす場合

① 死亡した受給権者の配偶者（事実上婚姻関係にあった者を含む）、子、父母、孫、祖父母および兄弟姉妹

② 受給権者が死亡した当時、その者と生計を同じくしていたこと（必ずしも同居している必要はない）

### ⑵　遺族（補償）年金の受給権者が死亡した場合

遺族（補償）給付が対象となる。

・請求できる遺族の範囲

死亡した労働者の遺族たる配偶者（事実上婚姻関係にあった者を含む）、子、父母、孫、祖父母および兄弟姉妹であって、次順位の受給権者（死亡した受給権者の配偶者等である必要はない）。

<提出書類>未支給の保険給付支給請求書、未支給の特別支給金支給申請書【様式第４号】

<提 出 先>所轄労働基準監督署長

## 4　第三者行為災害

第三者行為災害においては、保険給付と損害賠償とを調整することになる。そのため、第三者行為外災害について労災給付を受けようとする場合には、その旨を届け出る必要がある。原則として、この届出は、労災保険給付に関する請求書に先立ってまたは請求書と同時に提出する必要がある。

<提出書類>第三者行為災害届【届その１】

<添付書類>念書（兼同意書）【様式第１号】事故証明書、示談書の謄本（示談成立の場合）、死体検案書または死亡診断書（死亡の場合）、戸籍謄本（死亡の場合）、自賠責保険等の損害賠償金等支払証明書または保険金支払通知書（仮渡金または賠償金を受けている場合）

<提 出 先>所轄労働基準監督署長

## 5　二次健康診断等給付

二次健康診断等給付は、一次健康診断（安衛法に基づく定期健康診断等のうち直近のもの）に

おいて、血圧検査、血液検査その他業務上の事由による脳血管疾患および心臓疾患の発生に関する検査であって、脳・心臓疾患に関連する一定の項目で異常が認められた場合には、二次健康診断等給付により、二次健康診断と特定保健指導を自己負担なしで受けることができる。

**＜提出書類＞**二次健康診断等給付請求書【様式第16号の10の２】

**＜添付書類＞**一次健康診断の結果を証明することができる書類（一次健康診断の結果の写し等）

**＜提 出 先＞**健康診断給付病院等を経由して都道府県労働局長

## 【療養補償給付たる療養の給付請求書（業務災害用）】

様式第５号(表面)　労働者災害補償保険

業務災害用

療養補償給付たる療養の給付請求書

裏面に記載してある注意事項をよく読んだ上で、記入してください。

| 標準字体 | 0 1 2 3 4 5 6 7 8 9 ゛ ゜ ー |
|---|---|
| | アイウエオカキクケコサシスセソタチツテトナニヌ |
| | ネノハヒフヘホマミムメモヤユヨラリルレロワン |

|  |  |
|---|---|
| ※帳票種別 | 34590 |
| ①管轄局署 | |
| ②業通別（1 業　3 通） | 1 |
| ③保留（1 全レセ　3 全給付） | |
| ⑥処理区分 | |
| ④受付年月日 | ※ |
| ⑤労働保険番号（府県・所掌・管轄・基幹番号・枝番号） | 13108123456000 |
| ⑦支給・不支給決定年月日 | ※ |
| ⑧性別（1 男　3 女） | 1 |
| ⑨労働者の生年月日（1明治 3大正 5昭和 7平成） | 5●●0321 |
| ⑩負傷又は発病年月日 | 7●●0918 |
| ⑪再発年月日 | ※ |
| ⑫労働者の シメイ（カタカナ） | コウノ　イチロウ |
| ⑬三者（1自 3労 5他） | ※ |
| ⑭特疾（1特定疾病） | |
| ⑮特別加入者 | |
| 氏名 | 甲野　一郎（40歳） |
| ⑯郵便番号 | 166-0000 |
| 住所（フリガナ） | スギナミク　ヤマシタチョウ |
| 住所 | 杉並区山下町１－２－３ |
| 職種 | 事務職 |
| ⑰負傷又は発病の時刻 | 午前 11時 00分頃 |
| ⑱災害発生の事実を確認した者の職名、氏名 | 職名　事務職　／　氏名　丙川　三郎 |

シメイ（カタカナ）：姓と名の間は1文字あけて記入してください。濁点・半濁点は1文字として記入してください。

標準字体で記入してください。

※印の欄は記入しないでください。（職員が記入します。）

⑲災害の原因及び発生状況　(あ)どのような場所で(い)どのような作業をしているときに(う)どのような物又は環境に(え)どのような不安全な又は有害な状態があって(お)どのような災害が発生したか(か)⑩と初診日が異なる場合はその理由を詳細に記入すること

書類を１階から２階に運ぼうとして階段を踏み外して腰部を強打した。

| ⑳指定病院等の | |
|---|---|
| 名称 | 杉並東病院　電話（03）0000-0000 |
| 所在地 | 杉並区東杉並１－２－３　〒167-0000 |
| ㉑傷病の部位及び状態 | 腰部挫傷 |

⑫の者については、⑩、⑰及び⑲に記載したとおりであることを証明します。

●年 9月 21日

| | |
|---|---|
| 事業の名称 | 株式会社　東京工作所　電話（03）0000-0000 |
| 事業場の所在地 | 豊島区東豊島１－２－３　〒171-0000 |
| 事業主の氏名 | 代表取締役　乙山二郎　印 |

（法人その他の団体であるときはその名称及び代表者の氏名）

労働者の所属事業場の名称・所在地　　電話（　　）　－

（注意）1　労働者の所属事業場の名称・所在地については、労働者が直接所属する事業場が一括適用の取扱いを受けている場合に、労働者が直接所属する支店、工事現場等を記載してください。
2　派遣労働者について、療養補償給付のみの請求がなされる場合にあっては、派遣先事業主は、派遣元事業主が証明する事項の記載内容が事実と相違ない旨裏面に記載してください。

折り曲げる場合には（◀）の所を谷に折りさらに２つ折りにしてください。

上記により療養補償給付たる療養の給付を請求します。

●年 9月 21日

池袋　労働基準監督署長　殿

杉並東　病院・診療所・薬局・訪問看護事業者　経由

請求人の
〒166-0000　電話（090）0000-0000
住所　杉並区山下町１－２－３　（　　方）
氏名　甲野　一郎　印

| 支給・不支給決定決議書 | 署長 | 副署長 | 課長 | 係長 | 係 | 決定年月日 | ・　・ |
|---|---|---|---|---|---|---|---|
| | | | | | | 不支給の理由 | |
| 調査年月日 | ・　・ | ・　・ | ・　・ | | | | |
| 復命書番号 | 第　号 | 第　号 | 第　号 | | | | |

（この欄は記入しないでください。）

様式第5号（裏面）

**［項目記入にあたっての注意事項］**

1　記入すべき事項のない欄又は記入枠は空欄のままとし、事項を選択する場合には該当事項を○で囲んでください。（ただし、⑧欄並びに⑨及び⑩欄の元号については、該当番号を記入枠に記入してください。）

2　⑱は、災害発生の事実を確認した者（確認した者が多数のときは最初に発見した者）を記載してください。

3　傷病補償年金の受給権者が当該傷病に係る療養の給付を請求する場合には、⑤労働保険番号欄に左詰めで年金証書番号を記入してください。また、⑨及び⑩は記入しないでください。

4　「事業主の氏名」の欄及び「請求人の氏名」の欄は、記名押印することに代えて、自筆による署名をすることができます。

**［標準字体記入にあたっての注意事項］**

□□□で表示された記入枠に記入する文字は、光学式文字読取装置（OCR）で直接読取りを行うので、以下の注意事項に従って、表面の右上に示す標準字体で記入してください。

1　筆記用具は黒ボールペンを使用してください。

2　記入枠からはみださないように書いてください。

（例）ア → ア　7 → 7

3　「促音」「よう音」などは大きく書いてください。

（例）キッテ → キツテ　キョ → キヨ

4　濁点、半濁点は1文字として書いてください。

（例）バ → ハ゛　プ → フ゜

5　特に以下のことに気をつけてください。

（1）シツソン は斜の弧を書きはじめるとき、小さくカギをつけてください。

（2）I はカギをつけないで垂直に書いてください。

（3）4 の2本の縦線は上で閉じないでください。

**［その他の注意事項］**

この用紙は、機械によって読取りを行いますので汚したり、穴をあけたり、必要以上に強く折り曲げたり、のりづけしたりしないでください。

| 派遣先事業主<br>証明欄 | 派遣元事業主が証明する事項（表面の⑩、⑰及び⑲）の記載内容について事実と相違ないことを証明します。<br>年　月　日<br>事業の名称　電話（　　）　－<br>〒　－<br>事業場の所在地<br>事業主の氏名　印<br>（法人その他の団体であるときはその名称及び代表者の氏名） |
|---|---|

| 表面の記入枠を訂正したときの訂正印欄 | 削　字<br>加　字　印 | 社会保険<br>労務士<br>記載欄 | 作成年月日・提出代行者・事務代理者の表示 | 氏　名 | 電話番号 |
|---|---|---|---|---|---|
| | | | | 印 | （　　）　－ |

## 【療養補償給付たる療養の費用請求書（業務災害用）】

様式第7号（1）（表面）　労働者災害補償保険
業務災害用
第　回
療養補償給付たる療養の費用請求書（同一傷病分）

| 標準字体 | 0 1 2 3 4 5 6 7 8 9 ゛ ゜ ー |
|---|---|
| | アイウエオカキクケコサシスセソタチツテトナニヌ |
| | ネノハヒフヘホマミムメモヤユヨラリルレロワン |

|  |  |
|---|---|
| ※帳票種別 | 34260 |
| ①管轄局署 | |
| ②業通別（1業 3通） | 1 |
| ⑧受付年月日 | |
| ⑩三者コード／⑪委任未支給／⑫特別加入者／⑬審査コード | |
| ③労働保険番号 | 13108123456000 |
| ④年金証書の番号 | |
| ⑤労働者の性別（1男 3女） | 1 |
| ⑥労働者の生年月日（1明治 3大正 5昭和 7平成） | 5●●0321 |
| ⑦負傷又は発病年月日 | 7●●0918 |
| ※⑭金融機関コード | |
| ⑮※郵便局コード | |
| ⑨労働者の シメイ（カタカナ） | コウノ　イチロウ |
| 氏名 | 甲野　一郎（40歳） |
| 職種 | 事務職 |
| ㉖郵便番号 | 166-0000 |
| 住所 | 杉並区山下町1－2－3 |
| 新規・変更　振込を希望する金融機関の名称 | 東部 銀行（金庫・農協・漁協・信組）　杉並 支店 |
| ⑯預金の種類（1普通 3当座） | 1 |
| ⑰口座番号 | 1234567 |
| 口座名義人 | 甲野一郎 |
| ⑱メイギニン（カタカナ） | コウノ　イチロウ |
| ⑲（つづき）メイギニン（カタカナ） | |

シメイ（カタカナ）：姓と名の間は1文字あけて記入してください。濁点・半濁点は1文字として記入してください。

口座を変更する場合のみ記入してください。新規に届け出る場合、又は届け出た口座を右の欄及び⑯から⑲までの欄に、

⑰口座番号（左詰め。ゆうちょ銀行の場合は、記号（5桁）は左詰め、番号は右詰めで記入し、空欄には「0」を記入。）

⑨の者については、⑦並びに裏面の（ヌ）及び（ヲ）に記載したとおりであることを証明します。

●年10月4日

事業の名称　株式会社　東京工作所　電話（03）0000－0000
事業場の所在地　豊島区東豊島1－2－3　〒171－0000
事業主の氏名　代表取締役　乙山　二郎　印
（法人その他の団体であるときはその名称及び代表者の氏名）

（注意）派遣労働者について、療養補償給付のみの請求がなされる場合にあっては、派遣先事業主は、派遣元事業主が証明する事項の記載内容が事実と相違ない旨裏面に記載してください。

**医師又は歯科医師等の証明**

療養の内容　（イ）期間　●年9月18日から●年9月30日まで12日間　診療実日数5日

（ロ）傷病の部位及び傷病名　腰部挫傷

（ハ）傷病の経過の概要　湿布をして安静にし、経過は良好

年　月　日　治癒（症状固定）・継続中・転医・中止・死亡

⑨の者については、（イ）から（ニ）までに記載したとおりであることを証明します。
●年9月30日　〒167－0000
病院又は診療所の　所在地　杉並区東杉並1－2－3
名称　杉並東病院　電話（03）0000－0000
診療担当者氏名　丁山　四郎　印

（ニ）療養の内訳及び金額（内訳裏面のとおり。）　9,000円

（ホ）看護料　年　月　日から　年　月　日まで　日間（看護師の資格の有・無）

（ヘ）移送費　から　まで　片道・往復　キロメートル　回

（ト）上記以外の療養費（内訳別紙請求書又は領収書　枚のとおり。）

（チ）療養の給付を受けなかった理由　最寄の労災病院がなかったため

⑳療養に要した費用の額（合計）　90000円

㉑費用の種別（1診療 2看護 3移送 4賃具 5診断書）　※
㉒療養期間の初日　から　㉓療養期間の末日　まで　㉔診療実日数　日　㉕転帰事由（1治癒（症状固定） 3継続 5転医 7中止 9死亡）

上記により療養補償給付たる療養の費用の支給を請求します。

●年9月30日　〒166－0000　電話（090）0000－0000
請求人の　住所　杉並区山下町1－2－3（　方）
氏名　甲野　一郎　印

池袋　労働基準監督署長　殿

（注意）
一、□□□で表示された枠（以下、記入枠という。）に記入する文字は、光学式文字読取装置（OCR）で直接読取りを行うので、汚したり、穴をあけたり、必要以上に強く折り曲げたり、のりづけしたりしないでください。
二、記載すべき事項のない欄又は記入枠は、空欄のままとし、事項を選択する場合には該当事項を○で囲んでください。（ただし、⑤及び⑯欄並びに⑥及び⑦欄の元号については該当番号を記入枠に記入してください。）
三、記入枠の部分は、必ず黒のボールペンを使用し、様式右上に記載された「標準字体」にならって、枠からはみださないように大きめのカタカナ及びアラビア数字で明瞭に記載してください。

※印の欄は記入しないでください。（職員が記入します。）
◎裏面の注意事項を読んでから記入してください。
折り曲げる場合には（◀）の所を谷に折りさらに2つ折りにしてください。

様式第７号（１）（裏面）

| (リ) 労働者の所属事業場の名称・所在地 | (ヌ) 負傷又は発病の時刻 | (ル) 災害発生の事実を確認した者の | |
|---|---|---|---|
| | 午前（後） 11時 00 分頃 | 職名 | 事務職 |
| | | 氏名 | 丙川　三郎 |

(ヲ) 災害の原因及び発生状況　(あ)どのような場所で(い)どのような作業をしているときに(う)どのような物又は環境に(え)どのような不安全な又は有害な状態があって(お)どのような災害が発生したか(か)⑦と初診日が異なる場合はその理由を詳細に記入すること

書類を１階から２階に運ぼうとして階段を踏み外して腰部を強打した。

## 療養の内訳及び金額

| 診療内容 | | | 点数(点) |
|---|---|---|---|
| 初診 | 時間外・休日・深夜 | | |
| 再診 | 外来診療料 | ×　回 | |
| | 継続管理加算 | ×　回 | |
| | 外来管理加算 | ×　回 | |
| | 時間外 | ×　回 | |
| | 休日 | ×　回 | |
| | 深夜 | ×　回 | |
| 指導 | | | |
| 在宅 | 往診 | 回 | |
| | 夜間 | 回 | |
| | 緊急・深夜 | 回 | |
| | 在宅患者訪問診療 | 回 | |
| | その他 | | |
| | 薬剤 | 回 | |
| 投薬 | 内服　薬剤 | 単位 | |
| | 調剤 | ×　回 | |
| | 屯服　薬剤 | 単位 | |
| | 外用　薬剤 | 単位 | |
| | 調剤 | ×　回 | |
| | 処方 | ×　回 | |
| | 麻毒 | 回 | |
| | 調基 | | |
| 注射 | 皮下筋肉内 | 回 | |
| | 静脈内 | 回 | |
| | その他 | 回 | |
| 処置 | | 回 | |
| | 薬剤 | | |
| 手術<br>麻酔 | | 回 | |
| | 薬剤 | | |
| 検査 | | 回 | |
| | 薬剤 | | |
| 画像<br>診断 | | 回 | |
| | 薬剤 | | |
| その他 | 処方せん | 回 | |
| | 薬剤 | | |
| 入院 | 入院年月日　年　月　日 | | |
| | 病・診・衣 | 入院基本料・加算<br>×　日間<br>×　日間<br>×　日間<br>×　日間<br>×　日間 | |
| | 特定入院料・その他 | | |
| 小計 | 点 ① | | 円 |

| 診療内容 | | 金額 | 摘要 |
|---|---|---|---|
| 初診 | | 円 | |
| 再診 | 回 | 円 | |
| 指導 | 回 | 円 | |
| その他 | | 円 | |
| 食事（基準　） | | | |
| 円×　日間 | | 円 | |
| 円×　日間 | | 円 | |
| 円×　日間 | | 円 | |
| 小計 | ② | 円 | |
| 摘要 | | | |
| 合計金額<br>①+② | | 円 | |

（注意）

一、共通の注意事項

(一) 事項を選択する場合には、該当する事項を○で囲むこと。

(二) (ホ)、(ヘ)及び(ト)については、その費用についての明細書及び看護移送等をした者の請求書又は領収書を添えること。

(三) (イ)の期間には、最終の投薬の期間をも算入すること。

(四) (リ)は、労働者の直接所属する事業場が一括適用の取扱いを受けている場合に、労働者が直接所属する支店、工事現場等を記載すること。

二、傷病補償年金の受給権者が当該傷病に係る療養の費用を請求する場合以外の場合の注意事項

(一) ④は、記載する必要がないこと。

(二) (ル)は、災害発生の事実を確認した者（確認した者が多数あるときは最初に発見した者）を記載すること。

(三) (ル)及び(ヲ)は、第二回以後の請求の場合には記載する必要がないこと。

(四) 第二回以後の請求が離職後である場合には事業主の証明は受ける必要がないこと。

三、傷病補償年金の受給権者が当該傷病に係る療養の費用を請求する場合の注意事項

(一) ③、⑥、⑦及び(ヌ)から(ヲ)までは記載する必要がないこと。

(二) 事業主の証明は受ける必要がないこと。

四、「事業主の氏名」の欄、「病院又は診療所の診療担当者氏名」の欄及び「請求人の氏名」の欄は、記名押印することに代えて、自筆による署名をすることができること。

| 派遣先事業主証明欄 | 派遣元事業主が証明する事項（表面の⑦並びに(ヌ)及び(ヲ)）の記載内容について事実と相違ないことを証明します。 | |
|---|---|---|
| | 年　月　日 | 事業の名称　　電話(　　)　－ |
| | | 事業場の所在地　　〒　－ |
| | | 事業主の氏名　　印<br>（法人その他の団体であるときはその名称及び代表者の氏名） |

| 表面の記入枠を訂正したときの訂正印欄 | 削　字<br>加　字 | 印 |
|---|---|---|

| 社会保険労務士記載欄 | 作成年月日・提出代行者・事務代理者の表示 | 氏名 | 電話番号 |
|---|---|---|---|
| | | 印 | (　　)　－ |

## 【療養補償給付たる療養の給付を受ける指定病院等（変更）届】

様式第６号（表面）

労働者災害補償保険

療養補償給付たる療養の給付を受ける指定病院等（変更）届

池袋　労働基準監督署長　殿　　　　● 年 10 月 18 日

［ 豊島東　病院・診療所・薬局・訪問看護事業者　経由 ］

〒166－0000

電話（090）0000－0000

届出人の　住所　杉並区山下町１－２－３　　方

氏名　甲野　一郎　㊞

下記により療養補償給付たる療養の給付を受ける指定病院等を（変更するので）届けます。

| ① 労働保険番号 | | | | | ③労働者の | 氏名 | 甲野　一郎　（男・女） | ④負傷又は発病年月日 |
|---|---|---|---|---|---|---|---|---|
| 府県 | 所掌 | 管轄 | 基幹番号 | 枝番号 | | | | ● 年 9 月 18 日 |
| 13 | 1 | 08 | 123456 | 000 | | 生年月日 | ● 年 3 月 21 日（40 歳） | |
| ② 年金証書の番号 | | | | | | 住所 | 杉並区山下町１－２－３ | 午前・後 11 時 00 分頃 |
| 管轄局 | 種別 | 西暦年 | 番号 | | | | | |
| | | | | | | 職種 | 事務職 | |

⑤ 災害の原因及び発生状況　（あ）どのような場所で（い）どのような作業をしているときに（う）どのような物又は環境に（え）どのような不安全な又は有害な状態があって（お）どのような災害が発生したかを簡明に記載すること。

書類を１階から２階に運ぼうとして階段を踏み外して腰部を強打した。

③の者については、④及び⑤に記載したとおりであることを証明します。

● 年 10 月 18 日

事業の名称　株式会社　東京工作所

〒171－0000　電話（03）0000－0000

事業場の所在地　豊島区東豊島１－２－３

事業主の氏名　代表取締役　乙山二郎　㊞

（法人その他の団体であるときはその名称及び代表者の氏名）

| ⑥指定病院等の変更 | | | |
|---|---|---|---|
| 変更前の | 名称 | 杉並東病院 | （労災指定医番号） |
| | 所在地 | 杉並区東杉並１－２－３ | 〒167－0000 |
| 変更後の | 名称 | 豊島東病院 | |
| | 所在地 | 豊島区東豊島２－３－４ | 〒171－9999 |
| 変更理由 | | 病院の診察時間が間に合わないため、会社から近い豊島東病院において通院治療を受けるため | |
| ⑦ 傷病補償年金の支給を受けることとなった後に療養の給付を受けようとする指定病院等の | 名称 | | |
| | 所在地 | | 〒　－ |
| ⑧ 傷病名 | | 腰部挫傷 | |

**様式第6号**（裏面）

〔注　意〕

1　記入すべき事項のない欄又は記入枠は空欄のままとし、事項を選択する場合には該当事項を○で囲むこと。

2　傷病補償年金の受給権者が当該傷病に係る療養に関しこの届書を提出するときは

(1)　①、④及び⑤は、記載する必要がないこと。

(2)　事業主の証明は受ける必要がないこと。

3　傷病補償年金の受給権者が当該傷病に係る療養に関しこの届書を提出する場合以外の場合で、その提出が離職後であるときには事業主の証明は受ける必要がないこと。

4　「届出人の氏名」の欄及び「事業主の氏名」の欄は、記名押印することに代えて、自筆による署名をすることができること。

| 社会保険労務士記載欄 | 作成年月日・提出代行者・事務代理者の表示 | 氏　　名 | 電話番号 |
| --- | --- | --- | --- |
| | | ㊞ | （　　）<br>－ |

## 【休業補償給付支給請求書・休業特別支給金支給申請書（業務災害用）】

様式第８号（表面）
業務災害用

労働者災害補償保険
休業補償給付支給請求書　第　回
休業特別支給金支給申請書（同一傷病分）

標準字体 0123456789゛゜ー
アイウエオカキクケコサシスセソタチツテトナニヌ
ネノハヒフヘホマミムメモヤユヨラリルレロワン

|  |  |
|---|---|
| 帳票種別 | ※34360 |
| ①管轄局署 | |
| ③新継再別 | 1新 5継 7再 |
| ④受付年月日 | 元号 年 月 日 |
| ⑧業通別 | 1（1業 3通） |
| ⑨三者コード | 1自 3労 5他 |
| ⑩日雇コード | 1日 |
| ⑪特別加入者 | |
| ⑰平均賃金 | ※十万 万 千 百 十 円 . 十 銭 |
| ⑱特別給与の額 | 千万 百万 十万 万 千 百 十 円 |
| ⑬日数査定 | 1療 2賃 3待 4重 5超 |
| ⑭特支コード | 1特 |
| ⑮委任未支給 | 1委 3未 |
| ⑯特別コード | 1特 |
| ②労働保険番号（府県・所掌・管轄・基幹番号・枝番号） | 13108123456000 |
| ⑤労働者の性別 | 1（1男 3女） |
| ⑥労働者の生年月日 | 5●●0321（1明 3大 5昭 7平） |
| ⑫労働者 シメイ（カタカナ） | コウノ イチロウ |
| 氏名 | 甲野　一郎（40歳） |
| ㉗郵便番号 | 166-0000 |
| 住所 | 杉並区山下町１－２－３ |
| ⑦負傷又は発病年月日 | 7●●0918（1明 3大 5昭 7平） |
| ⑲療養のため労働できなかった期間 | 7●●0918から7●●0930まで　13日間のうち |
| ⑳賃金を受けなかった日の日数（内訳別紙２のとおり。） | 13日 |
| ㉓預金の種類 | 1（1普通 3当座） |
| ㉔口座番号（左詰め。ゆうちょ銀行の場合は、記号（５桁）は左詰め、番号は右詰めで記入し、空欄には「０」を記入。） | 1234567 |
| 新規・変更 | 新規 |
| 振込を希望する金融機関の名称 | 東部 銀行（金庫・農協・漁協・信組）／杉並 支店（本店・本所・出張所・支所） |
| ㉕メイギニン（カタカナ） | コウノ イチロウ |
| ㉖（つづき）メイギニン（カタカナ） | |
| 口座名義人 | 甲野　一郎 |
| ㉑金融機関コード | ※ |
| ㉒郵便局コード | ※ |

下の欄及び㉓、㉔、㉕、㉖欄は、口座を新規に届け出る場合、又は、届け出た口座を変更する場合のみ記入してください。

（注意）
三、記入枠の部分は、必ず黒のボールペンを使用し、様式右上に記載された「標準字体」にならって、枠からはみださないように大きめのカタカナ及びアラビア数字で明瞭に記載してください。
二、記載すべき事項のない欄又は記入枠は、空欄のままとし、事項を選択する場合には該当事項を○で囲んでください。（ただし、⑤及び㉓欄並びに⑥、⑦及び⑲欄の元号については該当番号を記入枠に記入してください。）
一、□□□で表示された枠（以下、記入枠という。）に記入する文字は、光学式文字読取装置（OCR）で直接読取りを行うので、汚したり、穴をあけたり、必要以上に強く折り曲げたり、のりづけしたりしないでください。

※印の欄は記入しないでください。（職員が記入します。）
◎裏面の注意事項を読んでから記入してください。
折り曲げる場合には（◀）の所を谷に折りさらに２つ折りにしてください。

⑫の者については、⑦、⑲、⑳、㉜から㊳まで（㊳の(ハ)を除く。）、及び別紙２に記載したとおりであることを証明します。

●年10月２日

事業の名称　株式会社　東京工作所　電話（03）0000-0000
事業場の所在地　豊島区東豊島１－２－３　〒171－0000
事業主の氏名　代表取締役　乙山二郎　印
（法人その他の団体であるときはその名称及び代表者の氏名）
労働者の直接所属事業場名称所在地　電話（　）　－

（注意）
1．㊳の(イ)及び(ロ)については、⑫の者が厚生年金保険の被保険者である場合に限り証明してください。
2．労働者の直接所属事業場名称所在地については、労働者が直接所属する事業場が一括適用の取扱いを受けている場合に、労働者が直接所属する支店、工事現場等を記載してください。

1回目の請求書には、必ず記入してください。（死傷病報告提出年月日　年　月　日）

**診療担当者の証明**

| | |
|---|---|
| ㉘傷病の部位及び傷病名 | 腰部挫傷 |
| ㉙療養の期間 | ●年９月18日から●年９月30日まで　13日間　診療実日数　10日 |
| 傷病の経過 ㉚療養の現況 | ●年９月30日　治癒（症状固定）・死亡・転医・中止・継続中（継続中に○） |
| ㉛療養のため労働することができなかったと認められる期間 | ●年９月18日から●年９月30日まで　13日間のうち　13日 |

⑫の者については、㉘から㉛までに記載したとおりであることを証明します。

●年10月１日

〒167－0000　電話（03）0000-0000
病院又は診療所の　所在地　杉並東病院
名称　杉並区東杉並１－２－３
診療担当者氏名　丁山　四郎　印

上記により休業補償給付の支給を請求／休業特別支給金の支給を申請します。

●年10月25日

〒166－0000　電話（090）0000-0000
請求人／申請人の　住所　杉並区山下町１－２－３（　方）
氏名　甲野　一郎　印

池袋労働基準監督署長　殿

様式第８号（裏面）

| ㉜労働者の職種 | ㉝負傷又は発病の時刻 | ㉞平均賃金（算定内訳別紙１のとおり） |
|---|---|---|
| 事務職 | 午(前)後 11 時 00 分頃 | 9,478 円 26 銭 |
| ㉟所定労働時間 | 午(前)後 9 時 00 分から午前(後) 6 時 00 分まで | ㊱休業補償給付額、休業特別支給金額の改定比率（平均給与額証明書のとおり） |

㊲災害の原因及び発生状況　(あ)どのような場所で(い)どのような作業をしているときに(う)どのような物又は環境に(え)どのような不安全な又は有害な状態があって(お)どのような災害が発生したか(か)⑦と初診日が異なる場合はその理由を詳細に記入すること

書類を1階から2階に運ぼうとして階段を踏み外して
腰部を強打した。

| ㊳厚生年金保険等の受給関係 | | | |
|---|---|---|---|
| (イ)基礎年金番号 | | (ロ)被保険者資格の取得年月日 | 年　月　日 |
| (ハ)当該傷病に関して支給される年金の種類等 | 年金の種類 | 厚生年金保険法の　イ 障害年金　ロ 障害厚生年金<br>国民年金法の　ハ 障害年金　ニ 障害基礎年金<br>船員保険法の　ホ 障害年金 | |
| | 障害等級 | 級 | |
| | 支給される年金の額 | 円 | |
| | 支給されることとなった年月日 | 年　月　日 | |
| | 基礎年金番号及び厚生年金等の年金証書の年金コード | | |
| | 所轄年金事務所等 | | |

| 表面の記入枠を訂正したときの訂正印欄 | 削　字<br>加　字　印 |
|---|---|

| 社会保険労務士記載欄 | 作成年月日・提出代行者・事務代理者の表示 | 氏名 | 電話番号 |
|---|---|---|---|
| | | 印 | (　)　－ |

〔注　意〕

一、所定労働時間後に負傷した場合には、⑲及び⑳欄については、当該負傷した日を除いて記載してください。

二、別紙１①欄には、平均賃金の算定基礎期間中に業務外の傷病の療養等のために休業した期間があり、その期間及びその期間中に受けた賃金の額を算定基礎から控除して算定した平均賃金に相当する額が平均賃金の額をこえる場合に記載し、控除する期間及び賃金の内訳を別紙１②欄に記載してください。この場合は、㉞欄に、この算定方法による平均賃金に相当する額を記載してください。

三、別紙２は、⑳欄の「賃金を受けなかった日」のうちに業務上の負傷又は疾病による療養のため所定労働時間のうちその一部分についてのみ労働した日（別紙２において「一部休業日」という。）が含まれる場合に限り添付してください。

四、請求人（申請人）が特別加入者であるときは、

(一)、㉞欄には、その者の給付基礎日額を記載してください。

(二)、⑦、⑲、⑳、㉝、㉟及び㊲欄の事項を証明することができる書類その他の資料を添付してください。

(三)、事業主の証明は受ける必要はありません。

五、第二回目以後の請求（申請）の場合には、

(一)、⑲、⑳、㉙及び㉛欄については、前回の請求又は申請後の分について記載してください。

(二)、㉜欄から㉟欄まで及び㊲欄は記載する必要はありません。

(三)、別紙１（平均賃金算定内訳）は付する必要はありません。

(四)、その請求（申請）が離職後である場合（療養のために労働できなかった期間の全部又は一部が離職前にある場合を除く。）には、事業主の証明は受ける必要はありません。

六、休業特別支給金の支給の申請のみを行う場合には、㊳欄は記載する必要はありません。

七、「事業主の氏名」の欄、「病院又は診療所の診療担当者氏名」の欄及び「請求人(申請人)」の欄は、記名押印することに代えて、自筆による署名をすることができます。

様式第８号（別紙1）　（表面）

| 労働保険番号 | | | | | 氏名 | 災害発生年月日 |
|---|---|---|---|---|---|---|
| 府県 | 所掌 | 管轄 | 基幹番号 | 枝番号 | 甲野　一郎 | ●年 9 月18 日 |
| 1 3 | 1 | 0 8 | 1 2 3 4 5 6 | 0 0 0 | | |

# 平均賃金算定内訳

（労働基準法第12条参照のこと。）

| 雇入年月日 | ●年 4 月 1 日 | 常用・日雇の別 | (常用)・日雇 |
|---|---|---|---|
| 賃金支給方法 | (月給)・週給・日給・時間給・出来高払制・その他請負制 | 賃金締切日 | 毎月 末 日 |

| | | | 6月 1 日から 6月 30 日まで | 7月 1 日から 7月 31 日まで | 8月 1 日から 8月 31 日まで | 計 |
|---|---|---|---|---|---|---|
| A 月・週その他一定の期間によって支払ったもの | 賃金計算期間 | | 6月 1 日から 6月 30 日まで | 7月 1 日から 7月 31 日まで | 8月 1 日から 8月 31 日まで | 計 |
| | 総日数 | | 30 日 | 31 日 | 31 日 | (イ) 92 日 |
| | 賃金 | 基本賃金 | 250,000 円 | 250,000 円 | 250,000 円 | 750,000 円 |
| | | 役割 手当 | 30,000 | 30,000 | 30,000 | 90,000 |
| | | 手当 | | | | |
| | | | | | | |
| | | 計 | 280,000 円 | 280,000 円 | 280,000 円 | (ロ) 840,000 円 |
| B 日若しくは時間又は出来高払制その他の請負制によって支払ったもの | 賃金計算期間 | | 6月 1 日から 6月 30 日まで | 7月 1 日から 7月 31 日まで | 8月 1 日から 8月 31 日まで | 計 |
| | 総日数 | | 30 日 | 31 日 | 31 日 | (イ) 92 日 |
| | 労働日数 | | 22 日 | 23 日 | 19 日 | (ハ) 64 日 |
| | 賃金 | 基本賃金 | 円 | 円 | 円 | 円 |
| | | 残業 手当 | 15,000 | 10,000 | 7,000 | 32,000 |
| | | 手当 | | | | |
| | | | | | | |
| | | | | | | |
| | | 計 | 15,000 円 | 10,000 円 | 7,000 円 | (ニ) 32,000 円 |
| 総計 | | | 295,000 円 | 290,000 円 | 287,000 円 | (ホ) 872,000 円 |
| 平均賃金 | | | 賃金総額(ホ) 872,000 円÷総日数(イ) 92 ＝ 9478 円 26 銭 | | | |

最低保障平均賃金の計算方法

Aの(ロ) 840,000 円÷総日数(イ) 92 ＝ 9,130 円 43 銭(ヘ)

Bの(ニ) 32,000 円÷労働日数(ハ) 64 × $\frac{60}{100}$ ＝ 300 円 0 銭(ト)

(ヘ) 9,130 円 43銭＋(ト) 300 円 銭 ＝ 9,430 円 43 銭（最低保障平均賃金）

| 日日雇い入れられる者の平均賃金（昭和38年労働省告示第52号による。） | 第1号又は第2号の場合 | 賃金計算期間 | (い) 労働日数又は労働総日数 | (ろ) 賃金総額 | 平均賃金((ろ)÷(い)×$\frac{73}{100}$) |
|---|---|---|---|---|---|
| | | 月 日から 月 日まで | 日 | 円 | 円 銭 |
| | 第3号の場合 | 都道府県労働局長が定める金額 | | | 円 |
| | 第4号の場合 | 従事する事業又は職業 | | | |
| | | 都道府県労働局長が定めた金額 | | | 円 |
| 漁業及び林業労働者の平均賃金（昭和24年労働省告示第5号第2条による。） | 平均賃金協定額の承認年月日 | 年 月 日 | 職種 | 平均賃金協定額 | 円 |

① 賃金計算期間のうち業務外の傷病の療養等のため休業した期間の日数及びその期間中の賃金を業務上の傷病の療養のため休業した期間の日数及びその期間中の賃金とみなして算定した平均賃金

（賃金の総額(ホ)－休業した期間にかかる②の(リ)） ÷ （総日数(イ)－休業した期間②の(チ)）

（　　　円－　　　円）÷（　　　日－　　　日）＝　　　円　　　銭

様式第８号（別紙1）　（裏面）

②　業務外の傷病の療養等のため休業した期間及びその期間中の賃金の内訳

| 賃金計算期間 | | 月　日から<br>月　日まで | 月　日から<br>月　日まで | 月　日から<br>月　日まで | 計 |
|---|---|---|---|---|---|
| 業務外の傷病の療養等のため休業した期間の日数 | | 日 | 日 | 日 | (ヲ)　日 |
| 業務外の傷病の療養等のため休業した期間中の賃金 | 基本賃金 | 円 | 円 | 円 | 円 |
| | 手当 | | | | |
| | 手当 | | | | |
| | | | | | |
| | | | | | |
| | | | | | |
| | 計 | 円 | 円 | 円 | (リ)　円 |
| 休業の事由 | | | | | |

| ③特別給与の額 | 支払年月日 | 支払額 |
|---|---|---|
| | ●年 12月 10日 | 400,000円 |
| | ●年 6月 10日 | 300,000円 |
| | 年　月　日 | 円 |
| | 年　月　日 | 円 |
| | 年　月　日 | 円 |
| | 年　月　日 | 円 |
| | 年　月　日 | 円 |

［注　意］

③欄には、負傷又は発病の日以前２年間（雇入後２年に満たない者については、雇入後の期間）に支払われた労働基準法第12条第４項の３箇月を超える期間ごとに支払われる賃金（特別給与）について記載してください。

ただし、特別給与の支払時期の臨時的変更等の理由により負傷又は発病の日以前１年間に支払われた特別給与の総額を特別支給金の算定基礎とすることが適当でないと認められる場合以外は、負傷又は発病の日以前１年間に支払われた特別給与の総額を記載して差し支えありません。

【障害補償給付支給請求書、障害特別支給金・障害特別年金・障害特別一時金支給申請書（業務災害用）】

様式第10号（表面）

業務災害用

労働者災害補償保険

障害補償給付支給請求書
障害特別支給金
障害特別年金
障害特別一時金 支給申請書

| ①労働保険番号 | | | | ③労働者の | | | ④負傷又は発病年月日 |
|---|---|---|---|---|---|---|---|
| 府県 | 所掌 | 管轄 | 基幹番号 / 枝番号 | フリガナ | コウノ イチロウ | | ●年 9月 18日 |
| 13 | 1 | 08 | 123456 / 000 | 氏名 | 甲野 一郎 | （男・女） | 午前 11時 00分頃 |
| ②年金証書の番号 | | | | 生年月日 | ●年 3月 21日（40歳） | | |
| 管轄局 | 種別 | 西暦年 | 番号 | フリガナ | スギナミク ヤマシタチョウ | | ⑤傷病の治癒した年月日 |
| | | | | 住所 | 杉並区山下町1−2−3 | | ●年 11月 15日 |
| | | | | 職種 | 事務職 | | ⑦平均賃金 |
| | | | | 所属事業場名称・所在地 | | | 9,478円 26銭 |

⑥災害の原因及び発生状況 (あ)どのような場所で(い)どのような作業をしているときに(う)どのような物又は環境に(え)どのような不安全な又は有害な状態があって(お)どのような災害が発生したかを簡明に記載すること

書類を1階から2階に運ぼうとして階段を踏み外して腰部を強打した。

⑧特別給与の総額（年額） 700,000円

⑨厚生年金保険等の受給関係

| | | |
|---|---|---|
| ㋑厚年等の年金証書の基礎年金番号・年金コード | | ㋺被保険者資格の取得年月日　年　月　日 |
| ㋩当該傷病に関して支給される年金の種類等 | 年金の種類 | 厚生年金保険法の イ、障害年金 ロ、障害厚生年金<br>国民年金法の イ、障害年金 ロ、障害基礎年金<br>船員保険法の障害年金 |
| | 障害等級 | 級 |
| | 支給される年金の額 | 円 |
| | 支給されることとなった年月日 | 年　月　日 |
| | 厚年等の年金証書の基礎年金番号・年金コード | |
| | 所轄年金事務所等 | |

③の者については、④、⑥から⑧まで並びに⑨の㋑及び㋺に記載したとおりであることを証明します。

●年 11月 20日

事業の名称 株式会社 東京工作所 電話（03）0000−0000

事業場の所在地 豊島区東豊島1−2−3 〒171−0000

事業主の氏名 代表取締役 乙山二郎 ㊞

（法人その他の団体であるときは、その名称及び代表者の氏名）

〔注意〕⑨の㋑及び㋺については、③の者が厚生年金保険の被保険者である場合に限り証明すること。

| | | | |
|---|---|---|---|
| ⑩障害の部位及び状態 | （診断書のとおり） | ⑪既存障害がある場合にはその部位及び状態 | |
| ⑫添付する書類その他の資料名 | X線写真、診断書 | | |

⑬年金の払渡しを受けることを希望する金融機関又は郵便局

| | | |
|---|---|---|
| 金融機関（郵便貯金銀行の支店等を除く。） | ※金融機関店舗コード | |
| | 名称 | 東部 銀行・金庫・農協・漁協・信組　杉並 本店・本所・出張所・支店・支所 |
| | 預金通帳の記号番号 | 普通・当座　第 1234567 号 |
| 郵便貯金銀行の支店等又は郵便局 | ※郵便局コード | |
| | フリガナ | |
| | 名称 | |
| | 所在地 | 都道府県　市郡区 |
| | 預金通帳の記号番号 | 第　号 |

上記により
障害補償給付の支給を請求します。
障害特別支給金
障害特別年金
障害特別一時金の支給を申請します。

〒166−0000

電話（090）0000−0000

●年 11月 25日

池袋 労働基準監督署長 殿

請求人・申請人の 住所 杉並区山下町1−2−3

氏名 甲野 一郎 ㊞

□本件手続を裏面に記載の社会保険労務士に委託します。

個人番号 000000000000

| 振込を希望する金融機関の名称 | | 預金の種類及び口座番号 |
|---|---|---|
| 東部 銀行・金庫・農協・漁協・信組 | 杉並 本店・本所・出張所・支店・支所 | 普通・当座 第 1234567 号<br>口座名義人 甲野 一郎 |

様式第10号（裏面）

〔注意〕

1　※印欄には記載しないこと。

2　事項を選択する場合には該当する事項を○で囲むこと。

3　③の労働者の「所属事業場名称・所在地」欄には、労働者の直接所属する事業場が一括適用の取扱いを受けている場合に、労働者が直接所属する支店、工事現場等を記載すること。

4　⑦には、平均賃金の算定基礎期間中に業務外の傷病の療養のため休業した期間が含まれている場合に、当該平均賃金に相当する額がその期間の日数及びその期間中の賃金を業務上の傷病の療養のため休業した期間の日数及びその期間中の賃金とみなして算定した平均賃金に相当する額に満たないときは、当該みなして算定した平均賃金に相当する額を記載すること（様式第8号の別紙1に内訳を記載し添付すること。ただし、既に提出されている場合を除く。）。

5　⑧には、負傷又は発病の日以前1年間（雇入後1年に満たない者については、雇入後の期間）に支払われた労働基準法第12条第4項の3箇月を超える期間ごとに支払われる賃金の総額を記載すること（様式第8号の別紙1に内訳を記載し添付すること。ただし、既に提出されている場合を除く。）。

6　請求人（申請人）が傷病補償年金を受けていた者であるときは、
(1)　①、④及び⑥には記載する必要がないこと。
(2)　②には、傷病補償年金に係る年金証書の番号を記載すること。
(3)　事業主の証明を受ける必要がないこと。

7　請求人（申請人）が特別加入者であるときは、
(1)　⑦には、その者の給付基礎日額を記載すること。
(2)　⑧は記載する必要がないこと。
(3)　④及び⑥の事項を証明することができる書類その他の資料を添えること。
(4)　事業主の証明を受ける必要がないこと。

8　⑬については、障害補償年金又は障害特別年金の支給を受けることとなる場合において、障害補償年金又は障害特別年金の払渡しを金融機関（郵便貯金銀行の支店等を除く。）から受けることを希望する者にあつては「金融機関（郵便貯金銀行の支店等を除く。）」欄に、障害補償年金又は障害特別年金の払渡しを郵便貯金銀行の支店等又は郵便局から受けることを希望する者にあつては「郵便貯金銀行の支店等又は郵便局」欄に、それぞれ記載すること。
　なお、郵便貯金銀行の支店等又は郵便局から払渡しを受けることを希望する場合であつて振込によらないときは、「預金通帳の記号番号」の欄は記載する必要はないこと。

9　「事業主の氏名」の欄及び「請求人（申請人）の氏名」の欄は、記名押印することに代えて、自筆による署名をすることができること。

10　「個人番号」の欄については、請求人（申請人）の個人番号を記載すること。

11　本件手続を社会保険労務士に委託する場合は、「請求人（申請人）の氏名」欄の下の□にレ点を記入すること。

| 社会保険労務士記載欄 | 作成年月日・提出代行者・事務代理者の表示 | 氏　名 | 電話番号 |
|---|---|---|---|
| | | ㊞ | （　）<br>－ |

【障害補償年金・障害年金前払一時金請求書】

年金申請様式第10号

労働者災害補償保険
障害補償年金（○）・障害年金 前払一時金請求書

| 年金証書の番号 | 管轄局 | 種別 | 西暦年 | 番号 |
|---|---|---|---|---|
| | 13 | 3 | 10 | 1234 |

| 請求人（被災労働者） | | |
|---|---|---|
| 氏名 | 甲野 一郎 ㊞ | 生年月日 明大昭（○）平 ● 年 3 月 21 日 |
| 住所 | 杉並区山下町1－2－3 | |

| 請求する給付日数（○でかこむ） | | | 労災年金受給の有無（○でかこむ） |
|---|---|---|---|
| 第一級 | 200・400・600・800・1000・1200・1340日分 | （　　） | 受けている・受けていない（○） |
| 第二級 | 200・400・600・800・1000・1190日分 | （　　） | |
| 第三級 | 200・400・600・800・1000・1050日分 | （　　） | |
| 第四級 | 200・400・600・800・920日分 | （　　） | |
| 第五級 | 200・400・600・790日分 | （　　） | |
| 第六級 | 200・400・600・670日分 | （　　） | |
| 第七級 | 200・400（○）・560日分 | （　　） | |

上記のとおり 障害補償年金（○）・障害年金 前払一時金を請求します。

平成 ● 年 11 月 10 日

郵便番号 166 － 0000　電話番号（ 090 ）0000-0000
住所 杉並区山下町1－2－3
請求人の（代表者）氏名 甲野 一郎 ㊞

池袋 労働基準監督署長 殿

| 振込を希望する銀行等の名称（郵便貯金銀行の支店等を除く） | | 預金の種類及び口座番号 |
|---|---|---|
| 東部 銀行（○）・金庫 農協・漁協・信組 | 杉並 本店・支店（○）・支所 | 普通（○）・当座 第 123456 号　名義人 甲野 一郎 |

（物品番号63311）

（注意）
1 請求する給付日数の欄の（　）には、加重障害の給付日数を記入すること。
2 「請求人の氏名」の欄は、記名押印することに代えて、自筆による署名をすることができる。

【遺族補償年金支給請求書、遺族特別支給金・遺族特別年金支給申請書（業務災害用）】

様式第12号（表面）

業務災害用

労働者災害補償保険

遺族補償年金支給請求書
遺族特別支給金 遺族特別年金 支給申請書

（年金新規報告書提出 ・ ・）

| ①労働保険番号 | | ③死亡労働者の | | ④負傷又は発病年月日 |
|---|---|---|---|---|
| 府県 所掌 管轄 基幹番号 枝番号 | 13108123456000 | フリガナ | コウノ イチロウ | ●年12月1日 午前 11時30分頃 |
| ②年金証書の番号 | | 氏名 | 甲野 一郎（男） | ⑤死亡年月日 |
| 管轄局 種別 西暦年 番号 枝番号 | | 生年月日 | ●年3月21日（40歳） | ●年12月1日 |
| | | 個人番号 | 000000000000 | ⑦平均賃金 9,478円26銭 |
| | | 職種 | 現場監督 | ⑧特別給与の総額（年額） 700,000円 |
| | | 所属事業場名称・所在地 | | |

⑥災害の原因及び発生状況 （あ）どのような場所で（い）どのような作業をしているときに（う）どのような物又は環境に（え）どのような不安全な又は有害な状態があって（お）どのような災害が発生したかを簡明に記載すること

ビル新築工事において型枠組立作業中、高さ15mの足場から地上に転落後頭部を強打し、死亡した。

⑨厚生年金保険等の受給関係

| ㋑死亡労働者の厚年等の年金証書の基礎年金番号・年金コード | | ㋺死亡労働者の被保険者資格の取得年月日 | 年 月 日 |
|---|---|---|---|
| ㋩当該死亡に関して支給される年金の種類 | | | |
| 厚生年金保険法の イ 遺族年金 ロ 遺族厚生年金 | 国民年金法の イ母子年金 ロ準母子年金 ハ遺児年金 ニ寡婦年金 ホ遺族基礎年金 | 船員保険法の遺族年金 | |
| 支給される年金の額 | 支給されることとなった年月日 | 厚年等の年金証書の基礎年金番号・年金コード（複数のコードがある場合は下段に記載すること。） | 所轄年金事務所等 |
| 円 | 年 月 日 | | |

受けていない場合は、次のいずれかを○で囲む。・裁定請求中 ・不支給裁定 ・未加入 ・請求していない ・老齢年金等選択

③の者については、④、⑥から⑧まで並びに⑨の㋑及び㋺に記載したとおりであることを証明します。

●年12月8日

事業の名称 株式会社 東京工作所 電話（03）0000－0000
〒171－0000
事業場の所在地 豊島区東豊島1－2－3
事業主の氏名 代表取締役 乙山二郎 ㊞
（法人その他の団体であるときはその名称及び代表者の氏名）

〔注意〕⑨の㋑及び㋺については、③の者が厚生年金保険の被保険者である場合に限り証明すること。

⑩請求人申請人

| 氏名（フリガナ） | 生年月日 | 住所（フリガナ） | 死亡労働者との関係 | 障害の有無 | 請求人（申請人）の代表者を選任しないときは、その理由 |
|---|---|---|---|---|---|
| コウノ ハナコ 甲野 花子 | 昭●・7・12 | 杉並区山下町1－2－3 | 妻 | ある・（ない） | |
| | ・ ・ | | | ある・ない | |
| | ・ ・ | | | ある・ない | |
| | ・ ・ | | | ある・ない | |

⑪請求人（申請人）以外の遺族補償年金を受けることができる遺族

| 氏名（フリガナ） | 生年月日 | 住所（フリガナ） | 死亡労働者との関係 | 障害の有無 | 請求人（申請人）と生計を同じくしているか |
|---|---|---|---|---|---|
| コウノ サチコ 甲野 幸子 | 平●・6・21 | 杉並区山下町1－2－3 | 長女 | ある・（ない） | （いる）・いない |
| | ・ ・ | | | ある・ない | いる・いない |
| | ・ ・ | | | ある・ない | いる・いない |
| | ・ ・ | | | ある・ない | いる・いない |

⑫添付する書類その他の資料名

⑬年金の払渡しを受けることを希望する金融機関又は郵便局

| 金融機関（郵便貯金銀行の支店等を除く。） | ※金融機関店舗コード | |
|---|---|---|
| 名称 | 東部 （銀行）・金庫 農協・漁協・信組 | 杉並 本店・本所 出張所 （支店）・支所 |
| 預金通帳の記号番号 | （普通）・当座 第 2345678 号 | |
| 郵便貯金銀行の支店等又は郵便局 | ※郵便局コード | |
| フリガナ 名称 | | |
| 所在地 | 都道府県 | 市郡区 |
| 預金通帳の記号番号 | 第 号 | |

上記により 遺族補償年金の支給を請求します。遺族特別支給金 遺族特別年金の支給を申請します。

●年12月10日

池袋 労働基準監督署長 殿

〒166－0000 電話（090）0000－0000

請求人 申請人（代表者）の 住所 杉並区山下町1－2－3
氏名 甲野 花子 ㊞

☐本件手続を裏面に記載の社会保険労務士に委託します。

個人番号 000000000001

| 特別支給金について振込を希望する金融機関の名称 | | 預金の種類及び口座番号 |
|---|---|---|
| 東部 （銀行）・金庫 農協・漁協・信組 | 杉並 本店・本所 出張所 （支店）・支所 | （普通）・当座 第 2345678 号 口座名義人 甲野 花子 |

**様式第12号**（裏面）

〔注意〕

1　※印欄には記載しないこと。

2　事項を選択する場合には該当する事項を○で囲むこと。

3　③の死亡労働者の「所属事業場名称・所在地」欄には、死亡労働者が直接所属していた事業場が一括適用の取扱いを受けている場合に、死亡労働者が直接所属していた支店、工事現場等を記載すること。

4　⑦には、平均賃金の算定基礎期間中に業務外の傷病の療養のため休業した期間が含まれている場合に、当該平均賃金に相当する額がその期間の日数及びその期間中の賃金を業務上の傷病の療養のため休業した期間の日数及びその期間中の賃金とみなして算定した平均賃金に相当する額に満たないときは、当該みなして算定した平均賃金に相当する額を記載すること（様式第８号の別紙１に内訳を記載し添付すること。ただし、既に提出されている場合を除く。）。

5　⑧には、負傷又は発病の日以前１年間（雇入後１年に満たない者については、雇入後の期間）に支払われた労働基準法第12条第４項の３箇月を超える期間ごとに支払われる賃金の総額を記載すること（様式第８号の別紙１に内訳を記載し添付すること。ただし、既に提出されている場合を除く。）。

6　死亡労働者が傷病補償年金を受けていた場合には、

(1) ①、④及び⑥には記載する必要がないこと。

(2) ②には、傷病補償年金に係る年金証書の番号を記載すること。

(3) 事業主の証明を受ける必要がないこと。

7　死亡労働者が特別加入者であつた場合には、

(1) ⑦には、その者の給付基礎日額を記載すること。

(2) ⑧は記載する必要がないこと。

(3) ④及び⑥の事項を証明することができる書類その他の資料を添えること。

(4) 事業主の証明を受ける必要がないこと。

8　⑨から⑫までに記載することができない場合には、別紙を付して所要の事項を記載すること。

9　この請求書（申請書）には、次の書類その他の資料を添えること。ただし、個人番号が未提出の場合を除き、(2)、(3)及び(5)の書類として住民票の写しを添える必要はないこと。

(1) 労働者の死亡に関して市町村長に提出した死亡診断書、死体検案書若しくは検視調書に記載してある事項についての市町村長の証明書又はこれに代わるべき書類

(2) 請求人（申請人）及び請求人（申請人）以外の遺族補償年金を受けることができる遺族と死亡労働者との身分関係を証明することができる戸籍の謄本又は抄本（請求人（申請人）又は請求人（申請人）以外の遺族補償年金を受けることができる遺族が死亡労働者と婚姻の届出をしていないが事実上婚姻関係と同様の事情にあつた者であるときは、その事実を証明することができる書類）

(3) 請求人（申請人）及び請求人（申請人）以外の遺族補償年金を受けることができる遺族（労働者の死亡当時胎児であった子を除く。）が死亡労働者の収入によつて生計を維持していたことを証明することができる書類

(4) 請求人（申請人）及び請求人（申請人）以外の遺族補償年金を受けることができる遺族のうち労働者の死亡の時から引き続き障害の状態にある者については、その事実を証明することができる医師又は歯科医師の診断書その他の資料

(5) 請求人（申請人）以外の遺族補償年金を受けることができる遺族のうち、請求人（申請人）と生計を同じくしている者については、その事実を証明することができる書類

(6) 障害の状態にある妻にあつては、労働者の死亡の時以後障害の状態にあつたこと及びその障害の状態が生じ、又はその事情がなくなつた時を証明することができる医師又は歯科医師の診断書その他の資料

10　⑬については、次により記載すること。

(1) 遺族補償年金の支給を受けることとなる場合において、遺族補償年金の払渡しを金融機関（郵便貯金銀行の支店等を除く。）から受けることを希望する者にあつては「金融機関（郵便貯金銀行の支店等を除く。）」欄に、遺族補償年金の払渡しを郵便貯金銀行の支店等又は郵便局から受けることを希望する者にあつては「郵便貯金銀行の支店等又は郵便局」欄に、それぞれ記載すること。

なお、郵便貯金銀行の支店等又は郵便局から払渡しを受けることを希望する場合であつて振込によらないときは、「預金通帳の記号番号」の欄は記載する必要はないこと。

(2) 請求人（申請人）が２人以上ある場合において代表者を選任しないときは、⑩の最初の請求人（申請人）について記載し、その他の請求人（申請人）については別紙を付して所要の事項を記載すること。

11　「事業主の氏名」の欄及び「請求人（申請人）の氏名」の欄は、記名押印することに代えて、自筆による署名をすることができること。

12　「個人番号」の欄については、請求人（申請人）の個人番号を記載すること。

13　本件手続を社会保険労務士に委託する場合は、「請求人（申請人）の氏名」欄の下の□にレ点を記入すること。

| 社会保険<br>労務士<br>記載欄 | 作成年月日・提出代行者・事務代理者の表示 | 氏　　名 | 電話番号 |
|---|---|---|---|
| | | ㊞ | （　　）<br>― |

## 【遺族補償年金・遺族年金前払一時金請求書】

労働者災害補償保険

年金申請様式第1号

遺族補償年金（○）
遺族年金
前払一時金請求書

| 年金証書の番号 | 管轄局 | 種別 | 西暦年 | 番号 |
|---|---|---|---|---|
| | 1 3 | 3 | 1 0 | 1 2 3 4 |

| 死亡労働者 | |
|---|---|
| 氏名 | 甲山　太郎 |
| 住所 | 杉並区山下町1－2－3 |

| 請求人 | 氏名（記名押印又は署名） | 生年月日 | 住所 |
|---|---|---|---|
| | 甲山　花子 ㊞ | 明大昭（○）平 ●年 7月 12日 | 杉並区山下町1－2－3 |
| | ㊞ | 明大昭平 年 月 日 | |
| | ㊞ | 明大昭平 年 月 日 | |
| | ㊞ | 明大昭平 年 月 日 | |
| | ㊞ | 明大昭平 年 月 日 | |

| 労災年金受給の有無を○でかこむ | 請求する給付日数 |
|---|---|
| 受けている・受けていない（○） | (200・400・600・800（○）・1000日分)○でかこむ |

上記のとおり 遺族補償年金（○）／遺族年金 前払一時金を請求します。

平成 ● 年 12 月 10 日

郵便番号 166 ― 0000　電話番号

住　所 杉並区山下町 1－2－3　(090)0000-0000

請求人の（代表　氏　名　甲山　花子 ㊞

（記名押印又は署名）

池袋 労働基準監督署長 殿

| 振込を希望する銀行等の名称（郵便貯金銀行の支店等を除く） |
|---|
| 東部 銀行（○）・金庫 農協・漁協・信組 |
| 杉並 本店 支店（○） 支所 |
| 預金の種類及び口座番号 |
| 普通（○） 当座 第 2345678 号 名義人 甲山　花子 |

（物品番号6331）

## 【遺族補償一時金支給請求書、遺族特別支給金・遺族特別一時金支給請求書】

様式第15号（表面）

労働者災害補償保険
遺族補償一時金支給請求書
遺族特別支給金
遺族特別一時金 支給申請書

| ① 労働保険番号 | ③ フリガナ | コウノ イチロウ | ④ 負傷又は発病年月日 |
|---|---|---|---|
| 府県 所掌 管轄 基幹番号 枝番号 | 死亡労働者の 氏名 | 甲野 一郎 （男・女） | ● 年 12 月 1 日 |
| 1 3 1 0 8 1 2 3 4 5 6 0 0 0 | 生年月日 | ● 年 3 月 21 日（40歳） | 午前 後 11時 30分頃 |
| ② 年金証書の番号 | | | ⑤ 死亡年月日 |
| 管轄局 種別 西暦年 番号 枝番号 | 職種 | 現場監督 | ● 年 12 月 1 日 |
| | 所属事業場名称所在地 | | |

| ⑥ 災害の原因及び発生状況 （あ）どのような場所で（い）どのような作業をしているときに（う）どのような物又は環境に（え）どのような不安全な又は有害な状態があって（お）どのような災害が発生したかを簡明に記載すること | ⑦ 平均賃金 |
|---|---|
| ビル新築工事において型枠組立作業中、高さ15mの足場から地上に転落 | 9,478円 26 銭 |
| 後頭部を強打し、死亡した。 | ⑧ 特別給与の総額（年額） |
| | 700,000 円 |

③の者については、④及び⑥から⑧までに記載したとおりであることを証明します。

電話（ 03 ）0000−0000

事業の名称　株式会社 東京工作所

● 年 12 月 8 日　〒 171 − 0000

事業場の所在地　豊島区東豊島1−2−3

事業主の氏名　代表取締役 乙山二郎 ㊞

（法人その他の団体であるときはその名称及び代表者の氏名）

| ⑨ 請求人 申請人 | 氏名（フリガナ） | 生年月日 | 住所（フリガナ） | 死亡労働者との関係 | 請求人（申請人）の代表者を選任しないときはその理由 |
|---|---|---|---|---|---|
| | コウノ ハナコ 甲野 花子 | ● 年 7 月 12 日 | 杉並区山下町1−2−3 | 妻 | |
| | | 年 月 日 | | | |
| | | 年 月 日 | | | |
| | | 年 月 日 | | | |
| | | 年 月 日 | | | |
| | | 年 月 日 | | | |

| ⑩ 添付する書類その他の資料名 | 死亡診断書、戸籍謄本 |
|---|---|

上記により 遺族補償一時金の支給を請求します。
遺族特別支給金
遺族特別一時金 の支給を申請します。

〒166 − 0000　電話（ 090 ）0000− 0000

方

● 年 12 月 10 日　請求人 申請人（代表者）の 住所　杉並区山下町1−2−3

池袋 労働基準監督署長 殿　氏名　甲野 花子 ㊞

| 振込を希望する金融機関の名称 | | 預金の種類及び口座番号 |
|---|---|---|
| 東部 銀行・金庫 農協・漁協・信組 | 杉並 本店・本所 出張所 支店・支所 | 普通・当座 第 2345678 号 |
| | | 口座名義人 甲野 花子 |

**様式第15号**（裏面）

〔注意〕

1　事項を選択する場合には該当する事項を○で囲むこと。

2　②には、死亡労働者の傷病補償年金に係る年金証書の番号を記載すること。

3　③の死亡労働者の所属事業場名称・所在地欄には、死亡労働者が直接所属していた事業場が一括適用の取扱いを受けている場合に、死亡労働者が直接所属していた支店、工事現場等を記載すること。

4　平均賃金の算定基礎期間中に業務外の傷病の療養のため休業した期間が含まれている場合に、当該平均賃金に相当する額がその期間の日数及びその期間中の賃金を業務上の傷病の療養のため休業した期間の日数及びその期間中の賃金とみなして算定した平均賃金に相当する額に満たないときは、当該みなして算定した平均賃金に相当する額を⑦に記載すること。

5　⑧には負傷又は発病の日以前1年間（雇入後1年に満たない者については雇入後の期間）に支払われた労働基準法第12条第4項の3箇月を超える期間ごとに支払われる賃金の総額を記載すること。

6　死亡労働者が休業補償給付及び休業特別支給金の支給を受けていなかつた場合又は死亡労働者に関し遺族補償年金が支給されていなかつた場合には、⑦の平均賃金の算定内訳及び⑧の特別給与の総額（年額）の算定内訳を別紙（様式第8号の別紙1に内訳を記載し使用すること。）を付して記載すること。ただし、既に提出されている場合を除く。

7　死亡労働者に関し遺族補償年金が支給されていた場合又は死亡労働者が傷病補償年金を受けていた場合には、

(1)　①、④及び⑥には記載する必要がないこと。

(2)　事業主の証明は受ける必要がないこと。

8　死亡労働者が特別加入者であつた場合には、

(1)　⑦にはその者の給付基礎日額を記載すること。

(2)　⑧には記載する必要がないこと。

(3)　事業主の証明は受ける必要がないこと。

9　⑨及び⑩の欄に記載することができない場合には、別紙を付して所要の事項を記載すること。

10　この請求書（申請書）には、次の書類を添えること。

(1)　請求人（申請人）が死亡した労働者と婚姻の届出をしていないが事実上婚姻関係と同様の事情にあつた者であるときは、その事実を証明することができる書類

(2)　請求人（申請人）が死亡した労働者の収入によつて生計を維持していた者であるときは、その事実を証明することができる書類

(3)　労働者の死亡の当時遺族補償年金を受けることができる遺族がない場合の遺族補償一時金の支給の請求又は遺族特別支給金若しくは遺族特別一時金の支給の申請であるときは、次の書類

イ　労働者の死亡に関して市町村長に提出した死亡診断書、死体検案書若しくは検視調書に記載してある事項についての市町村長の証明書又はこれに代わるべき書類

ロ　請求人（申請人）と死亡した労働者との身分関係を証明することができる戸籍の謄本又は抄本（(1)の書類を添付する場合を除く。）

(4)　遺族補償年金を受ける権利を有する者の権利が消滅し、他に遺族補償年金を受けることができる遺族がない場合の遺族補償一時金の支給の請求又は遺族特別一時金の支給の申請であるときは、(3)のロの書類（(1)の書類を添付する場合を除く。）

11　死亡労働者が特別加入者であつた場合には、④及び⑥の事項を証明することができる書類その他の資料を添えること。

12　「事業主の氏名」の欄及び「請求人（申請人）の氏名」の欄は、記名押印することに代えて、自筆による署名をすることができること。

| 社会保険<br>労務士<br>記載欄 | 作成年月日・提出代行者・事務代理者の表示 | 氏　　名 | 電話番号 |
|---|---|---|---|
| | | ㊞ | （　　）　－ |

【葬祭料請求書（業務災害用）】

様式第16号（表面）

業務災害用

労働者災害補償保険

葬　祭　料　請　求　書

| ① 労働保険番号 | | | | | ③請求人の | フリガナ 氏名 | 甲野　花子 |
|---|---|---|---|---|---|---|---|
| 府県 | 所掌 | 管轄 | 基幹番号 | 枝番号 | | 住所 | 杉並区山下町１－２－３ |
| 13 | 1 | 08 | 123456 | 000 | | 死亡労働者との関係 | 妻 |
| ② 年金証書の番号 | | | | | | | |
| 管轄局 | 種別 | 西暦年 | 番号 | | | | |

| ④死亡労働者の | | | ⑤ 負傷又は発病年月日 |
|---|---|---|---|
| フリガナ 氏名 | 甲野　一郎 | （男・女） ※男に○ | ● 年12月 1 日 午（前）後 11時 30分頃 |
| 生年月日 | ● 年 3月 21日（40歳） | | |
| 職種 | 現場監督 | | ⑦ 死亡年月日 |
| 所属事業場名称所在地 | | | ● 年12月 1 日 |

| ⑥ 災害の原因及び発生状況 （あ）どのような場所で（い）どのような作業をしているときに（う）どのような物又は環境に（え）どのような不安全な又は有害な状態があって（お）どのような災害が発生したかを簡明に記載すること | ⑧ 平均賃金 |
|---|---|
| ビル新築工事において型枠組立作業中、高さ15mの足場から地上に転落後頭部を強打し、死亡した。 | 9,478 円 26 銭 |

④の者については、⑤、⑥及び⑧に記載したとおりであることを証明します。

● 年　12月　8　日

電話（03）0000-0000

事業の名称　株式会社　東京工作所

〒171 － 0000

事業場の所在地　豊島区東豊島１－２－３

事業主の氏名　代表取締役　乙山二郎　㊞

（法人その他の団体であるときはその名称及び代表者の氏名）

| ⑨ 添付する書類その他の資料名 | 除籍謄本、死亡診断書、住民票 |
|---|---|

上記により葬祭料の支給を請求します。

● 年　9　月27　日

〒166 － 0000　電話（03）0000－0000

請求人の　住所　杉並区山下町１－２－３

池袋　労働基準監督署長　殿

氏名　甲野　花子　㊞

| 振込を希望する金融機関の名称 | | 預金の種類及び口座番号 |
|---|---|---|
| 東部　（銀行）・金庫 農協・漁協・信組 | 杉並　本店・本所 出張所 （支店）支所 | （普通）・当座　第2345678号 口座名義人　甲野　花子 |

**様式第16号**（裏面）

〔注意〕

1. 事項を選択する場合には該当する事項を○で囲むこと。
2. ②には、死亡労働者の傷病補償年金に係る年金証書の番号を記載すること。
3. ③の死亡労働者の所属事業場名称・所在地欄には、死亡労働者が直接所属していた事業場が一括適用の取扱いを受けている場合に、死亡労働者が直接所属していた支店、工事現場等を記載すること。
4. 平均賃金の算定基礎期間中に業務外の傷病の療養のため休業した期間が含まれている場合に、当該平均賃金に相当する額がその期間の日数及びその期間中の賃金とみなして算定した平均賃金に満たないときは、当該みなして算定した平均賃金に相当する額を⑧に記載すること。（様式第８号の別紙１に内訳を記載し添付すること。ただし、既に提出されている場合を除く。）
5. 死亡労働者に関し遺族補償給付が支給されていた場合又は死亡労働者が傷病補償年金を受けていた場合には、①、⑤及び⑥は記載する必要がないこと。事業主の証明は受ける必要がないこと。
6. 死亡労働者が特別加入者であった場合は、⑧にはその者の給付基礎日額を記載すること。
7. この請求書には、労働者の死亡に関して市町村長に提出した死亡診断書、死体検案書若しくは検視調書に記載してある事項についての市町村長の証明書又はこれに代わるべき書類を添えること。
8. 死亡労働者が特別加入者であった場合には、⑤及び⑥の事項を証明することができる書類を添付すること。
9. 遺族補償給付の支給の請求書が提出されている場合には、７及び８による書類の提出は必要でないこと。
10. 「事業主の氏名」の欄及び「請求人の氏名」の欄は、記名押印することに代えて、自筆による署名をすることができること。

| 社会保険労務士記載欄 | 作成年月日・提出代行者・事務代理者の表示 | 氏　　名 | 電 話 番 号 |
|---|---|---|---|
| | | ㊞ | (　　)　－ |

## 【介護補償給付・介護給付支給請求書】

様式第16号の2の2（表面）

労働者災害補償保険
介護補償給付・介護給付 支給請求書

標準字体 アカサタナハマヤラワ 0123456789 イキシチニヒミ リン ウクスツヌフムユル゛ エケセテネヘメ レ゜ オコソトノホモヨロー
○濁点、半濁点は一文字として書いてください。（例）カ゛ハ゜

帳票種別 ※35290　①管轄局署　②受付年月日　③特別コード　④介護料区分 1有 3無

（注意）
一、□□□で表示された枠（以下、「記入枠」という。）に記入する文字は、光学式文字読取装置（OCR）で直接読取りを行いますので、汚したり、穴をあけたり、必要以上に強く折り曲げたり、のりづけしたりしないでください。
二、記載すべき事項のない欄又は記入枠は空欄のままとし、事項を選択する場合には該当事項を○で囲んでください。（ただし、㉚欄については該当番号を記入枠に記入してください。）
三、記入枠の部分は、必ず黒のボールペンを使用し、様式の右上に記載された「標準字体」にならって、枠からはみださないように大きめのカタカナ及びアラビア数字で明瞭に記載してください。

（イ）⑤年金証書番号（管轄局・種別・西暦年・番号）

（ロ）受給している労災年金の種類　□障害（補償）年金 級　□傷病（補償）年金 級

（ハ）障害の部位及び状態並びに当該障害を有することに伴う日常生活の状態については別紙診断書のとおり。

（ニ）労働者の ⑥氏名（カタカナ）：姓と名の間は1文字あけて左ヅメで記入してください。 コウノ イチロウ
生年月日 ● 年 3 月21日
氏名 甲野 一郎　住所 杉並区山下町1－2－3

⑦（ホ）請求対象年月 7●●10　⑧（ヘ）費用を支出して介護を受けた日数　⑨（ト）介護に要する費用として支出した費用の額
介護に従事した者 ※ ⑩親族 ⑪友人・知人 ⑫看護師・家政婦又は看護補助者 ⑬施設職員

⑭（ホ）請求対象年月　⑮（ヘ）費用を支出して介護を受けた日数　⑯（ト）介護に要する費用として支出した費用の額
介護に従事した者 ※ ⑰親族 ⑱友人・知人 ⑲看護師・家政婦又は看護補助者 ⑳施設職員

㉑（ホ）請求対象年月　㉒（ヘ）費用を支出して介護を受けた日数　㉓（ト）介護に要する費用として支出した費用の額
介護に従事した者 ※ ㉔親族 ㉕友人・知人 ㉖看護師・家政婦又は看護補助者 ㉗施設職員

1～9月は右へ　1～9月は右へ　1～9日は右へ

右の欄及び㉚から㉝までの欄は、口座を新規に届け出る場合、又は、届け出た口座を変更する場合のみ記入してください。
（新規）・変更
振込を希望する金融機関の名称：東部 銀行（金庫・農協・漁協・信組） 杉並 本店・本所・出張所・支店（支所）
口座名義人：甲野 一郎
㉘ ※金融機関コード（金融機関・店舗）

（チ）㉚預（貯）金の種別 1（1:普通 3:当座）
㉛口座番号（左詰め。ゆうちょ銀行の場合は、記号（5桁）は左詰め、番号は右詰めで記入し、空欄には「0」を記入。） 1234567
㉙ ※郵便局コード

口座名義人（カタカナ）：姓と名の間は1文字あけて左ヅメで記入してください。
㉜ コウノ イチロウ
（続き）口座名義人（カタカナ）
㉝

（リ）介護を受けた場所等　（イ）住居　ロ 施設等（ただし、病院、診療所、介護老人保健施設、特別養護老人ホーム及び原子爆弾被爆者特別養護ホームは除く。）　所在地　名称　電話（ ）－

| （ヌ）介護に従事した者 氏名 | 生年月日 | 続柄 | 介護期間・日数 | 区分 |
|---|---|---|---|---|
| 甲野 花子 | ● 年 7 月 12 日 | 妻 | 10 月 1 日から 10 月 31 日まで 日間 | （イ）親族 ロ 友人・知人 ハ 看護師・家政婦又は看護補助者 ニ 施設職員 |
|  | 年 月 日 |  | 月 日から 月 日まで 日間 | イ 親族 ロ 友人・知人 ハ 看護師・家政婦又は看護補助者 ニ 施設職員 |
|  | 年 月 日 |  | 月 日から 月 日まで 日間 | イ 親族 ロ 友人・知人 ハ 看護師・家政婦又は看護補助者 ニ 施設職員 |

（ル）添付する書類　イ 診断書　ロ 介護に要した費用の額の証明書（ 通）

上記により（介護補償給付）・介護給付の支給を請求します。
● 年 11 月 10 日
〒 166－0000　電話（090）0000－0000
請求人の 住所 杉並区山下町1－2－3（ 方）
氏名 甲野 一郎 印
池袋 労働基準監督署長 殿

※印の欄は記入しないでください。（職員が記入します。）
◎裏面の注意事項を読んでから記入してください。
折り曲げる場合には（◀）の所を谷に折りさらに2つ折りにしてください。

［介護の事実に関する申立て］
私は、上記(リ)及び(ヌ)のとおり介護に従事したことを申し立てます。

| 住所 | 氏名 | 電話番号 |
|---|---|---|
| 杉並区山下町1－2－3 | 甲野 花子 印 | （090）9999－9999 |

様式第16号の2の2(裏面)

〔注意〕

1　初めて介護(補償)給付を請求する場合は、(ハ)の障害の部位及び状態並びに当該障害を有することに伴う日常生活の状態に関する医師又は歯科医師の診断書を添えること。

2　(イ)及び(ロ)について、障害(補償)給付支給請求書を同時に提出する場合にあっては、記入する必要はないこと。

3　障害(補償)年金又は傷病(補償)年金を現に受給している者は、(ロ)に当該受給している年金に☑を付すとともに、その等級を記入すること。

4　(ホ)の「請求対象年月」は、請求する月について必ず記入すること。
　その月に費用を支出して介護を受けた日がある場合には、(ヘ)及び(ト)に日数及び金額をすべて記入し当該支出した費用の額を証する書類を添えること。
　その月に費用を支出して介護を受けた日がない場合には、(ヘ)及び(ト)は記入する必要はないこと。

5　(ヌ)の「介護に従事した者」の欄には、介護期間((ホ)の「請求対象年月」に相当する期間)において介護に従事したすべての者について記入すること。

6　(ヌ)の「介護に従事した者」の欄の「氏名」、「生年月日」及び「続柄」の欄は、親族又は友人・知人による介護を受けた場合に記入すること。

7　「請求人の氏名」の欄は、記名押印することに代えて、自筆による署名をすることができること。

8　親族又は友人・知人による介護を受けた日がある月分の介護(補償)給付の支給を請求する場合には、[介護の事実に関する申立て]の欄に、介護に従事した者の記名押印又は自筆による署名が必要であること。

| 表面の記入枠を訂正したときの訂正印欄 | 削　　字<br>加　　字 | 印 |
|---|---|---|

| 社会保険労務士記載欄 | 作成年月日・提出代行者・事務代理者の表示 | 氏　　名 | 電話番号 |
|---|---|---|---|
| | | 印 | (　　)<br>− |

【療養給付たる療養の給付請求書（通勤災害用）】

様式第16号の3(表面)　労働者災害補償保険

通勤災害用

療養給付たる療養の給付請求書

裏面に記載してある注意事項をよく読んだ上で、記入してください。

| 標準字体 | 0123456789゛゜ー |
|---|---|
| | アイウエオカキクケコサシスセソタチツテトナニヌ |
| | ネノハヒフヘホマミムメモヤユヨラリルレロワン |

標準字体で記入してください。

※印の欄は記入しないでください。（職員が記入します。）

| | |
|---|---|
| 帳票種別 | ※34590 |
| ①管轄局署 | |
| ②業通別 | 3（1業 3通） |
| ③保留 | （1全レセ 3全給付） |
| ⑥処理区分 | |
| ④受付年月日 | ※ |
| ⑤労働保険番号（府県・所掌・管轄・基幹番号・枝番号） | 13108123456000 |
| ⑦支給・不支給決定年月日 | ※ |
| ⑧性別（1男 3女） | 1 |
| ⑨労働者の生年月日（1明治 3大正 5昭和 7平成） | 5●●0321 |
| ⑩負傷又は発病年月日 | 7●●0918 |
| ⑪再発年月日 | ※ |
| ⑫労働者のシメイ（カタカナ）：姓と名の間は1文字あけて記入してください。濁点・半濁点は1文字として記入してください。 | コウノ イチロウ |
| ⑬三者（1自 3労 5他） | ※ |
| ⑮特別加入者 | |
| 氏名 | 甲野　一郎（40歳） |
| ⑰第三者行為災害 | 該当する・該当しない（「該当する」に○） |
| ⑯郵便番号 | 166-0000 |
| 住所（フリガナ） | スギナミク　ヤマシタチョウ |
| 住所 | 杉並区山下町1－2－3 |
| ⑱健康保険日雇特例被保険者手帳の記号及び番号 | |
| 職種 | 事務職 |
| ⑲通勤災害に関する事項 | 裏面のとおり |
| ⑳指定病院等の名称 | 杉並東病院　電話（03）9999－9999 |
| ⑳指定病院等の所在地 | 杉並区東杉並1－2－3　〒167－0000 |
| ㉑傷病の部位及び状態 | 左足骨折 |

⑫の者については、⑩及び裏面の(ロ)、(ハ)、(ニ)、(ホ)、(ト)、(チ)、(リ)（通常の通勤の経路及び方法に限る。）及び(ヌ)に記載したとおりであることを証明します。

● 年 9 月 21 日

事業の名称　株式会社　東京工作所　電話（03）0000－0000

事業場の所在地　豊島区東豊島1－2－3　〒171－0000

事業主の氏名　代表取締役　乙山二郎　印

（法人その他の団体であるときはその名称及び代表者の氏名）

労働者の所属事業場の名称・所在地　電話（　　）　－

（注意）1　事業主は、裏面の(ロ)、(ハ)及び(リ)については、知り得なかった場合には証明する必要がないので、知り得なかった事項の符号を消してください。
2　労働者の所属事業場の名称・所在地については、労働者が直接所属する事業場が一括適用の取扱いを受けている場合に、労働者が直接所属する支店、工事現場等を記載してください。
3　派遣労働者について、療養給付のみの請求がなされる場合にあっては、派遣先事業主は、派遣元事業主が証明する事項の記載内容が事実と相違ない旨裏面に記載してください。

上記により療養給付たる療養の給付を請求します。

● 年 9 月 21 日

池袋　労働基準監督署長　殿

杉並東　病院（○）・診療所・薬局・訪問看護事業者　経由

請求人の
〒166－0000　電話（03）0000－0000
住所　杉並区山下町1－2－3　（　　方）
氏名　甲野　一郎　印

折り曲げる場合には（◀）の所を谷に折りさらに2つ折りにしてください。

| 支給・不支給決定決議書 | 署長 | 副署長 | 課長 | 係長 | 係 | 決定年月日 | ・　・ |
|---|---|---|---|---|---|---|---|
| | | | | | | 不支給の理由 | |
| 調査年月日 | ・　・ | ・　・ | ・　・ | | | | |
| 復命書番号 | 第　号 | 第　号 | 第　号 | | | | |

（この欄は記入しないでください。）

様式第16号の3 （裏面）　　通勤災害に関する事項

| | | |
|---|---|---|
| (イ) 災害時の通勤の種別（該当する記号を記入） | イ | イ．住居から就業の場所への移動　ロ．就業の場所から住居への移動　ハ．就業の場所から他の就業の場所への移動　ニ．イに先行する住居間の移動　ホ．ロに後続する住居間の移動 |
| (ロ) 負傷又は発病の年月日及び時刻 | ● 年 9 月 18 日 午 前・後 8 時 10 分頃 | |
| (ハ) 災害発生の場所 | 杉並区●●の交差点 | (ニ) 就業の場所（災害時の通勤の種別がハに該当する場合は移動の終点たる就業の場所） 豊島区東豊島1－2－3 |
| (ホ) 就業開始の予定年月日及び時刻（災害時の通勤の種別がイ、ハ又はニに該当する場合は記載すること） | ● 年 9 月 18 日 午 前・後 9 時 00 分頃 | |
| (ヘ) 住居を離れた年月日及び時刻（災害時の通勤の種別がイ、ニ又はホに該当する場合は記載すること） | ● 年 9 月 18 日 午 前・後 8 時 00 分頃 | |
| (ト) 就業終了の年月日及び時刻（災害時の通勤の種別がロ、ハ又はホに該当する場合は記載すること） | 年 月 日 午 前・後 時 分頃 | |
| (チ) 就業の場所を離れた年月日及び時刻（災害時の通勤の種別がロ又はハに該当する場合は記載すること） | 年 月 日 午 前・後 時 分頃 | |
| (リ) 災害時の通勤の種別に関する移動の通常の経路、方法及び所要時間並びに災害発生の日に住居又は就業の場所から災害発生の場所に至った経路、方法、所要時間その他の状況 | 〔通常の通勤所要時間　0 時間　40 分〕 | |
| (ヌ) 災害の原因及び発生状況 (あ)どのような場所を (い)どのような方法で移動している際に (う)どのような物で又はどのような状況において (え)どのようにして災害が発生したか (お)⑩と初診日が異なる場合はその理由を簡明に記載すること | 出勤のため、JR線山下駅へ向かう途中の交差点で青信号で横断していたところ右後方から左折してきた加害者が運転する車にぶつけられた。 | |
| (ル) 現認者の 住所 | | |
| (ル) 現認者の 氏名 | 丙川　三郎（事務職） | 電話（　　）　－ |
| (ヲ) 転任の事実の有無（災害時の通勤の種別がニ又はホに該当する場合） | 有 ・ 無 | (ワ) 転任直前の住居に係る住所 |

［項目記入にあたっての注意事項］

1　記入すべき事項のない欄又は記入枠は空欄のままとし、事項を選択する場合には当該事項を○で囲んでください。（ただし、⑧欄並びに⑨及び⑩欄の元号については該当番号を記入枠に記入してください。）

2　傷病年金の受給権者が当該傷病にかかる療養の給付を請求する場合には、⑤労働保険番号欄に左詰で年金証書番号を記入してください。また、⑨及び⑩は記入しないでください。

3　⑱は、請求人が健康保険の日雇特例被保険者でない場合には記載する必要はありません。

4　（ホ）は、災害時の通勤の種別がハの場合には、移動の終点たる就業の場所における就業開始の予定時刻を、ニの場合には、後続するイの移動の終点たる就業の場所における就業開始の予定の年月日及び時刻を記載してください。

5　（ト）は、災害時の通勤の種別がハの場合には、移動の起点たる就業の場所における就業終了の年月日及び時刻を、ホの場合には、先行するロの移動の起点たる就業の場所における就業終了の年月日及び時刻を記載してください。

6　（チ）は、災害時の通勤の種別がハの場合には、移動の起点たる就業の場所を離れた年月日及び時刻を記載してください。

7　（リ）は、通常の通勤の経路を図示し、災害発生の場所及び災害発生の日に住居又は就業の場所から災害発生の場所に至った経路を朱線等を用いてわかりやすく記載するとともに、その他の事項についてもできるだけ詳細に記載してください。

8　「事業者の氏名」の欄及び「請求人の氏名」の欄は、記名押印することに代えて、自筆による署名をすることができます。

［標準字体記入にあたっての注意事項］

□□□で表示された記入枠に記入する文字は、光学式文字読取装置（OCR）で直接読取りを行いますので、以下の注意事項に従って、表面の右上に示す標準字体で記入してください。

1　筆記用具は黒ボールペンを使用し、記入枠からはみださないように書いてください。

2　「促音」「よう音」などは大きく書き、濁点、半濁点は１文字として書いてください。

（例）キッテ → キ ツ テ　キョ → キ ヨ　バ → ハ ゛

3　シ ツ ソ ン は斜の弧を書きはじめるとき、小さくカギをつけてください。

4　1 はカギをつけないで垂直に、4 の２本の縦線は上で閉じないで書いてください。

| | |
|---|---|
| 派遣先事業主証明欄 | 派遣元事業主が証明する事項（表面の⑩並びに(ロ)、(ハ)、(ニ)、(ホ)、(ト)、(チ)、(リ)（通常の通勤の経路及び方法に限る。）及び(ヲ)）の記載内容について事実と相違ないことを証明します。<br>年　月　日　事業の名称　電話（　　）　－<br>〒　－<br>事業場の所在地<br>事業主の氏名　印<br>（法人その他の団体であるときはその名称及び代表者の氏名） |

| 表面の記入枠を訂正したときの訂正印欄 | 削字 加字 印 | 社会保険労務士記載欄 | 作成年月日・提出代行者・事務代理者の表示 | 氏名 | 電話番号 |
|---|---|---|---|---|---|
| | | | | 印 | （　　）　－ |

## 【療養給付たる療養の費用請求書（通勤災害用）】

様式第１６号の５（1）（表面）労働者災害補償保険
通勤災害用
療養給付たる療養の費用請求書　第　回（同一傷病分）

標準字体　0 1 2 3 4 5 6 7 8 9 ゛ ゜ ー
アイウエオカキクケコサシスセソタチツテトナニヌネノハヒフヘホマミムメモヤユヨラリルレロワン

※帳票種別　34260　①管轄局署　②業通別　3（1業　3通）　⑧受付年月日　⑩三者コード　⑪委任未支給　⑫特別加入者　⑬審査コード

③労働保険番号　13108123456000　④年金証書の番号

⑤労働者の性別　1（1男　3女）　⑥労働者の生年月日　5●●0321　⑦負傷又は発病年月日　7●●0918

⑨労働者の
シメイ（カタカナ）：コウノ　イチロウ
氏名　甲野　一郎（40歳）　職種　事務職
住所　㉖郵便番号　166-0000　杉並区山下町1－2－3

⑭金融機関コード　⑮郵便局コード

新規・変更
振込を希望する金融機関の名称　東部　銀行　杉並　支店
口座名義人　甲野一郎
⑯預金の種類　1（1普通　3当座）
⑰口座番号　1234567
⑱メイギニン（カタカナ）　コウノ　イチロウ

⑨の者については、⑦並びに裏面の（ワ）（通常の通勤の経路及び方法に限る。）、（カ）、（ヨ）、（タ）、（レ）、（ツ）、（ネ）及び（ム）に記載したとおりであることを証明します。

●年10月4日
事業の名称　株式会社　東京工作所　電話（03）0000-0000
事業場の所在地　豊島区東豊島1－2－3　〒171－0000
事業主の氏名　代表取締役　乙山二郎　印
（法人その他の団体であるときはその名称及び代表者の氏名）

（注意）1　事業主は裏面の（ワ）、（カ）及び（ヨ）については、知り得なかった場合には証明する必要がないので、知り得なかった事項の符号を消してください。
2　派遣労働者について、療養給付のみの請求がなされる場合にあっては、派遣先事業主は、派遣元事業主が証明する事項の記載内容が事実と相違ない旨裏面に記載してください。

医師又は歯科医師等の証明
療養の内容　（イ）期間　●年9月18日から　●年9月30日まで　13日間　診療実日数　10日
（ロ）傷病の部位及び傷病名　左足骨折
（ハ）傷病の経過の概要　患部腫脹　歩行困難　ギプス固定、経過良好
年　月　日　治癒（症状固定）・継続中・転医・中止・死亡
⑨の者については、（イ）から（ニ）までに記載したとおりであることを証明します。
●年9月30日　〒167－0000
病院又は診療所の　所在地　杉並区東杉並1－2－3
名称　杉並東病院　電話（　）－
診療担当者氏名　丁山　四郎　印
（ニ）療養の内訳及び金額（内訳裏面のとおり。）　90000円
（ホ）看護料　年　月　日から　年　月　日まで　日間（看護師の資格の有・無）
（ヘ）移送費　から　まで　片道・往復　キロメートル　回
（ト）上記以外の療養費（内訳別紙請求書又は領収書　枚のとおり。）
（チ）療養の給付を受けなかった理由　最寄の労災病院がなかったため
⑳療養に要した費用の額（合計）　90000円

※㉑費用の種別（1診療　2看護　3移送　4装具　5診断書）　㉒療養期間の初日　から　㉓療養期間の末日　まで　㉔診療実日数　日　㉕転帰事由（1治癒（症状固定）　3継続　5転医　7中止　9死亡）

上記により療養給付たる療養の費用の支給を請求します。

●年10月4日
〒166－0000　電話（090）0000-0000
請求人の　住所　杉並区山下町1－2－3（　方）
氏名　甲野　一郎　印

池袋　労働基準監督署長　殿

（注意）
一、記入枠の部分は、必ず黒のボールペンを使用し、様式右上に記載された「標準字体」にならって、枠からはみださないように大きめのカタカナ及びアラビア数字で明瞭に記載してください。
二、記載すべき事項のない欄又は記入枠は、空欄のままとし、事項を選択する場合には該当事項を○で囲んでください。（ただし、⑤及び⑯欄並びに⑥及び⑦欄の元号については該当番号を記入枠に記入してください。）
三、□□□で表示された枠（以下、記入枠という。）に記入する文字は、光学式文字読取装置（OCR）で直接読取を行うので、汚したり、穴をあけたり、必要以上に強く折り曲げたり、のりづけしたりしないでください。

※印の欄は記入しないでください。（職員が記入します。）
◎裏面の注意事項を読んでから記入してください。
折り曲げる場合には（◀）の所を谷に折りさらに2つ折りにしてください。

様式第16号の5（1）（裏面）

| | | |
|---|---|---|
| (リ) 災害時の通勤の種別（該当する記号を記入） | イ | イ．住居から就業の場所への移動　ロ．就業の場所から住居への移動　ハ．就業の場所から他の就業の場所への移動　ニ．イに先行する住居間の移動　ホ．ロに後続する住居間の移動 |
| (ヌ) 労働者の所属事業場の名称・所在地 | 株式会社 東京工作所<br>豊島区東豊島1－2－3 | (ル) 現認者の　住所<br>氏名　丙川 三郎（事務職）　電話（　　　）　－ |

(ヲ) 災害の原因及び発生状況　(あ)どのような場所を(い)どのような方法で移動している際に(う)どのような物で又はどのような状況において(え)どのようにして災害が発生したか(お)⑦と初診日が異なる場合はその理由を簡明に記載すること

出勤のため、JR線山下駅へ向かう途中の交差点で青信号で横断していたところ
右後方から左折してきた加害者が運転する車にぶつけられた。

| | | |
|---|---|---|
| (カ) 負傷又は発病の年月日及び時刻 | ●年 9月18日　午（前）後　8時 10分頃 | (ワ) 災害時の通勤の種別に関する移動の通常の経路、方法及び所要時間並びに災害発生の日に住居又は就業の場所から災害発生の場所に至った経路、方法、時間、その他の状況 |
| (ヨ) 災害発生の場所 | | |
| (タ) 就業の場所（災害時の通勤の種別がハに該当する場合は移動の終点たる就業の場所） | | |
| (レ) 就業開始の予定年月日及び時刻（災害時の通勤の種別がイ、ハ又はニに該当する場合は記載すること） | ●年 9月18日　午（前）後　9時 00分頃 | |
| (ソ) 住居を離れた年月日及び時刻（災害時の通勤の種別がイ、ニ又はホに該当する場合は記載すること） | ●年 9月18日　午（前）後　8時 00分頃 | |
| (ツ) 就業終了の年月日及び時刻（災害時の通勤の種別がロ、ハ又はホに該当する場合は記載すること） | 年　月　日　午前後　時　分頃 | |
| (ネ) 就業の場所を離れた年月日及び時刻（災害時の通勤の種別がロ又はハに該当する場合は記載すること） | 年　月　日　午前後　時　分頃 | |
| (ナ) 第三者行為災害 | 該当する・該当しない | |
| (ラ) 健康保険日雇特例被保険者手帳の記号及び番号 | | （通常の移動の所要時間　0 時間 40 分） |
| (ム) 転任の事実の有無（災害時の通勤の種別がニ又はホに該当する場合） | 有・無 | (ウ) 転任直前の住居に係る住所 |

## 療養の内訳及び金額

| 診療内容 | | 点数（点） | 診療内容 | 金額 | 摘要 |
|---|---|---|---|---|---|
| 初診 | 時間外・休日・深夜 | | 初診 | 円 | |
| 再診 | 外来診療料　×　回<br>継続管理加算　×　回<br>外来管理加算　×　回<br>時間外　×　回<br>休日　×　回<br>深夜　×　回 | | 再診　回<br>指導　回<br>その他 | 円<br>円<br>円 | |
| 指導 | | | 食事（基準　　）<br>円×　日間<br>円×　日間<br>円×　日間 | 円<br>円<br>円 | |
| 在宅 | 往診　回<br>夜間　回<br>緊急・深夜　回<br>在宅患者訪問診療　回<br>その他<br>薬剤　回 | | 小計　② | 円 | |
| 投薬 | 内服　薬剤　単位<br>調剤　×　回<br>屯服　薬剤　単位<br>外用　薬剤　単位<br>調剤　×　回<br>処方　×　回<br>麻毒　回<br>調基 | | 摘要 | | |
| 注射 | 皮下筋肉内　回<br>静脈内　回<br>その他　回 | | | | |
| 処置 | 回<br>薬剤 | | | | |
| 手術<br>麻酔 | 回<br>薬剤 | | | | |
| 検査 | 回<br>薬剤 | | | | |
| 画像診断 | 回<br>薬剤 | | | | |
| その他 | 処方せん　回<br>薬剤 | | | | |
| 入院 | 入院年月日　年　月　日<br>病・診・衣　入院基本料・加算<br>×　日間<br>×　日間<br>×　日間<br>×　日間<br>×　日間<br>特定入院料・その他 | | 合計金額<br>①＋② | 円 | |
| 小計 | 点　①　円 | | | | |

（注意）

一、共通の注意事項
(一) 事項を選択する場合には、該当する事項を○で囲むこと。
(二) (ホ)、(ヘ)及び(ト)については、その費用についての明細書及び看護移送等をした者の請求書又は領収書を添えること。
(三) (イ)の期間には、最終の投薬の期間をも算入すること。
(四) (ヌ)は、労働者の直接所属する事業場が一括適用の取扱いを受けている場合に、労働者が直接所属する支店、工事現場等を記載すること。
(五) (ラ)は、請求人が健康保険の日雇特例被保険者でない場合には、記載する必要がないこと。

二、傷病年金の受給権者が当該傷病に係る療養の費用を請求する場合以外の場合の注意事項
(一) ④は記載する必要がないこと。
(二) 第二回以後の請求の場合には、(ル)から(ネ)まで、並びに(ム)及び(ウ)については記載する必要がなく、また事業主の証明は受ける必要がないこと。

三、傷病年金の受給権者が当該傷病に係る療養の費用を請求する場合の注意事項
(一) ③、⑥、⑦及び(ル)から(ウ)までは記載する必要がないこと。
(二) 事業主の証明は受ける必要がないこと。

四、「事業主の氏名」の欄、「病院又は診療所の診療担当者氏名」の欄及び「請求人の氏名」の欄は、記名押印することに代えて、自筆による署名をすることができること。

| | |
|---|---|
| 派遣先事業主証明欄 | 派遣元事業主が証明する事項（表面の⑦並びに(ワ)（通常の通勤の経路及び方法に限る。）、(カ)、(ヨ)、(タ)、(レ)、(ツ)、(ネ)及び(ム)）の記載内容について事実と相違ないことを証明します<br>年　月　日　事業の名称　電話（　　）　－<br>〒　－<br>事業場の所在地<br>事業主の氏名　印<br>（法人その他の団体であるときはその名称及び代表者の氏名） |

| 表面の記入枠を訂正したときの訂正印欄 | 削　字<br>加　字　印 | 社会保険労務士記載欄 | 作成年月日・提出代行者・事務代理者の表示 | 氏名<br>印 | 電話番号<br>（　　）　－ |
|---|---|---|---|---|---|

## 【療養給付たる療養の給付を受ける指定病院等（変更）届】

様式第16号の4（表面）

労働者災害補償保険

### 療養給付たる療養の給付を受ける指定病院等（変更）届

池袋　労働基準監督署長　殿　　　　● 年 10月 18日

〔杉並東　（病院）・診療所・薬局・訪問看護事業者　経由〕

〒 166－0000

電話（090）0000－0000

届出人の　住所　杉並区山下町1－2－3　方

氏名　甲野　一郎　㊞

下記により療養給付たる療養の給付を受ける指定病院等を（変更するので）届けます。

| ① 労働保険番号 | | | | | ③労働者の | | ④負傷又は発病年月日 |
|---|---|---|---|---|---|---|---|
| 府県 | 所掌 | 管轄 | 基幹番号 | 枝番号 | 氏名 | 甲野　一郎　（男）・女 | ● 年 9 月 18 日 |
| 13 | 1 | 08 | 123456 | 000 | 生年月日 | ● 年 3 月 21 日（40 歳） | |
| ② 年金証書の番号 | | | | | 住所 | 杉並区山下町1－2－3 | 午（前）・後 8 時 10 分頃 |
| 管轄局 | 種別 | 西暦年 | 番号 | | 職種 | 事務職 | |
| | | | | | | | |

⑤ 災害の原因及び発生状況　(あ)どのような場所を(い)どのような方法で移動している際に(う)どのような物で又はどのような状況において(え)どのようにして災害が発生したかを簡明に記載すること

③の者については、④に記載したとおりであることを証明します。

● 年 10 月 18 日

事業の名称　株式会社　東京工作所

〒 171－0000　電話（03）0000－0000

事業場の所在地　豊島区東豊島1－2－3

事業主の氏名　代表取締役　乙山二郎　㊞

（法人その他の団体であるときはその名称及び代表者の氏名）

〔注意〕　事業主は、④について知り得なかった場合には、証明する必要がないこと。

| ⑥指定病院等の変更 | | | |
|---|---|---|---|
| 変更前の | 名称 | 杉並東病院 | （労災指定医番号） |
| | 所在地 | 杉並区東杉並1－2－3 | 〒 167－0000 |
| 変更後の | 名称 | 豊島東病院 | |
| | 所在地 | 豊島区東豊島2－3－4 | 〒 171－9999 |
| 変更理由 | | 病院の診察時間が間に合わないため、会社から近い豊島東病院において通院治療を受けるため | |
| ⑦ 傷病年金の支給を受けることとなった後に療養の給付を受けようとする指定病院等の | 名称 | | |
| | 所在地 | | 〒　－ |
| ⑧ 傷病名 | | 左足骨折 | |

**様式第16号の4（裏面）**

〔注意〕

1　記入すべき事項のない欄又は記入枠は空欄のままとし、事項を選択する場合には該当事項を○で囲むこと。

2　傷病年金の受給権者が当該傷病に係る療養に関しこの届書を提出するときは

⑴　①、④及び⑤は記載する必要がないこと。

⑵　事業主の証明を受ける必要がないこと。

3　傷病年金の受給権者が当該傷病に係る療養に関しこの届書を提出する場合以外の場合で、その提出が離職後であるときには事業主の証明は受ける必要がないこと。

4　「届出人の氏名」の欄及び「事業主の氏名」の欄は、記名押印することに代えて、自筆による署名をすることができること。

| 社会保険<br>労務士<br>記載欄 | 作成年月日・提出代行者・事務代理者の表示 | 氏　　　名 | 電　話　番　号 |
|---|---|---|---|
| | | ㊞ | (　　　)<br>－ |

## 【休業給付支給請求書、休業特別支給金支給申請書（通勤災害用）】

様式第16号の6（表面）

通勤災害用

労働者災害補償保険
休業給付支給請求書
休業特別支給金支給申請書　第　回（同一傷病分）

| 標準字体 | 0 1 2 3 4 5 6 7 8 9 ゛ ゜ ー |
|---|---|
| | アイウエオカキクケコサシスセソタチツテトナニヌ |
| | ネノハヒフヘホマミムメモヤユヨラリルレロワン |

帳票種別 ※ 34360　①管轄局署　③新継再別（1新 5継 7再）　④受付年月日（元号 年 月 日）　⑧業通別 3（1業 3通）　⑨三者コード（1自 3労 5他）　⑩日雇コード（1日）　⑪特別加入者

⑰平均賃金（十万 万 千 百 十 円 . 十 銭）※　⑱特別給与の額（千万 百万 十万 万 千 百 十 円）　⑬日数査定（1療 2賃 3待 4離 5他）　⑭特支コード（1特）　⑮委任未支給（1委 3未）　⑯特別コード（1特）

② 労働保険番号（府県 所掌 管轄 基幹番号 枝番号）：13108123456000

⑤労働者の性別（1男 3女）：1

⑥労働者の生年月日（1明 3大 5昭 7平）：5 ●● 0321

⑦負傷又は発病年月日：7 ●● 0918

⑫ 労働者の

シメイ（カタカナ）：姓と名の間は1文字あけて記入してください。濁点・半濁点は1文字として記入してください。
コウノ イチロウ

氏名　甲野 一郎（40歳）

住所　㉗郵便番号 166-0000　杉並区山下町1－2－3

⑲ 療養のため労働できなかった期間：7 ●● 0918 から 7 ●● 0930 まで 13日間のうち

⑳賃金を受けなかった日の日数（内訳別紙2のとおり。）：13日

下の欄及び㉓、㉔、㉕、㉖欄は、口座を新規に届け出る場合、又は、届け出た口座を変更する場合のみ記入してください。
（新規）・変更

㉓預金の種類（1普通 3当座）：1

㉔口座番号（左詰め。ゆうちょ銀行の場合は、記号（5桁）は左詰め、番号は右詰めで記入し、空欄には「0」を記入。）：1234567

振込を希望する金融機関の名称：東部（銀行）・金庫・農協・漁協・信組　杉並　本店・本所・出張所・（支店）・支所

㉕ メイギニン（カタカナ）：姓と名の間は1文字あけて記入してください。濁点・半濁点は1文字として記入してください。
コウノ イチロウ

㉖（つづき）メイギニン（カタカナ）

口座名義人　甲野 一郎

㉑ ※金融機関コード（金融機関 店舗）　㉒ ※郵便局コード

⑫の者については、⑦、⑲、⑳、㉜から㉞まで、㊱、㊲、㊳、㊵、㊶、㊷（通常の通勤の経路及び方法に限る。）、㊼、㊾、㊿（㊿の(ハ)を除く。）及び別紙2に記載したとおりであることを証明します。

● 年10月5日

事業の名称　株式会社 東京工作所　電話（　）　－
事業場の所在地　豊島区東豊島1－2－3　〒171－0000
事業主の氏名　代表取締役 乙山二郎　印
（法人その他の団体であるときはその名称及び代表者の氏名）
労働者の直接所属事業場名称所在地　電話（　）　－

（注意）
1. ㊿の(イ)及び(ロ)については、⑫の者が厚生年金保険の被保険者である場合に限り証明してください。
2. 労働者の直接所属事業場名称所在地については、当該事業場が一括適用の取扱いを受けている場合に、労働者が直接所属する支店、工事現場等を記載してください。

診療担当者の証明

| | |
|---|---|
| ㉘傷病の部位及び傷病名 | 左足骨折 |
| ㉙療養の期間 | ● 年 9 月 18 日から ● 年 9 月 30 日まで 13 日間 診療実日数 10 日 |
| 傷病の経過 | ㉚療養の現況 ● 年 9 月 30 日　治癒（症状固定）・死亡・転医・中止・（継続中） |
| | ㉛療養のため労働することができなかったと認められる期間 ● 年 9 月 18 日から ● 年 9 月 30 日まで 13 日間のうち 10 日 |

⑫の者については、㉘から㉛までに記載したとおりであることを証明します。

● 年 10月 1日

〒167－0000　電話（　）　－

病院又は診療所の　所在地　杉並東病院
名称　杉並区東杉並1－2－3
診療担当者氏名　丁山 四郎　印

上記により休業給付の支給を請求／休業特別支給金の支給を申請します。

● 年10月25日

〒166－0000　電話（090）0000－0000

請求人の／申請人の　住所　杉並区山下町1－2－3（　方）
氏名　甲野 一郎　印

池袋労働基準監督署長 殿

（注意）
一、□□□で表示された枠（以下、記入枠という。）に記入する文字は、光学式文字読取装置（OCR）で直接読取りを行うので、汚したり、穴をあけたり、必要以上に強く折り曲げたり、のりづけしたりしないでください。
二、記載すべき事項のない欄又は記入枠は、空欄のままとし、事項を選択する場合には該当事項を○で囲んでください。（ただし、⑤及び㉓欄並びに⑥、⑦及び⑲欄の元号については該当番号を記入枠に記入してください。）
三、記入枠の部分は、必ず黒のボールペンを使用し、様式右上に記載された「標準字体」にならって、枠からはみださないように大きめのカタカナ及びアラビア数字で明瞭に記載してください。

※印の欄は記入しないでください。（職員が記入します。）
◎裏面の注意事項を読んでから記入してください。
折り曲げる場合には（◀）の所を谷に折りさらに2つ折りにしてください。

様式第16号の6（裏面）

| ㉜ 労働者の職種 | ㉝ 負傷又は発病の年月日及び時刻 | ㉞ 平均賃金（算定内訳別紙1のとおり） |
|---|---|---|
| 事務職 | ●年 9月 18日 午（前）後 8時 10分頃 | 9,478 円 26 銭 |

| | |
|---|---|
| ㉟ 災害時の通勤の種別（該当する記号を記入） | （イ）住居から就業の場所への移動　ロ．就業の場所から住居への移動　ハ．就業の場所から他の就業の場所への移動　ニ．イに先行する住居間の移動　ホ．ロに後続する住居間の移動 |
| ㊱ 災害発生の場所 | 杉並区●●の交差点 |
| ㊲ 就業の場所（災害時の通勤の種別がハに該当する場合は移動の終点たる就業の場所） | 豊島区東豊島1－2－3 |
| ㊳ 就業開始の予定年月日及び時刻（災害時の通勤の種別がイ、ハ又はニに該当する場合は記載すること） | ● 年 9 月 18 日 午前後 9 時 00 分頃 |
| ㊴ 住居を離れた年月日及び時刻（災害時の通勤の種別がイ、ニ又はホに該当する場合は記載すること） | ● 年 9 月 18 日 午前後 8 時 00 分頃 |
| ㊵ 就業終了の年月日及び時刻（災害時の通勤の種別がロ、ハ又はホに該当する場合は記載すること） | 年 月 日 午前後 時 分頃 |
| ㊶ 就業場所を離れた年月日及び時刻（災害時の通勤の種別がロ又はハに該当する場合は記載すること） | 年 月 日 午前後 時 分頃 |
| ㊷ 災害時に通勤の種別に関する移動の通常の経路、方法及び所要時間並びに災害発生の日に住居又は就業の場所から災害発生の場所に至った経路、方法、所要時間その他状況 | 〔通常の通勤所要時間 0 時間 40 分〕 |
| ㊸ 災害の原因及び発生状況<br>（あ）どのような場所を<br>（い）どのような方法で移動している際に<br>（う）どのような物で又はどのような状況において<br>（え）どのようにして災害が発生したか<br>（お）⑦と初診日が異なる場合はその理由を簡明に記載すること | 出勤のため、JR線山下駅へ向かう途中の交差点で青信号で横断していたところ、右後方から左折してきた加害者が運転する車にぶつけられた。 |
| ㊹ 現認者の | 住所　　電話（　）　－<br>氏名　丙川　三郎（事務職） |
| ㊺ 第三者行為災害 | （該当する）・該当しない |
| ㊻ 健康保険日雇特例被保険者手帳の記号及び番号 | |
| ㊼ 転任の事実の有無（災害時の通勤の種別がニ又はホに該当する場合） | 有・無　㊽ 転任直前の住居に係る住所 |
| ㊾ 休業給付額・休業特別支給金額の改定比率 | （平均給与額証明書のとおり） |

| ㊿ 厚生年金保険等の受給関係 | | | |
|---|---|---|---|
| （イ）基礎年金番号 | | （ロ）被保険者資格の取得年月日 | 年 月 日 |
| （ハ）当該傷病に関して支給される年金の種類等 | 年金の種類 | 厚生年金保険法の | イ 障害年金　ロ 障害厚生年金 |
| | | 国民年金法の | ハ 障害年金　ニ 障害基礎年金 |
| | | 船員保険法の | ホ 障害年金 |
| | 障害等級 | | 級 |
| | 支給される年金の額 | | 円 |
| | 支給されることとなった年月日 | | 年 月 日 |
| | 基礎年金番号及び厚生年金等の年金証書の年金コード | | |
| | 所轄年金事務所等 | | |

| 表面の記入枠を訂正したときの訂正印欄 | 削　字<br>加　字 | 印 |
|---|---|---|

| 社会保険労務士記載欄 | 作成年月日・提出代行者・事務代理者の表示 | 氏名 | 電話番号 |
|---|---|---|---|
| | | 印 | （　）　－ |

〔注　意〕

一、所定労働時間後に負傷した場合には、⑲及び⑳欄については、当該負傷した日を除いて記載してください。

二、別紙1①欄には、平均賃金の算定基礎期間中に業務外の傷病の療養等のために休業した期間があり、その期間及びその期間中に受けた賃金の額を算定基礎から控除して算定した平均賃金に相当する額が平均賃金の額をこえる場合に記載し、控除する期間及び賃金の内訳を別紙1②欄に記載してください。この場合は、㉞欄に、この算定方法による平均賃金に相当する額を記載してください。

三、別紙2は、⑳欄の「賃金を受けなかった日」のうち通勤による負傷又は疾病による療養のため所定労働時間のうちその一部分についてのみ労働した日（別紙2において「一部休業日」という。）が含まれる場合に限り添付してください。

四、請求人（申請人）が特別加入者であるときは、
(一)、㉞欄には、その者の給付基礎日額を記載してください。
(二)、⑦、⑲、⑳、㉝、㉟から㊸欄までの事項を証明することができる書類その他の資料を添付してください。
(三)、事業主の証明は受ける必要はありません。

五、第二回目以降の請求（申請）の場合には、
(一)、⑲、⑳、㉙及び㉛欄については、前回の請求又は申請後の分について記載してください。
(二)、㉜欄から㊺欄まで、並びに㊼欄及び㊽欄は記載する必要はありません。
(三)、別紙1（平均賃金算定内訳）は付する必要はありません。
(四)、その請求（申請）が離職後である場合（療養のために労働できなかった期間の全部又は一部が離職前にある場合を除く。）には、事業主の証明は受ける必要はありません。

六、㊻は、請求人（申請人）が健康保険の日雇特例被保険者でない場合には記載する必要はありません。

七、休業特別支給金の支給の申請のみを行う場合には、㊿欄は記載する必要はありません。

八、「事業主の氏名」の欄、「病院又は診療所の診療担当者氏名」の欄及び「請求人（申請人）」の欄は、記名押印することに代えて、自筆による署名をすることができます。

様式第１６号の６（別紙1）（表面）

| 労働保険番号 | | | | | 氏名 | 災害発生年月日 |
|---|---|---|---|---|---|---|
| 府県 | 所掌 | 管轄 | 基幹番号 | 枝番号 | | 年　月　日 |

# 平均賃金算定内訳

（労働基準法第12条参照のこと。）

| 雇入年月日 | 年　月　日 | 常用・日雇の別 | 常用・日雇 |
|---|---|---|---|
| 賃金支給方法 | 月給・週給・日給・時間給・出来高払制・その他請負制 | 賃金締切日 | 毎月　日 |

| | | | | | | |
|---|---|---|---|---|---|---|
| A 月・週その他一定の期間によって支払ったもの | 賃金計算期間 | | 月　日から<br>月　日まで | 月　日から<br>月　日まで | 月　日から<br>月　日まで | 計 |
| | 総日数 | | 日 | 日 | 日 | (イ)　日 |
| | 賃金 | 基本賃金 | 円 | 円 | 円 | 円 |
| | | 手当 | | | | |
| | | 手当 | | | | |
| | | | | | | |
| | | | | | | |
| | | 計 | 円 | 円 | 円 | (ロ)　円 |
| B 日若しくは時間又は出来高払制その他の請負制によって支払ったもの | 賃金計算期間 | | 月　日から<br>月　日まで | 月　日から<br>月　日まで | 月　日から<br>月　日まで | 計 |
| | 総日数 | | 日 | 日 | 日 | (イ)　日 |
| | 労働日数 | | 日 | 日 | 日 | (ハ)　日 |
| | 賃金 | 基本賃金 | 円 | 円 | 円 | 円 |
| | | 手当 | | | | |
| | | 手当 | | | | |
| | | | | | | |
| | | | | | | |
| | | 計 | 円 | 円 | 円 | (ニ)　円 |
| 総計 | | | 円 | 円 | 円 | (ホ)　円 |
| 平均賃金 | 賃金総額(ホ)　円÷総日数(イ)　＝　円　銭 | | | | | |

最低保障平均賃金の計算方法

Aの(ロ)　円÷総日数(イ)　＝　円　銭(ヘ)

Bの(ニ)　円÷労働日数(ハ)　$\times \frac{60}{100}$ ＝　円　銭(ト)

(ヘ)　円　銭＋(ト)　円　銭　＝　円　銭（最低保障平均賃金）

| | | | | | |
|---|---|---|---|---|---|
| 日日雇い入れられる者の平均賃金（昭和38年労働省告示第52号による。） | 第1号又は第2号の場合 | 賃金計算期間<br>月　日から<br>月　日まで | (い)労働日数又は労働総日数<br>日 | (ろ)賃金総額<br>円 | 平均賃金$\left((ろ)\div(い)\times\frac{73}{100}\right)$<br>円　銭 |
| | 第3号の場合 | 都道府県労働局長が定める金額　円 | | | |
| | 第4号の場合 | 従事する事業又は職業 | | | |
| | | 都道府県労働局長が定めた金額　円 | | | |
| 漁業及び林業労働者の平均賃金（昭和24年労働省告示第5号第2条による。） | 平均賃金協定額の承認年月日 | 年　月　日 | 職種 | 平均賃金協定額 | 円 |

① 賃金計算期間のうち業務外の傷病の療養等のため休業した期間の日数及びその期間中の賃金を業務上の傷病の療養のため休業した期間の日数及びその期間中の賃金とみなして算定した平均賃金

（賃金の総額(ホ)－休業した期間にかかる②の(リ)）÷（総日数(イ)－休業した期間②の(チ)）

（　円－　円）÷（　日－　日）＝　円　銭

様式第１６号の６（別紙1）（裏面）

② 業務外の傷病の療養等のため休業した期間
及びその期間中の賃金の内訳

| 賃金計算期間 | | 月　日から<br>月　日まで | 月　日から<br>月　日まで | 月　日から<br>月　日まで | 計 |
|---|---|---|---|---|---|
| 業務外の傷病の療養等のため休業した期間の日数 | | 日 | 日 | 日 | (チ)　日 |
| 業務外の傷病の療養等のため休業した期間中の賃金 | 基本賃金 | 円 | 円 | 円 | 円 |
| | 手当 | | | | |
| | 手当 | | | | |
| | | | | | |
| | | | | | |
| | | | | | |
| | 計 | 円 | 円 | 円 | (リ)　円 |
| 休業の事由 | | | | | |

| ③特別給与の額 | 支払年月日 | 支払額 |
|---|---|---|
| | 年　月　日 | 円 |
| | 年　月　日 | 円 |
| | 年　月　日 | 円 |
| | 年　月　日 | 円 |
| | 年　月　日 | 円 |
| | 年　月　日 | 円 |
| | 年　月　日 | 円 |

[注　意]

③欄には、負傷又は発病の日以前２年間（雇入後２年に満たない者については、雇入後の期間）に支払われた労働基準法第12条第４項の３箇月を超える期間ごとに支払われる賃金（特別給与）について記載してください。

ただし、特別給与の支払時期の臨時的変更等の理由により負傷又は発病の日以前１年間に支払われた特別給与の総額を特別支給金の算定基礎とすることが適当でないと認められる場合以外は、負傷又は発病の日以前１年間に支払われた特別給与の総額を記載して差し支えありません。

【第三者行為災害届】

（届その１）

第三者行為災害届（業務災害・通勤災害）
（交通事故・交通事故以外）

平成 ● 年 9 月 30 日

労働者災害補償保険法施行規則第22条の規定により届け出ます。

署受付日付

保険給付請求権者
住所 杉並区山下町1－2－3
郵便番号（ 166 － 0000 ）
フリガナ コウノ イチロウ
氏名 甲野 一郎 ㊞
電話 （自宅） － －
（携帯） 090 － 0000 － 0000

池袋 労働基準監督署長 殿

1 第一当事者（被災者）
フリガナ コウノ イチロウ
氏名 甲野 一郎 （男・女）（男に○） 生年月日 ● 年 3 月 21 日 （40 歳）
住所 杉並区山下町1－2－3
職種 事務職

2 第一当事者（被災者）の所属事業場
労働保険番号

| 府県 | | 所掌 | 管轄 | | 基幹番号 | | | | | | 枝番号 | | |
|---|---|---|---|---|---|---|---|---|---|---|---|---|---|
| | | | | | | | | | | | | | |

名称 株式会社 東京工作所 電話 03 － 0000 － 0000
所在地 豊島区東豊島1－2－3 郵便番号 171 －0000
代表者（役職） 代表取締役 担当者（所属部課名）
（氏名） 乙山二郎 （氏名）

3 災害発生日
日時 平成 ● 年 9 月 18 日 午前・午後（午前に○） 8 時 10 分頃
場所 杉並区●●の交差点

4 第二当事者（相手方）
氏名 丁野五郎 （ 50 歳） 電話 （自宅） － － （携帯） － －
住所 杉並区山下町3－4－5 郵便番号 －
第二当事者（相手方）が業務中であった場合
所属事業場名称 株式会社杉山生命 電話 03 － 0000 － 0000
所在地 杉並区山下町4－5－6 郵便番号 167 －0000
代表者（役職） 代表取締役 （氏名） 丙原 六郎

5 災害調査を行った警察署又は派出所の名称
杉並 警察署 交通 係（派出所）

6 災害発生の事実の現認者（5の災害調査を行った警察署又は派出所がない場合に記入してください）
氏名 （ 歳） 電話 （自宅） － － （携帯） － －
住所 郵便番号 －

7 あなたの運転していた車両（あなたが運転者の場合にのみ記入してください）

| 車種 | 大・中・普・特・自二・軽自・原付自 | | | 登録番号（車両番号） | | |
|---|---|---|---|---|---|---|
| 運転者の免許 | 有 無 | 免許の種類 | 免許証番号 | 資格取得 | 有効期限 | 免許の条件 |
| | | | | 年 月 日 | 年 月 日まで | |

（届その２）

**8　事故現場の状況**

**天　　候**　（晴）・曇・小雨・雨・小雪・雪・暴風雨・霧・濃霧

**見 透 し**　（良い）・悪い（障害物　　　　　　　　　　　　　　　　　　があった。）

**道路の状況**（あなた（被災者）が運転者であった場合に記入してください。）

道路の幅（　　　　　m）、舗装・非舗装、坂（上り・下り・緩・急）

でこぼこ・砂利道・道路欠損・工事中・凍結・その他（　　　　　　　　　　　　　　　　）

（あなた（被災者）が歩行者であった場合に記入してください。）

歩車道の区別が（ある・（ない））道路、車の交通頻繁な道路、住宅地・商店街の道路

歩行者用道路（車の通行　許・否）、その他の道路（　　　　　　　　　　　　　　　　）

**標　　識**　速度制限（　40　　km/h）・追い越し禁止・一方通行・歩行者横断禁止

一時停止（有・無）・停止線（有・無）

**信 号 機**　無・有（　　　色で交差点に入った。）、信号機時間外（黄点滅・赤点滅）

横断歩道上の信号機（有・無）

**交 通 量**　多い・少ない・中位

**9　事故当時の行為、心身の状況及び車両の状況**

**心身の状況**　正常・いねむり・疲労・わき見・病気（　　　　　　　　　　　　　　　）・飲酒

**あなたの行為**（あなた（被災者）が運転者であった場合に記入してください。）

直前に警笛を（鳴らした・鳴らさない）相手を発見したのは（　　　　）m手前

ブレーキを（かけた（スリップ　　　　m）・かけない）、方向指示灯（だした・ださない）

停止線で一時停止（した・しない）、速度は約（　　　）km/h　相手は約（　　　）km/h

（あなた（被災者）が歩行者であった場合に記入してください。）

横断中の場合　横断場所（　交差点　）、信号機（　青　）色で横断歩道に入った。

左右の安全確認（（した）・しない）、車の直前・直後を横断（した・（しない））

通行中の場合　通行場所　　　（歩道・車道・歩車道の区別がない道路）

通行のしかた　　　（車と同方向・対面方向）

**10　第二当事者（相手方）の自賠責保険（共済）及び任意の対人賠償保険（共済）に関すること**

(1) 自賠責保険（共済）について

証明書番号　第　C－12345　号

保険（共済）契約者　（氏名）丁野五郎　　第二当事者（相手方）と契約者との関係　本人

（住所）杉並区山下町３－４－５

保険会社の管轄店名　東南保険　杉並支店　　電話　－　－

管轄店所在地　杉並区　山下町　５－６－７　　郵便番号　－

(2) 任意の対人賠償保険（共済）について

証券番号　第　　　　号　　保険金額　対人　無制限　　万円

保険（共済）契約者　（氏名）丁野五郎　　第二当事者（相手方）と契約者との関係

（住所）杉並区山下町３－４－５

保険会社の管轄店名　東南保険　杉並支店　　電話　－　－

管轄店所在地　杉並区　山下町　５－６－７　　郵便番号　－

(3) 保険金（損害賠償額）請求の有無　　有・（無）

有の場合の請求方法　イ　自賠責保険（共済）単独

ロ　自賠責保険（共済）と任意の対人賠償保険（共済）との一括

保険金（損害賠償額）の支払を受けている場合は、受けた者の氏名、金額及びその年月日

氏名　　　　　　金額　　　　　円　受領年月日　　年　　月　　日

**11　運行供用者が第二当事者（相手方）以外の場合の運行供用者**

名称（氏名）　　　　電話　－　－

所在地（住所）　　　　郵便番号　－

**12　あなた（被災者）の人身傷害補償保険に関すること**

人身障害補償保険に　（加入している・（していない））

証券番号　第　　　号　保険金額　　　万円

保険（共済）契約者　（氏名）　　　あなた（被災者）と契約者との関係

（住所）

保険会社の管轄店名　　　　電話　－　－

管轄店所在地　　　　郵便番号　－

人身傷害補償保険金の請求の有無　有・無

人身傷害補償保険の支払を受けている場合は、受けた者の氏名、金額及びその年月日

氏名　　　　　　金額　　　　　円　受領年月日　　年　　月　　日

（届その３）

**13　災害発生状況**

第一当事者（被災者）・第二当事者（相手方）の行動、災害発生原因と状況をわかりやすく記入してください。

出勤のため、JR線山下駅へ向かう途中の交差点で青信号で横断していたところ、右後方から左折してきた加害者が運転する車にぶつけられた。

**14　現場見取図**

道路方向の地名（至○○方面）、道路幅、信号、横断歩道、区画線、道路標識、接触点等くわしく記入してください。

表示符号　自車 ⬟　相手車 ⌂　進行方向 ↑　横断禁止　人間　自転車 オートバイ　信号（赤、黄、青の表示）　一時停止　横断歩道　接触点

**15　過失割合**

私の過失割合は　0　%、相手の過失割合は　100　%だと思います。

理由　青信号で横断中だったため、後方からくる車を認識できないため

**16　示談について**

イ　示談が成立した。（　年　月　日）　ロ　交渉中

㋩　示談はしない。　ニ　示談をする予定（　年　月　日頃予定）

ホ　裁判の見込み（　年　月　日頃提訴予定）

**17　身体損傷及び診療機関**

| | 私（被災者）側 | 相手側（わかっていることだけ記入してください。） |
|---|---|---|
| 部位・傷病名 | 左足骨折 | |
| 程　　度 | 全治4ヶ月 | |
| 診療機関名称 | 杉並東病院 | |
| 所　在　地 | 杉並区東杉並1－2－3 | |

**18　損害賠償金の受領**

| 受領年月日 | 支払者 | 金額・品目 | 名目 | 受領年月日 | 支払者 | 金額・品目 | 名目 |
|---|---|---|---|---|---|---|---|
| 受　領　な　し | | | | | | | |
| | | | | | | | |
| | | | | | | | |
| | | | | | | | |

**事業主の証明**

1欄の者については、2欄から6欄、13欄及び14欄に記載したとおりであることを証明します。

平成 ● 年 9 月 25 日

事業場の名称　株式会社　東京工作所

事業主の氏名　代表取締役　乙山二郎　㊞

（法人の場合は代表者の役職・氏名）

（届その４）

# 第三者行為災害届を記載するに当たっての留意事項

1　災害発生後、すみやかに提出してください。
　なお、不明な事項がある場合には、空欄とし、提出時に申し出てください。

2　業務災害・通勤災害及び交通事故・交通事故以外のいずれか該当するものに○をしてください。
　なお、例えば構内における移動式クレーンによる事故のような場合には交通事故に含まれます。

3　通勤災害の場合には、事業主の証明は必要ありません。

4　第一当事者（被災者）とは、労災保険給付を受ける原因となった業務災害又は通勤災害を被った者をいいます。

5　災害発生の場所は、○○町○丁目○○番地○○ストア前歩道のように具体的に記入してください。

6　第二当事者（相手方）が業務中であった場合には、「届その１」の４欄に記入してください。

7　第二当事者（相手方）側と示談を行う場合には、あらかじめ所轄労働基準監督署に必ず御相談ください。
　示談の内容によっては、保険給付を受けられない場合があります。

8　交通事故以外の災害の場合には「届その２」を提出する必要はありません。

9　運行供用者とは、自己のために自動車の運行をさせる者をいいますが、一般的には自動車の所有者及び使用者等がこれに当たります。

10　「現場見取図」について、作業場における事故等で欄が不足し書ききれない場合にはこの用紙の下記記載欄を使用し、この「届その４」もあわせて提出してください。

11　損害賠償金を受領した場合には、第二当事者（相手方）又は保険会社等からを問わずすべて記入してください。

12　この届用紙に書ききれない場合には、適宜別紙に記載してあわせて提出してください。

13　この用紙は感圧紙（２部複写）になっていますので、２部とも提出してください。
　なお、この上でメモ等しますと下に写りますので注意してください。

14　「保険給付請求権者の氏名」の欄及び「事業主の氏名」の欄は、記名押印することに代えて、自筆による署名をすることができます。

## 現場見取図

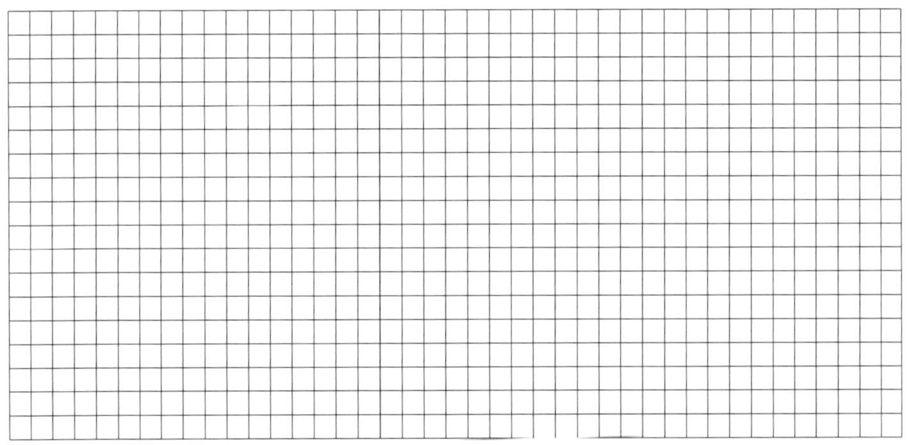

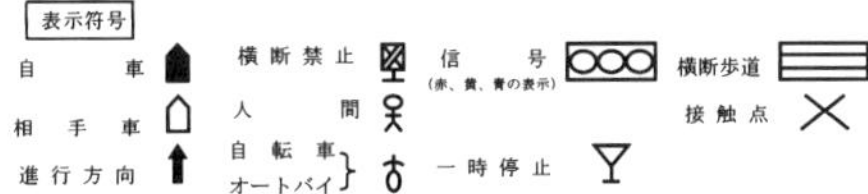

【念書（兼同意書）】

様式第１号

## 念　書（兼　同　意　書）

| 災害発生年月日 | 平成 ●年 9 月 18日 | 災害発生場所 | 東京都杉並区山下町2丁目の交差点 |
|---|---|---|---|
| 第一当事者（被災者）氏名 | 甲野　一郎 | 第二当事者（相手方）氏名 | 丁野　五郎 |

1　上記災害に関して、労災保険給付を請求するに当たり以下の事項を尊守することを誓約します。
(1)　相手方と示談を行おうとする場合は必ず前もって貴職に連絡します。
(2)　相手方に白紙委任状を渡しません。
(3)　相手方から金品を受けたときは、受領の年月日、内容、金額（評価額）を漏れなく、かつ遅滞なく貴職に連絡します。

2　上記災害に関して、私が相手方と行った示談の内容によっては、労災保険給付を受けられない場合があることについては承知しました。

3　上記災害に関して、私が労災保険給付を受けた場合には、私の有する損害賠償請求権及び保険会社等（相手方もしくは私が損害賠償請求できる者が加入する自動車保険・自賠責保険会社（共済）等をいう。以下同じ。）に対する被害者請求権を、政府が労災保険給付の価額の限度で取得し、損害賠償金を受領することについては承知しました。

4　上記災害に関して、私の個人情報及びこの念書（兼同意書）の取扱いにつき、以下の事項に同意します。
(1)　貴職が、私の労災保険の請求、決定及び給付（その見込みを含む。）の状況等について、私が保険金請求権を有する人身傷害補償保険等取扱保険会社（共済）に対して提供すること。
(2)　貴職が、私の労災保険の給付及び上記３の業務に関して必要な事項（保険会社等から受けた金品の有無及びその金額・内訳（その見込みを含む。）等）について、保険会社等から提供を受けること。
(3)　貴職が、私の労災保険の給付及び上記３の業務に関して必要な事項（保険給付額の算出基礎となる資料等）について、保険会社等に対して提供すること。
(4)　この念書（兼同意書）をもって(2)に掲げる事項に対応する保険会社等への同意を含むこと。
(5)　この念書（兼同意書）を保険会社等へ提示すること。

平成 ● 年 9 月 25日

池袋　労働基準監督署長 殿

請求権者の住所　杉並区山下町１－２－３

氏名　甲野　一郎　㊞

（※請求権者の氏名は請求権者が自署してください。）

【障害給付支給請求書、障害特別支給金・障害特別年金・障害特別一時金支給申請書（通勤災害用）】

様式第16号の7　（表面）

通勤災害用

労働者災害補償保険

# 障害給付支給請求書

障害特別支給金
障害特別年金
障害特別一時金
支給申請書

| ①労働保険番号 | | | | | |
|---|---|---|---|---|---|
| 府県 | 所掌 | 管轄 | 基幹番号 | | 枝番号 |
| 13 | 1 | 08 | 123456 | | 000 |
| ②年金証書の番号 | | | | | |
| 管轄局 | 種別 | 西暦年 | 番号 | | |

③労働者の
- フリガナ：コウノ　イチロウ
- 氏名：甲野　一郎　（男・女）
- 生年月日：● 年 3 月 21 日（40歳）
- フリガナ：スギナミク　ヤマシタチョウ
- 住所：杉並区山下町1－2－3
- 職種：事務職
- 所属事業場名称・所在地：

④負傷又は発病年月日：● 年 9 月 18 日　午前・後 8 時 10 分頃

⑤傷病の治癒した年月日：● 年 11 月 15 日

⑥平均賃金：9,478 円 26 銭

⑦特別給与の総額（年額）：700,000 円

⑧通勤災害に関する事項：別紙のとおり

⑨厚生年金保険等の受給関係

| | | |
|---|---|---|
| ㋑厚年等の年金証書の基礎年金番号・年金コード | | ㋺被保険者資格の取得年月日　年　月　日 |
| ㋩当該傷病に関して支給される年金の種類等 | 年金の種類 | 厚生年金保険法の　イ、障害年金　ロ、障害厚生年金<br>国民年金法の　イ、障害年金　ロ、障害基礎年金<br>船員保険法の障害年金 |
| | 障害等級 | 級 |
| | 支給される年金の額 | 円 |
| | 支給されることとなった年月日 | 年　月　日 |
| | 厚年等の年金証書の基礎年金番号・年金コード | |
| | 所轄年金事務所等 | |

③の者については、⑥及び⑦並びに⑨の㋑及び㋺並びに別紙の㋩、㊁、㋭、㋬、㋣、㋠、㋷（通常の通勤の経路及び方法に限る。）及び㋦に記載したとおりであることを証明します。

● 年 11 月 20 日

事業の名称　株式会社　東京工作所　電話（03）0000 － 0000
事業場の所在地　豊島区東豊島1－2－3　〒 171 － 0000
事業主の氏名　代表取締役　乙山二郎　㊞
（法人その他の団体であるときは、その名称及び代表者の氏名）

〔注意〕別紙の㋩、㊁及び㋷について知り得なかった場合には証明する必要がないので、知り得なかった事項の符号を消すこと。また、⑨の㋑及び㋺については、③の者が厚生年金保険の被保険者である場合に限り証明すること。

| | | | |
|---|---|---|---|
| ⑩障害部位及び状態 | （診断書のとおり） | ⑪既存障害がある場合にはその部位及び状態 | |
| ⑫添付する書類その他の資料名 | | | |

⑬年金の払渡しを受けることを希望する金融機関又は郵便局

| | | |
|---|---|---|
| 金融機関（郵便貯金銀行の支店等を除く～） | ※金融機関店舗コード | |
| | 名称 | 東部　銀行・金庫　農協・漁協・信組　杉並　本店・本所　出張所　支店・支所 |
| | 預金通帳の記号番号 | 普通・当座　第 1234567 号 |
| 郵便局（郵便貯金銀行の支店等又は郵便局） | ※郵便局コード | |
| | フリガナ　名称 | |
| | 所在地 | 都道府県　市郡区 |
| | 預金通帳の記号番号 | 第　号 |

上記により
障害給付の支給を請求します。
障害特別支給金
障害特別年金
障害特別一時金
の支給を申請します。

● 年 11 月 20 日

池袋　労働基準監督署長 殿

請求人・申請人の
〒 166 － 0000　電話（090）0000 0000
住所　杉並区山下町1－2－3
氏名　甲野　一郎　㊞

□本件手続を裏面に記載の社会保険労務士に委託します。

個人番号　000000000000

| 振込を希望する金融機関の名称 | | 預金の種類及び口座番号 |
|---|---|---|
| 東部　銀行・金庫　農協・漁協・信組 | 杉並　本店・本所　出張所　支店・支所 | 普通・当座　第 1234567 号<br>口座名義人　甲野　一郎 |

様式第16号の7（裏面）

〔注意〕

1　※印欄には記載しないこと。

2　事項を選択する場合には該当する事項を○で囲むこと。

3　③の労働者の「所属事業場名称・所在地」欄には、労働者の直接所属する事業場が一括適用の取扱いを受けている場合に、労働者が直接所属する支店、工事現場等を記載すること。

4　⑥には、平均賃金の算定基礎期間中に業務外の傷病の療養のため休業した期間が含まれている場合に、当該平均賃金に相当する額がその期間の日数及びその期間中の賃金を業務上の傷病の療養のため休業した期間の日数及びその期間中の賃金とみなして算定した平均賃金に相当する額に満たないときは、当該みなして算定した平均賃金に相当する額を記載すること（様式第16号の6の別紙1に内訳を記載し添付すること。ただし、既に提出されている場合を除く。）。

5　⑦には、負傷又は発病の日以前1年間（雇入後1年に満たない者については、雇入後の期間）に支払われた労働基準法第12条第4項の3箇月を超える期間ごとに支払われる賃金の総額を記載すること（様式第16号の6の別紙1に内訳を記載し添付すること。ただし、既に提出されている場合を除く。）。

6　請求人（申請人）が傷病年金を受けていた者であるときは、

(1)　①及び④並びに⑧の別紙は記載する必要がないこと。

(2)　②には、請求人（申請人）の傷病年金に係る年金証書の番号を記載すること。

(3)　事業主の証明を受ける必要がないこと。

7　請求人（申請人）が特別加入者であるときは、

(1)　⑥には、その者の給付基礎日額を記載すること。

(2)　⑦は記載する必要がないこと。

(3)　④及び⑧の別紙の㋥から㋠まで、⑰及び㉑の事項を証明することができる書類その他の資料を添えること。

(4)　事業主の証明を受ける必要がないこと。

8　⑬については、障害年金又は障害特別年金の支給を受けることとなる場合において、障害年金又は障害特別年金の払渡しを金融機関（郵便貯金銀行の支店等を除く。）から受けることを希望する者にあつては「金融機関（郵便貯金銀行の支店等を除く。）」欄に、障害年金又は障害特別年金の払渡しを郵便貯金銀行の支店等又は郵便局から受けることを希望する者にあつては「郵便貯金銀行の支店等又は郵便局」欄に、それぞれ記載すること。

なお、郵便貯金銀行の支店等又は郵便局から払渡しを受けることを希望する場合であつて振込によらないときは、「預金通帳の記号番号」の欄は記載する必要はないこと。

9　「事業主の氏名」の欄及び「請求人（申請人）の氏名」の欄は、記名押印することに代えて、自筆による署名をすることができること。

10　「個人番号」の欄については、請求人（申請人）の個人番号を記載すること。

11　本件手続を社会保険労務士に委託する場合は、「請求人（申請人）の氏名」欄の下の□にレ点を記入すること。

| 社会保険労務士記載欄 | 作成年月日・提出代行者・事務代理者の表示 | 氏　名 | 電話番号 |
|---|---|---|---|
| | | ㊞ | (　　)<br>－ |

## 【遺族年金支給請求書、遺族特別支給金・遺族特別年金支給申請書（通勤災害用）】

様式第16号の8（表面）

通勤災害用

労働者災害補償保険
# 遺族年金支給請求書
遺族特別支給金
遺族特別年金　支給申請書

| ①労働保険番号 | | | | | ③死亡労働者の | | ④負傷又は発病年月日 |
|---|---|---|---|---|---|---|---|
| 府県 | 所掌 | 管轄 | 基幹番号 | 枝番号 | フリガナ | コウノ イチロウ | ● 年 12 月 1 日 |
| 13 | 1 | 08 | 123456 | 000 | 氏名 | 甲野 一郎（男・女） | 午（前）後 8 時10分頃 |
| ②年金証書の番号 | | | | | 生年月日 | ● 年 3 月 21 日（40歳） | ⑤死亡年月日 |
| 管轄局 | 種別 | 西暦年 | 番号 | 枝番号 | 個人番号 | 000000000000 | ● 年 12月 1 日 |
| | | | | | 職種 | 事務職 | ⑥平均賃金 9,478 円 26 銭 |
| | | | | | 所属事業場名称・所在地 | | ⑦特別給与の総額（年額） 700,000 円 |
| ⑧通勤災害に関する事項 | | | | | 別紙のとおり | | |

⑨厚生年金等の年金受給関係

| ㋑死亡労働者の厚年等の年金証書の基礎年金番号・年金コード | | ㋺死亡労働者の被保険者の資格の取得年月日 | 年 月 日 |
|---|---|---|---|
| ㋩当該死亡に関して支給される年金の種類 | | | |
| 厚生年金保険法の　イ 遺族年金　ロ 遺族厚生年金 | 国民年金法の　イ母子年金 ロ準母子年金 ハ遺児年金 ニ寡婦年金 ホ遺族基礎年金 | | 船員保険法の遺族年金 |
| 支給される年金の額 | 支給されることとなった年月日 | 厚年等の年金証書の基礎年金番号・年金コード（複数のコードがある場合は下段に記載すること。） | 所轄年金事務所等 |
| 円 | 年 月 日 | | |

受けていない場合は、次のいずれかを○で囲む。・裁定請求中 ・不支給裁定 ・未加入 ・請求していない ・老齢年金等選択

③の者については、⑥及び⑦並びに⑨の㋑及び㋺並びに別紙の㋩、㋥、㋭、㋬、㋣、㋠、㋦（通常の通勤の経路及び方法に限る。）及び㋷に記載したとおりであることを証明します。

● 年 12 月 8 日

事業の名称　株式会社 東京工作所　電話（03）0000 － 0000

事業場の所在地　豊島区東豊島1－2－3　〒 171 － 0000

事業主の氏名　代表取締役 乙山二郎　㊞

（法人その他の団体であるときは、その名称及び代表者の氏名）

〔注意〕別紙の㋩、㋥及び㋦について知り得なかった場合には証明する必要がないので知り得なかった事項の符号を消すこと。また、⑨の㋑及び㋺については、③の者が厚生年金保険の被保険者である場合に限り証明すること。

⑩請求人申請人

| フリガナ 氏名 | 生年月日 | フリガナ 住所 | 死亡労働者との関係 | 障害の有無 | 請求人（申請人）の代表者を選任しないときは、その理由 |
|---|---|---|---|---|---|
| コウノ ハナコ 甲野 花子 | 昭● 7・12 | スギナミク ヤマシタチョウ 杉並区山下町1－2－3 | 妻 | ある・（ない） | |
| | ・ ・ | | | ある・ない | |
| | ・ ・ | | | ある・ない | |
| | ・ ・ | | | ある・ない | |

⑪請求人（申請人）以外の遺族年金を受けることができる遺族

| フリガナ 氏名 | 生年月日 | フリガナ 住所 | 死亡労働者との関係 | 障害の有無 | 請求人（申請人）と生計を同じくしているか |
|---|---|---|---|---|---|
| コウノ サチコ 甲野 幸子 | 平● 6・21 | スギナミク ヤマシタチョウ 杉並区山下町1－2－3 | 長女 | ある・（ない） | （いる）・いない |
| | ・ ・ | | | ある・ない | いる・いない |
| | ・ ・ | | | ある・ない | いる・いない |
| | ・ ・ | | | ある・ない | いる・いない |

⑫添付する書類その他の資料名

⑬年金の払渡しを受けることを希望する金融機関又は郵便局

| | | |
|---|---|---|
| 金融機関（郵便貯金銀行の支店等を除く） | ※金融機関店舗コード | |
| | 名称 | 東部 銀行・金庫 農協・漁協・信組　杉並 本店・本所 出張所 （支店）・支所 |
| | 預金通帳の記号番号 | （普通）・当座　第 2345678 号 |
| 郵便貯金銀行の支店等又は郵便局 | ※郵便局コード | |
| | フリガナ 名称 | |
| | 所在地 | 都道府県　市郡区 |
| | 預金通帳の記号番号 | 第　号 |

上記により　遺族年金の支給を請求します。遺族特別支給金・遺族特別年金の支給を請求します。

● 年 12 月 10 日

池袋　労働基準監督署長 殿

請求人申請人（代表者）の

〒 166 － 0000　電話（090）9999 － 9999

住所　杉並区山下町1－2－3

氏名　甲野 花子　㊞

□本件手続を裏面に記載の社会保険労務士に委託します。

個人番号　000000000001

| 特別支給金について振込を希望する金融機関の名称 | | 預金の種類及び口座番号 |
|---|---|---|
| 東部 （銀行）・金庫 農協・漁協・信組 | 杉並 本店・本所 出張所 （支店）・支所 | （普通）・当座　第 2345678 号　口座名義人 甲野 花子 |

様式第16号の8（裏面）

〔注意〕

1. ※印欄には記載しないこと。
2. 事項を選択する場合には該当する事項を○で囲むこと。
3. ③の死亡労働者の「所属事業場名称・所在地」欄には、死亡労働者が直接所属していた事業場が一括適用の取扱いを受けている場合に、死亡労働者が直接所属していた支店、工事現場等を記載すること。
4. ⑥には、平均賃金の算定基礎期間中に業務外の傷病の療養のため休業した期間が含まれている場合に、当該平均賃金に相当する額がその期間の日数及びその期間中の賃金を業務上の傷病の療養のため休業した期間の日数及びその期間中の賃金とみなして算定した平均賃金に相当する額に満たないときは、当該みなして算定した平均賃金に相当する額を記載すること（様式第16号の6の別紙1に内訳を記載し添付すること。ただし、既に提出されている場合を除く。）。
5. ⑦には、負傷又は発病の日以前1年間（雇入後1年に満たない者については、雇入後の期間）に支払われた労働基準法第12条第4項の3箇月を超える期間ごとに支払われる賃金の総額を記載すること（様式第16号の6の別紙1に内訳を記載し添付すること。ただし、既に提出されている場合を除く。）。
6. 死亡労働者が傷病年金を受けていた場合には、
   (1) ①及び④並びに⑧の別紙は記載する必要がないこと。
   (2) ②には、傷病年金に係る年金証書の番号を記載すること。
   (3) 事業主の証明を受ける必要がないこと。
7. 死亡労働者が特別加入者であつた場合には、
   (1) ⑥には、その者の給付基礎日額を記載すること。
   (2) ⑦は記載する必要がないこと。
   (3) 別紙の㋩から㋭まで、並びに㋠及び㋕の事項を証明することができる書類その他の資料を添えること。
   (4) 事業主の証明を受ける必要がないこと。
8. ⑨から⑫までに記載することができない場合には、別紙を付して所要の事項を記載すること。
9. この請求書（申請書）には、次の書類その他の資料を添えること。ただし、個人番号が未提出の場合を除き、(2)、(3)及び(5)の書類として住民票の写しを添える必要はないこと。
   (1) 労働者の死亡に関して市町村長に提出した死亡診断書、死体検案書若しくは検視調書に記載してある事項についての市町村長の証明書又はこれに代わるべき書類
   (2) 請求人（申請人）及び請求人（申請人）以外の遺族年金を受けることができる遺族と死亡労働者との身分関係を証明することができる戸籍の謄本又は抄本（請求人（申請人）又は請求人（申請人）以外の遺族年金を受けることができる遺族が死亡労働者と婚姻の届出をしていないが事実上の婚姻関係と同様の事情にあつた者であるときは、その事実を証明することができる書類）
   (3) 請求人（申請人）及び請求人（申請人）以外の遺族年金を受けることができる遺族（労働者の死亡時胎児であつた子を除く。）が死亡労働者の収入によつて生計を維持していたことを証明することができる書類
   (4) 請求人（申請人）及び請求人（申請人）以外の遺族年金を受けることができる遺族のうち労働者の死亡の時から引き続き障害の状態にある者については、その事実を証明することができる医師又は歯科医師の診断書その他の資料
   (5) 請求人（申請人）以外の遺族年金を受けることができる遺族のうち請求人（申請人）と生計を同じくしている者については、その事実を証明することができる書類
   (6) 障害の状態にある妻にあつては、労働者の死亡の時以後障害の状態にあつたこと及びその障害の状態が生じ、又はその事情がなくなつた時を証明することができる医師又は歯科医師の診断書その他の資料
10. ⑬については、次により記載すること。
    (1) 遺族年金の支給を受けることとなる場合において、遺族年金の払渡しを金融機関（郵便貯金銀行の支店等を除く。）から受けることを希望する者にあっては「金融機関（郵便貯金銀行の支店等を除く。）」欄に、遺族年金の払渡しを郵便貯金銀行の支店等又は郵便局から受けることを希望する者にあっては「郵便貯金銀行の支店等又は郵便局」欄に、それぞれ記載すること。
    なお、郵便貯金銀行の支店等又は郵便局から払渡しを受けることを希望する場合であって振込によらないときは、「預金通帳の記号番号」の欄は記載する必要はないこと。
    (2) 請求人（申請人）が2人以上ある場合において代表者を選任しないときは、⑩の最初の請求人（申請人）について記載し、その他の請求人（申請人）については別紙を付して所要の事項を記載すること。
11. 「事業主の氏名」の欄及び「請求人（申請人）の氏名」の欄は、記名押印することに代えて、自筆による署名をすることができること。
12. 「個人番号」の欄については、請求人（申請人）の個人番号を記載すること。
13. 本件手続を社会保険労務士に委託する場合は、「請求人（申請人）の氏名」欄の下の□にレ点を記入すること。

| 社会保険労務士記載欄 | 作成年月日・提出代行者・事務代理者の表示 | 氏　　名 | 電　話　番　号 |
|---|---|---|---|
| | | ㊞ | （　　）<br>― |

【遺族一時金支給請求書、遺族特別支給金・遺族特別一時金支給申請書（通勤災害用）】

様式第16号の9（表面）　労働者災害補償保険

通勤災害用

# 遺族一時金支給請求書
# 遺族特別支給金／遺族特別一時金　支給申請書

| ① 労働保険番号 | | | | | ③ 死亡労働者の | フリガナ | コウノ　イチロウ | ④負傷又は発病年月日 |
|---|---|---|---|---|---|---|---|---|
| 府県 | 所掌 | 管轄 | 基幹番号 | 枝番号 | | 氏名 | 甲野　一郎　（男・女） | ● 年 12 月 1 日　午前 8 時 10 分頃 |
| 13 | 1 | 08 | 123456 | 000 | | 生年月日 | ● 年 3 月 21 日（40歳） | ⑤ 平均賃金 |
| ② 年金証書の番号 | | | | | | 職種 | 事務職 | 9,478 円 26 銭 |
| 管轄局 | 種別 | 西暦年 | 番号 | 枝番号 | | 所属事業場名称所在地 | | ⑥特別給与の総額（年額）　700,000 円 |
| | | | | | | | | ⑦ 死亡年月日　● 年 12 月 1 日 |
| ⑧ 通勤災害に関する事項 | | | | | | 別紙のとおり | | |

③の者については、④、⑤及び⑥並びに別紙の㋑、㋥、㋭、㋬、㋠、㋷、㋦（通常の通勤の経路及び方法に限る。）及び⑦に記載したとおりであることを証明します。

電話（03 0000-0000）

事業の名称　株式会社　東京工作所

● 年 12 月 8 日　〒 171 －0000

事業場の所在地　豊島区東豊島1－2－3

事業主の氏名　代表取締役　乙山二郎　㊞

（法人その他の団体であるときはその名称及び代表者の氏名）

〔注意〕事業主は、別紙の㋑、㋥及び㋦について知り得なかった場合には証明する必要がないので知り得なかった事項の符号を消すこと。

| ⑨ 請求人 申請人 | フリガナ 氏名 | 生年月日 | 住所 | 死亡労働者との関係 | 請求人（申請人）の代表者を選任しないときはその理由 |
|---|---|---|---|---|---|
| | コウノ　ハナコ 甲野　花子 | ● 年 7 月 12 日 | 杉並区山下町1－2－3 | 妻 | |
| | | 年　月　日 | | | |
| | | 年　月　日 | | | |
| | | 年　月　日 | | | |
| | | 年　月　日 | | | |
| | | 年　月　日 | | | |
| ⑩ 添付する書類その他の資料名 | | | | | |

上記により　遺族一時金の支給を請求します。／遺族特別支給金・遺族特別年金　の支給を申請します。

〒 166 － 0000　電話（090 9999-9999）方

● 年 12月 10 日　請求人・申請人の（代表者）　住所　杉並区山下町1－2－3

池袋　労働基準監督署長 殿　氏名　甲野　花子　㊞

| 振込を希望する金融機関の名称 | | 預金の種類及び口座番号 |
|---|---|---|
| 東部　（銀行）・金庫・農協・漁協・信組 | 杉並　本店・本所・出張所・（支店）・支所 | （普通）・当座　第 2345678 号　口座名義人　甲野　花子 |

様式第16号の9 （裏面）

〔注意〕

1　事項を選択する場合には該当する事項を○で囲むこと。

2　①は、死亡労働者に関し遺族年金が支給されていた場合又は死亡労働者が傷病年金を受けていた場合には記載する必要はないこと。

3　③の死亡労働者の所属事業場名称・所在地欄には、死亡労働者が直接所属していた事業場が一括適用の取扱いを受けている場合に、労働者が直接所属していた支店、工事現場等を記載すること。

4　平均賃金の算定基礎期間中に業務外の傷病の療養のため休業した期間が含まれている場合に、当該平均賃金に相当する額がその期間の日数及びその期間中の賃金を業務上の傷病のため休業した期間の日数及びその期間中の賃金とみなして算定した平均賃金に相当する額に満たないときは、当該みなして算定した平均賃金に相当する額を⑤に記載すること。

5　⑥には、負傷又は発病の日以前１年間（雇入後１年に満たない者については雇入後の期間）に支払われた労働基準法第12条第４項の３箇月を超える期間ごとに支払われる賃金の総額を記載すること。

6　⑤の平均賃金の算定内訳及び⑥の特別給与の総額（年額）の算定内訳を別紙（様式第16号の６の別紙１を使用すること。）を付して記載すること。ただし、既に提出されている場合を除く。

7　死亡労働者が特別加入者であった場合には、

⑴　⑤には、その者の給付基礎日額を記載すること。

⑵　⑥は記載する必要はないこと。

⑶　別紙の㊇から㊈まで㋐及び㋕の事項を証明することができる書類を添えること。

8　⑨及び⑩に記載することができない場合には、別紙を付して所要の事項を記載すること。

9　この請求書（申請書）には、次の書類を添えること。

⑴　請求人（申請人）が死亡労働者と婚姻の届出をしていないが事実上婚姻関係と同様の事情にあった者であるときは、その事実を証明することができる書類

⑵　請求人（申請人）が死亡労働者の収入によって生計を維持していた者であるときは、その事実を証明することができる書類

⑶　労働者の死亡の当時遺族年金を受けることができる遺族がない場合の遺族一時金の支給の請求又は遺族特別支給金若しくは遺族特別一時金の支給の申請であるときは、次の書類

イ　労働者の死亡に関して市町村長に提出した死亡診断書、死体検案書若しくは検視調書に記載してある事項についての市町村長の証明書又はこれに代わるべき書類

ロ　請求人（申請人）と死亡労働者との身分関係を証明することができる戸籍の謄本又は抄本（⑴の書類を添付する場合を除く。）

⑷　遺族年金を受ける権利を有する者の権利が消滅し、他に遺族年金を受けることができる遺族がない場合の遺族一時金の支給の請求又は遺族特別一時金の支給の申請であるときは、⑶のロの書類（⑴の書類を添付する場合を除く。）

10　「事業主の氏名」の欄及び「請求人（申請人）の氏名」の欄は、記名押印することに代えて、自筆による署名をすることができること。

| 社会保険労務士記載欄 | 作成年月日・提出代行者・事務代理者の表示 | 氏　名 | 電話番号 |
|---|---|---|---|
| | | ㊞ | （　　）　― |

【葬祭給付請求書（通勤災害用)】

様式第16号の10（表面）

通勤災害用

労働者災害補償保険
葬祭給付請求書

| ① 労働保険番号 | | | | | ③請求人の | フリガナ 氏名 | コウノ ハナコ 甲野 花子 |
|---|---|---|---|---|---|---|---|
| 府県 | 所掌 | 管轄 | 基幹番号 | 枝番号 | | 住所 | 杉並区山下町1－2－3 |
| 13 | 1 | 08 | 123456 | 000 | | 死亡労働者との関係 | 妻 |
| ② 年金証書の番号 | | | | | | | |
| 管轄局 | 種別 | 西暦年 | 番号 | | | | |
| | | | | | | | |

| ④死亡労働者の | | | |
|---|---|---|---|
| フリガナ 氏名 | コウノ イチロウ 甲野 一郎 （男・女） | ⑤ 平均賃金 | 9,478 円 26 銭 |
| 生年月日 | ● 年 3 月 21 日（40 歳） | ⑥ 死亡年月日 | ● 年 12月 1 日 |
| 職種 | 事務職 | | |
| 所属事業場名称 所在地 | | | |

| ⑦ 通勤災害に関する事項 | 別紙のとおり |
|---|---|

④の者については、⑤並びに別紙の㋑、㋥、㋭、㋬、㋠、㋷、㋦（通常の通勤の経路及び方法に限る。）及び㋾に記載したとおりであることを証明します。

● 年 12 月 8 日

事業の名称 株式会社 東京工作所
〒 171 － 0000 電話（ 03 ）0000 －0000
事業場の所在地 豊島区東豊島1－2－3
事業主の氏名 代表取締役 乙山二郎 ㊞
（法人その他の団体であるときはその名称及び代表者の氏名）

〔注意〕 事業主は、別紙の㋑、㋥及び㋦については、知り得なかつた場面には証明する必要がないので、知り得なかつた事項の符号を消すこと。

| ⑧ 添付する書類その他の資料名 | 遺族年金支給請求書に添付 |
|---|---|

上記により葬祭給付の支給を請求します。

● 年 12月 10日

〒 166 － 0000 電話（ 090）0000-0000
請求人の 住所 杉並区山下町1－2－3
氏名 甲野 花子 ㊞

池袋 労働基準監督署長 殿

| 振込を希望する金融機関の名称 | | 預金の種類及び口座番号 |
|---|---|---|
| 東部 （銀行）・金庫 農協・漁協・信組 | 杉並 本店・本所 出張所 （支店）・支所 | （普通）・当座 第 2345678 号 口座名義人 甲野 花子 |

**様式第 16 号の 10（裏面）**

〔注意〕

1．事項を選択する場合には該当する事項を○で囲むこと。

2．②は死亡労働者が傷病年金を受けていた場合に、その給付に係る年金証書の番号を記載すること。

3．④の死亡労働者の所属事業場名称・所在地欄には、死亡労働者の直接所属していた事業場が一括適用の取扱いを受けている場合に、死亡労働者が直接所属していた支店、工事現場等を記載すること。

4．平均賃金の算定基礎期間中に業務外の傷病の療養のため休業した期間が含まれている場合に、当該平均賃金に相当する額がその期間の日数及びその期間中の賃金を業務上の傷病の療養のため休業した期間の日数及び期間中の賃金とみなして算定した平均賃金に相当する額に満たないときは、当該みなして算定した平均賃金に相当する額を⑤に記載すること。（様式第 16 号の 6 別紙 1 に内訳を記載し、添付すること。ただし、既に提出されている場合を除く。）

5．死亡労働者に関し遺族給付が支給されていた場合又は死亡労働者が傷病年金を受けていた場合には⑦の別紙は付する必要がないこと。

6．死亡労働者が特別加入者であった場合には、

⑴　⑤には、その者の給付基礎日額を記載すること。

⑵　別紙の㋩から㋦まで並びに㋠及び㋷の事項を証明することができる書類その他の資料を添えること。

7．この請求書には、労働者の死亡に関して市町村長に提出した死亡診断書、死体検案書若しくは検視調書に記載してある事項についての市町村長の証明書又はこれに代わるべき書類を添えること。

8．遺族給付の支給の請求書が提出されている場合には、7 による書類の提出は必要ではないこと。

9．「事業主の氏名」の欄及び「請求人の氏名」の欄は、記名押印することに代えて、自筆による署名をすることができること。

| 社会保険<br>労務士<br>記載欄 | 作成年月日・提出代行者・事務代理者の表示 | 氏　　　名 | 電　話　番　号 |
|---|---|---|---|
| | | ㊞ | （　　）　－ |

## 【未支給の保険給付支給請求書、未支給の特別支給金支給申請書】

様式第4号（表面）

労働者災害補償保険
未支給の保険給付支給請求書
未支給の特別支給金支給申請書

| ① 労働保険番号 | 府県 | | 所掌 | 管轄 | | 基幹番号 | | | | | | 枝番号 | | |
|---|---|---|---|---|---|---|---|---|---|---|---|---|---|---|
| | 1 | 3 | 1 | 0 | 8 | 1 | 2 | 3 | 4 | 5 | 6 | 0 | 0 | 0 |

| ② 年金証書の番号 | 管轄局 | 種別 | 西暦年 | 番号 | 枝番号 |
|---|---|---|---|---|---|
| | | | | | |

| | | |
|---|---|---|
| ③ 死亡した受給権者又は特別支給金受給資格者の | フリガナ | コウノ イチロウ |
| | 氏名 | 甲野 一郎 （男・女）（男に○） |
| | 死亡年月日 | ● 年 12月 1日 |
| ④ 請求人の申請人 | フリガナ | コウノ ハナコ |
| | 氏名 | 甲野 花子 |
| | 住所 | 杉並区山下町1－2－3 |
| | 死亡した受給権者（労働者）又は特別支給金受給資格者（労働者）との関係 | 妻 |
| ⑤ 未支給の保険給付又は特別支給金の種類 | | 療養（補償）給付　休業（補償）給付（○）　障害（補償）給付<br>遺族（補償）給付　傷病（補償）年金　介護（補償）給付<br>葬祭料（葬祭給付）<br>休業 特別支給金　＿＿＿＿ 特別 一時金・年金 |
| ⑥ 添付する書類その他の資料名 | | 死亡診断書、戸籍謄本、生計同一証明<br>休業補償給付、休業特別支給金支給申請書 |

上記により 未支給の保険給付の支給を請求／未支給の特別支給金の支給を申請 します。

● 年 12月 10日

〒 166 － 0000　電話（ 090 ）9999 － 9999

請求人／申請人の　住所 杉並区山下町1－2－3

氏名 甲野 花子 ㊞

池袋 労働基準監督署長 殿

| 振込を希望する金融機関の名称 | | 預金の種類及び口座番号 |
|---|---|---|
| 東部 銀行（○）・金庫・農協・漁協・信組 | 杉並 本店・本所・出張所・支店（○）・支所 | 普通（○）・当座 第 2345678 号<br>口座名義人 甲野 花子 |

**様式第4号**（裏面）

〔注意〕

1　事項を選択する場合には該当する事項を○で囲むこと。

2　死亡した受給権者又は特別支給金受給資格者（以下「受給資格者」という。）が傷病補償年金又は傷病年金を受けていた場合には、①は記載する必要がないこと。

3　この請求書（申請書）には、次の書類その他の資料を添えること。ただし、死亡した受給権者又は受給資格者の個人番号が未提出の場合を除き、⑴及び⑵の書類として住民票の写しを添える必要はないこと。

⑴　死亡した受給権者又は受給資格者の死亡の事実及び死亡の年月日を証明することができる書類

⑵　遺族補償年金及び遺族年金以外の未支給の保険給付の支給を請求し、又は遺族補償年金若しくは遺族年金を受ける権利を有する者に対して支給する遺族特別支給金及び遺族特別年金以外の未支給の特別支給金の支給を申請する場合には、次の書類

イ　請求人（申請人）と死亡した受給権者又は受給資格者との身分関係を証明することができる戸籍の謄本又は抄本（請求人（申請人）が死亡した受給権者又は受給資格者と事実上婚姻関係と同様の事情にあつた者であるときは、その事実を証明することができる書類）

ロ　請求人が死亡した受給権者と生計を同じくしていたこと又は申請人が死亡した受給資格者と生計を同じくしていたことを証明することができる書類

⑶　未支給の遺族補償年金又は遺族年金の支給を請求する場合には、次の書類その他の資料

イ　請求人と死亡した労働者との身分関係を証明することができる戸籍の謄本又は抄本

ロ　請求人が障害の状態にあることにより遺族補償年金を受けることができる遺族であるときは、請求人が労働者の死亡の時から引き続き障害の状態にあることを証明することができる医師又は歯科医師の診断書その他の資料

⑷　遺族補償年金又は遺族年金を受ける権利を有する者に対して支給する未支給の遺族特別支給金又は遺族特別年金の支給の申請を行う場合には、次の書類その他の資料（同一の事由について未支給の遺族補償年金又は遺族年金を請求することができる場合を除く。）

イ　申請人と死亡した労働者との身分関係を証明することができる戸籍の謄本又は抄本

ロ　申請人が労働者の死亡の時から引き続き障害の状態にあつた者であるときは、その事実を証明することができる医師又は歯科医師の診断書その他の資料

⑸　死亡した受給権者又は受給資格者が死亡前に保険給付の支給を請求していなかつたとき又は特別支給金の支給を申請していなかつたときは、⑴から⑷までの書類その他の資料のほか、その受給権者又は受給資格者がその保険給付の支給を請求し、又は特別支給金の支給を申請するときに提出しなければならなかつた書類その他の資料

4　未支給の保険給付の支給の請求のみを行う場合には、未支給の特別支給金の申請に係る事項は全て抹消し、未支給の特別支給金の支給の申請のみを行う場合には、未支給の保険給付の請求に係る事項は全て抹消すること。

5　「請求人（申請人）の氏名」の欄は、記名押印することに代えて、自筆による署名をすることができること。

| 社会保険<br>労務士<br>記載欄 | 作成年月日・提出代行者・事務代理者の表示 | 氏　　　名 | 電　話　番　号 |
|---|---|---|---|
| | | ㊞ | （　　　）<br>ー |

＜保険給付の請求手続＞

<table>
<tr><th colspan="2" rowspan="2">どのような場合に</th><th rowspan="2">給付の種類</th><th colspan="2">手続</th></tr>
<tr><th>請求書の種類</th><th>提出先</th></tr>
<tr><td rowspan="8">傷病にかかったとき</td><td rowspan="2">○労災指定病院（診療所）にかかったとき<br>○労災指定薬局で投薬を受けるとき</td><td>療養補償給付（業務災害）<br>（療養の給付）</td><td>療養補償給付たる療養の給付請求書<br>（様式第５号）</td><td rowspan="2">労災指定病院等</td></tr>
<tr><td>療養給付（通勤災害）<br>（療養の給付）</td><td>療養給付たる療養の給付請求書<br>（様式第16号の３）</td></tr>
<tr><td rowspan="2">○労災指定以外の病院（診療所）にかかったとき<br>○看護・移送を要したとき</td><td>療養補償給付（業務災害）<br>（療養の費用）</td><td>療養補償給付たる療養の費用請求書<br>（様式第７号）</td><td rowspan="14">所轄労働基準監督署</td></tr>
<tr><td>療養給付（通勤災害）<br>（療養の費用）</td><td>療養給付たる療養の費用請求書<br>（様式第16号の５）</td></tr>
<tr><td rowspan="2">○療養のため休業し賃金を受けないとき</td><td>休業補償給付<br>（業務災害）</td><td>休業補償給付支給請求書<br>（様式第８号）</td></tr>
<tr><td>休業給付<br>（通勤災害）</td><td>休業給付支給請求書<br>（様式第16号の６）</td></tr>
<tr><td rowspan="2">○療養開始後１年６か月を経過した日に、まだ治ゆしていないときなど</td><td>傷病補償年金<br>（業務災害）</td><td rowspan="2">傷病の状態等に関する届<br>傷病の状態等に関する報告書</td></tr>
<tr><td>傷病年金<br>（通勤災害）</td></tr>
<tr><td colspan="2" rowspan="2">○治ゆしたときに障害等級表に定める身体障害が残ったとき</td><td>障害補償給付（業務災害）<br>（年金または一時金）</td><td>障害補償給付支給請求書<br>（様式第10号）</td></tr>
<tr><td>障害給付（通勤災害）<br>（年金または一時金）</td><td>障害給付支給請求書<br>（様式第16号の７）</td></tr>
<tr><td colspan="2" rowspan="6">○死亡したとき</td><td>遺族補償給付（業務災害）<br>（年金）</td><td>遺族補償年金支給請求書<br>（様式第12号）</td></tr>
<tr><td>遺族給付（通勤災害）<br>（年金）</td><td>遺族年金支給請求書<br>（様式第16号の８）</td></tr>
<tr><td>遺族補償給付（業務災害）<br>（一時金）</td><td>遺族補償一時金支給請求書<br>（様式第15号）</td></tr>
<tr><td>遺族給付（通勤災害）<br>（一時金）</td><td>遺族一時金支給請求書<br>（様式第16号の９）</td></tr>
<tr><td>葬祭料<br>（業務災害）</td><td>葬祭料請求書<br>（様式第16号）</td></tr>
<tr><td>葬祭給付<br>（通勤災害）</td><td>葬祭給付請求書<br>（様式第16号の10）</td></tr>
</table>

| | | | |
|---|---|---|---|
| ○障害補償年金（障害年金）または傷病補償年金（傷病年金）の第１級の者または第２級の者（精神・神経障害および胸腹部臓器障害の者に限る）であって、常時または随時介護を要するとき | 介護補償給付（業務災害） | 介護補償給付・介護給付支給請求書（様式第16号の２の２） | |
| | 介護給付（通勤災害） | | |

# Ⅱ　保険給付の支給決定

## 1　労災申請の一般的な流れ

一般的な流れとしては、本人から労災申請がなされると、労基署は本人および会社への調査を開始する。例えば、治療費を請求する療養の給付請求書をもって労災指定病院を経由して労基署に請求した場合、労基署に申請書が到達するまでに通常１～２か月程度の期間を要するので、調査開始はその後ということになる。

また、本人が休業期間中の補償として休業補償給付請求書を労基署に提出した場合は、担当官の抱えている事件数等によって変わってくると思われるが、申請後１～２か月のうちに調査が開始されるようである。

労基署の具体的な調査開始の際は、会社宛に事前に文書もしくは電話で連絡が入るのが通常である。調査方法は本人の日常的業務内容、発症直前の業務内容、発症場所の業務環境等を中心に個別に双方の事情聴取がなされ、事業所視察による労働状況の実態調査、代表者、部門管理者、部門同僚、社員等への聴取、また、書面による質問事項に関する回答要請等がある。

精神疾患の場合には、例えば本人が主張するうつ病の原因となったものが、「業務」に該当するかどうかということと、その業務とうつ病との間に「起因」、つまり原因結果の関係が認められるかによって業務災害であるかどうかが判断されることになるが、詳しくは「第２章　業務上認定の基本的な考え方」を参照されたい。

## 2　精神障害の労災認定

厚生労働省では、これまで平成11年に定めた「心理的負荷による精神障害等に係る業務上外の判断指針」に基づいて労災認定を行っていたが、判断の迅速化・基準の明確化を目的として、平成23年12月に「心理的負荷による精神障害の認定基準」（以下「認定基準」という）を新たに定め、これに基づいて労災認定を行うこととなった。例えば、「強」「中」「弱」の心理的負荷の具体例を記載するなどして、基準の明確化に努めている。

## 3　退職後の権利

保険給付は、労働者が退職した後も、保険給付を受けることができる（労災法第12条の５第１項）。退職によって権利が消滅することはない。

# Ⅲ　支給制限

## 1　概　要

⑴　労働者が、故意に負傷、疾病、障害もしくは死亡またはその直接の原因となった事故を生じさせたときは、すべての保険給付で不支給となる。

⑵　労働者が故意の犯罪行為もしくは重大な過失により、または正当な理由がなくて療養に関する指示に従わないことにより、負傷、疾病、障害もしくは死亡もしくはこれらの原因となった事故を生じさせ、または負傷、疾病もしくは障害の程度を増進させ、もしくはその回復を妨げたときは、保険給付の全部または一部の支給が行われないことになる。

## 2　支給制限事由と制限内容

**ア　1⑴の「労働者が、故意に負傷、疾病、障害もしくは死亡またはその直接の原因となった事故を生じさせたとき」について**

①　業務または通勤に起因する災害といえないので、すべての保険給付が支給制限となり給付は全く支給されないことになる。

②　「故意」とは、結果の発生を意図した故意をいう。ただし、被災労働者が結果の発生を意図してしたとしても、業務との因果関係が認められる事故については、故意には該当しない。

（例）業務上の心理的負荷に起因する精神障害によって正常な認識、行為選択の能力が著しく阻害され、あるいは自殺を思いとどまる精神的な抑制力が著しく阻害されている状態において自殺が行われたと認められる場合

**イ　1⑵の「労働者が、故意の犯罪行為もしくは重大な過失により、負傷、疾病、障害もしくは死亡またはこれらの原因となった事故を生じさせたとき」について**

①　「故意の犯罪行為」とは、事故の発生を意図した故意ではないが、その原因となる犯罪行為そのものが故意によるものであることをいう。

②　「故意の犯罪行為もしくは重大な過失」に当たる行為としては、法令（労働関係法、鉱山保安法、道交法等）上の危害防止に関する規定で罰則の付されているものに違反すると認められる場合のみとされている。

**ウ　支給制限の内容**

①　休業（補償）給付、傷病（補償）年金、障害（補償）給付は、その支給のたびに、所定給付額の30％が減額される。

②　年金給付については、療養開始後３年以内に支払われる分に限って減額され、それ以降の分については、減額は行われない。

③　療養（補償）給付、遺族（補償）給付、葬祭料（葬祭給付）、介護（補償）給付、二次健康診断等給付は支給制限の対象外である。

**エ　1⑵の「労働者が、正当な理由がなくて療養に関する指示に従わないことによ**

**り、負傷、疾病もしくは障害の程度を増進させ、またはその回復を妨げたとき」について**

①　「療養に関する指示」とは、医師または労働基準監督署長の療養に関する具体的な指示をいう。

②　支給制限の内容は、休業（補償）給付および傷病（補償）年金について、事案１件につき、10日分が減額される。

③　傷病（補償）年金の10日分とは、年金額の365分の10をいう。

### 3　支給制限のまとめ

| 支給制限原因 | 保険給付 | 対象となる保険給付 |
|---|---|---|
| 故意に | 行わない | すべての保険給付 |
| 故意の犯罪行為もしくは重大な過失 | 全部または一部を行わないことができる | 休業（補償）給付<br>傷病（補償）年金<br>障害（補償）給付<br>※支給のたび、所定給付額の30％分を減額<br>※年金給付の場合、療養開始後３年以内に支払われるものが対象 |
| 正当な理由なく療養に関する指示に従わない | | 休業（補償）給付<br>傷病（補償）年金<br>※事案１件につき、10日分を減額 |

## Ⅳ　保険給付請求権の消滅時効

### 1　概　要

療養補償給付、休業補償給付、葬祭料、介護補償給付、療養給付、休業給付、葬祭給付、介護給付および二次健康診断等給付を受ける権利は、２年を経過したとき、障害補償給付、遺族補償給付、障害給付および遺族給付を受ける権利は、５年を経過したときは、時効によって消滅する。

なお、保険給付を受ける権利は、請求しないでいると時効によって消滅する。

### 2　各保険給付の時効と時効の起算日

| 保険給付の種類 | 消滅時効 | 時効の起算日 |
|---|---|---|
| 療養（補償）給付（療養の費用の支給に係るもののみ） | ２年 | 療養の費用を支払った日の翌日から |
| 休業（補償）給付 | ２年 | 休業の日ごとにその翌日から |

| | | |
|---|---|---|
| 障害（補償）給付 | 5年 | 傷病が治った日の翌日から |
| 障害（補償）年金前払一時金 | 2年 | 傷病が治った日の翌日から |
| 障害（補償）年金差額一時金 | 5年 | 障害（補償）年金の受給権者が死亡した日の翌日から |
| 遺族（補償）給付 | 5年 | 死亡した日の翌日から |
| 遺族（補償）年金前払一時金 | 2年 | 死亡した日の翌日から |
| 葬祭料（葬祭給付） | 2年 | 死亡した日の翌日から |
| 傷病（補償）年金 | なし | ※政府が職権で給付決定するため、請求行為はなく、時効もない。 |
| 介護（補償）給付 | 2年 | 介護を受けた月の翌月の初日から |
| 二次健康診断等給付 | 2年 | 労働者が一時健康診断の結果を了知し得る日の翌日から |

## 3　その他

⑴　事業主からの費用徴収および療養給付に係る一部負担金についての時効は、2年である。

⑵　時効によって消滅するのは、保険給付の支給決定を請求する権利（基本権）であり、支給決定が行われた保険給付の支払を受ける権利（支分権）については、労災法の規定によらず、公法上の金銭債権として会計法の規定により、その消滅時効は5年とされている。

なお、傷病（補償）年金は、被災労働者からの請求によらず職権によって決定されるため、基本権の時効という問題は生じないが、支分権については、会計法の規定により、5年で時効にかかることとなる。また、療養の給付を受ける権利は、現物給付であるため時効は存在しない。

⑶　未支給の保険給付の請求権は、保険給付の請求を行わないまま受給権者が死亡した場合の時効は、上記「2　各保険給付の時効と時効の起算日」の表のとおりであるが、保険給付の請求を行った後に受給権者が死亡した場合には、その時効は会計法の規定により5年とされる。

⑷　特別支給金の申請期間（除斥期間）は、休業特別支給金が2年、他の特別支給金はすべて5年である。

【パラリーガル　岩出 亮】

# 第６章
## 労災民事賠償事件（労災民訴）——損害賠償論

# Ⅰ　法定外補償
## ——労災民事賠償事件の多発とその動向

### 1　労災補償（保険）と労災民事賠償請求の関係

#### ⑴　労災補償（保険）と労災民事賠償請求の併存主義

労災が起こった場合、労災保険があっても被災者等から損害賠償請求を求められることがある。というのは、前述のとおり（第１章Ⅱ１参照）、現在の労災に関する制度が次のような構造になっているからである。すなわち、労災が起こった場合、まず、事業者は、労基法上の災害補償責任を負担する（労基法75条以下）。しかし、使用者は、労災法により保険給付がなされるべき場合は労基法上の補償の責めを免れ（労基法84条１項）、被災者等に保険給付が行われた場合、支払われた限度で損害賠償の責任も免れる。しかし、反面、使用者に安衛法違反などがあって、安全配慮義務違反や不法行為として責任が発生する場合、保険給付を超える損害については、使用者は民法上の損害賠償義務があり、被災者等は使用者に対して民法上の損害賠償請求ができることになっている。

なお、労災の場合の賃金請求につき、前述のとおり（第１章Ⅱ１参照）、損害賠償でなく、民法536条２項を適用する見解もある。

#### ⑵　比較法的な我が国の併存主義の特異性

実は、我が国のように、労災補償制度と民事賠償請求を並存させる制度（荒木・労働法235頁）は、比較法的には多数派とはいえない。例えば、米国の多くの州や、フランスでは、労災に対して労災補償を受けられる場合には使用者に対する損害賠償請求を提起することができない（東大労研・注釈労基法931頁［岩村正彦］）。そこで、使用者は、我が国における使用者側が労災認定を回避したがる傾向とは逆に、損害賠償からの免責を求めて、積極的に労災認定を受けるべく協力する行動に向かうことになる。

筆者自身は、最高裁判例が、後述のように（第６章Ⅲ８）、使用者から、将来の年金給付や特別支給金の損益相殺を認めない解釈を固める前は、我が国の「労災補償制度と損害賠償制度の並存主義」につき、相対的に優位な制度と指摘していたが（拙稿「社外工の労働災害」ジュリ584号155頁）、最高裁がその解釈を固め、労災法も前払一時金のような小手先の対応のみしかできていない状況下では（第６章Ⅲ８⑵）、フランス等の立法例の導入を踏まえた立法的な対応が必要と考えてはいる。

### 2　労災民事賠償請求事件の多発化と賠償額の高額化

実際、後述（第６章Ⅱ４）で説明するような企業に厳しい安全配慮義務などの判例理論や労働側の運動の影響もあり、被災労働者やその遺族から企業に対して損害賠償請求がなされることが増えている。そのような動きの中で、裁判所の判決や示談で認められる損害賠償額も非常に高額化してきている。そして、これがまた賠償請求の動きに拍車をかけている関係にある。

正確な司法統計等は入手できないが、少なくとも公刊されている判例集登載の裁判例、新聞等で報道される裁判例等をフォローしていく中でわかる傾向として、平成22年度は対前年度で若干増加したものの、大勢としては、従前から多かった建設・製造業関係でも労災事故が、趨勢としては減少傾向にある（ただし、未だ毎年900人前後の労働者が労災で死亡し、休業４日以上の死傷者も11万人を超えている。平成30年２月厚生労働省公表「労働災害発生状況（平成29年１月～12月の速報値）」厚労省HP掲載参照)。全体でも労災による死傷者数が減少している中で（中央労働災害防止協会HP掲載の「全産業における死亡者数・死傷者数の推移（昭和28年～平成21年)」参照)、特に、後述のように（第６章Ⅱ14参照)、いわゆる過労死・過労自殺等に関係した損害賠償事件が、正に急増していることが指摘できる（例えば、岩出・大系540頁以下参照)。

## 3　化学物質をめぐる安衛法の規制強化とあいまった労災申請・民事賠償請求事件の増加

### ⑴　安衛法の規制強化

平成17年改正安衛法により、過重労働対策以外にも、以下のような現在の労働現場の変化、新たな危険の増大等に即した重要な安全衛生体制の強化が図られ、さらに、平成26年改正により、後述のストレス検査と面接指導規定の整備のほかにも、外国登録製造時等検査機関等、表示義務の対象物および通知対象物について事業者の行うべき調査等、受動喫煙の防止※、事業場の安全または衛生に関する改善措置等、電動ファン付き呼吸用保護具等への規制の整備・強化がなされ、平成28年６月25日までには全面施行されている※※。

※　新宿労働基準監督署長事件・東京地判平成25年11月27日労経速2200号３頁〈受動喫煙が原因で発症したとする頭痛に業務起因性がない〉／横浜西労基署長事件・東京地判平成26年４月24日労経速2215号17頁〈肺がん発症は受動喫煙の曝露等が原因であるとはいえない〉

※※　詳細については、厚生労働省労働基準局安全衛生部「改正労働安全衛生法　Q&A集」（平成26年９月１日（厚労省HP掲載)。以下「改正安衛法Q&A」という)、岩出・26企業対応118頁以下、ストレス検査指針、ストレス・マニュアル等。

#### ア　危険性または有害性等のある化学物質等の調査に係る必要な措置

事業者は、建設物、設備、作業等の危険性または有害性等を調査し、その結果に基づいて必要な措置を講ずるように努めなければならない。ただし、危険性または有害性等のある化学物質等に係る調査以外の調査については、製造業等の業種に属する事業者に限る（安衛28条の２第１項、同則24条の11等)。厚生労働大臣は、上記の措置に関して、必要な指針を公表する（安衛28条の２第２項)。厚生労働大臣は、上記の指針に従い、事業者に指導、援助等を行うことができる（同条３項)。

#### イ　化学物質製造・提供等に関する規制

##### a　化学物質等を製造し、または取り扱う設備の改造等の仕事の注文者の講ずべき措置

化学物質等を製造し、または取り扱う設備で政令で定めるものの改造その他の厚労省令で定める作業に係る仕事の注文者は、当該物について労働災害を防止するため必要な措置を講じなければならない（安衛31条の２、同則662条の３)。

##### b　化学物質等に係る表示および文書交付制度

危険を生ずるおそれのある物で政令で定めるものには、その譲渡または提供に際して容

器または包装に名称等を表示しなければならない物も含まれ、容器または包装に表示しなければならないものには、当該物を取り扱う労働者に注意を喚起するための標章で厚生労働大臣が定めるものが含まれる（安衛法57条１項、安衛則34条、34条の２の４等）。危険を生ずるおそれのある物で政令で定めるものは、その譲渡または提供に際して相手方にその名称等を文書の交付等の方法により通知しなければならないとされている（安衛法57条の２第１項）。

### ⑵　化学物質をめぐる労災申請および民事賠償請求の増加

平成17年安衛法改正の一契機となった化学物質をめぐり、近時、労災申請、あるいは労災民事賠償請求の裁判例が増加している。なお、後述のように、アスベスト関係の裁判例等も増えており（第７章参照）、有害物質を利用する作業現場での安全配慮義務はより高まっていることに留意が必要である。

#### ア　化学物質をめぐる労災申請の動向

事案によるが、近時では、前述の受動喫煙関係以外でも、以下のような裁判例が示されている。国・王子労基署長事件・東京地判平成26年１月16日労経速2206号８頁では、胆のうがんがベンジジンの取扱い業務により発病したとは認められないとされ、地公災基金岩手県支部長（県職員）事件・盛岡地判平成26年10月17日労判1112号61頁では、いわゆる化学物質過敏症は病態の解明に至っておらず、正確な発生機序も不明とされているものではあるが、既存の疾病概念では説明不可能な環境不耐性の患者の存在が否定されるものではなく、また、種々の低濃度化学物質に反応して非アレルギー性の過敏症状の発現により、精神・身体症状を示す患者が存在する可能性は否定できないとされ、そのような症状を呈する病態が存在すること自体について大きな争いがあるわけではないこと、化学物質過敏症は平成15年にはICD－10に登録され、21年には標準病名マスターにも収載されたものであること等から、化学物質過敏症という疾病の存在自体は医学的に認められているというべきであるとされたが、結論においては、本件公用車内に残存していた何れかの化学物質が化学物質過敏症の症状の発現に何らかの影響を与えた可能性は否定できないものの、本件公用車内には直ちに重大な健康被害を生じさせるような量の化学物質が残存していたとは認められず、労働者Ｘの症状が他の要素に起因する可能性も認められること等の諸事情に照らすと、社会通念上、本件公用車を使用するという公務に内在する危険が現実化して化学物質過敏症を発症したと認めることはできず、労働者Ｘの化学物質過敏症の発症に関して公務起因性を認めることはできないとされている。

#### イ　化学物質をめぐる労災民事賠償事件の動向

化学物質をめぐる労災民事賠償請求事件についても増加している。例えば、喜楽鉱業株式会社事件（大阪地判平成16年３月22日労判883号58頁）は、会社工場の廃溶剤タンクの清掃作業中に、従業員がタンク内の有機溶剤中毒により死亡した事故につき、会社の安全配慮義務違反があるとして、会社の損害賠償責任が認められ、損害を約7,700万円と認定したが、過失相殺による30％と労災保険給付等を控除した5,147万6,357円の支払を認め、ジャムコ立川工場事件（東京地八王子支判平成17年３月16日労判893号65頁）は、航空機内装品の燃焼試験業務において発生する排気中には複数の有毒な化学物質が含まれている危険性があると認められ、この排気を室内に放出させると、原告がこれら有毒な化学物質に曝露し、原告に健康被害を生じさせるおそれがあったとされ、被告会社に試験装置の排気装置を正常に機能するようにする義務、試験室の換気設備を完備する義務、効果的な保護具を支給する義務、安全に配慮した作業工程を作成し適切な作業管理をする義務、健康診断などをして適切に健康管理する義務の６つの義務があるとし、さらに、認定した６つの安全配慮義務の内容は、安衛法、安衛則、特化則により課せられる義務と同内容であるので、被告会社にはこれらの法令に違反した点からも安全配慮義務違反があると認め、化学物質を取り扱う企業での慢性気管支炎、中枢神経機能障害等との間の因果関係を認め、被告会社の各安全配慮義務違反と原告の病状との間に因果関係を認め損害賠償を認めている。慶應義塾大学（化学物質過敏症）事件・東京高判平成24年10月18日労判1065号24頁では、揮発性有機化合物等の化学物質が存在していた職場で勤務していた職員が「シックハウス症候群」とされる症状を発症したことについて、使用者の安全配慮義務違反が認められた。また、最近の花王事件・東京地判平成30年７月２日判例集未登載でも化学物質過敏症の発症に対する安全配慮義務違反を認めた。

アスベスト関係の裁判例等も増えており（関西保温工業ほか１社事件・東京地判平成16年９月16日労判882号29頁、同控訴事件・東京高判平成17年４月27日労判897号19頁、札幌国際観光（石綿曝露）事件・札幌高判平成20年８月29日労判972号19頁、三井倉庫（石綿曝露）事件・神戸地判平成21年11月20日労判997号27頁、三菱重工業（損害賠償請求控訴、同附帯控訴）事件・福岡高判平成21年２月９日判時2048号118頁、米軍横須賀基地事件・横浜地横須賀支判平成21年７月６日労経速2051号３頁、中部電力事件・名古屋地判平成21年７月７日労経速2051号27頁、渡辺工業事件・大阪地判平成22年４月21日労判1016号59頁等）、有害物質を利用する作業現場での安全配慮義務はより高まっていることに留意が必要である。

もちろん事案により責任が否定された事例もある（ミヤショウプロダクツ事件・大阪地判平成18年５月15日労判952号81頁では、従業員が、会社の社屋改装工事に伴いシックハウス症候群ないし化学物質過敏症に罹患したとして、会社に対して安全配慮義務違反による損害賠償請求をした事案につき、会社において、それを認識し、適切な対策を講じることは不可能または著しく困難であったとして請求を棄却した事例で、ミヤショウプロダクツ（損害賠償請求）控訴事件・大阪高判平成19年１月２日労判952号77頁でも支持された。アスベスト事案で、損害賠償請求事件・東京地判平成21年２月16日判時2051号150頁では、電気工事の請負会社の従業員が悪性胸膜中皮腫により死亡した場合において、勤務中の石綿曝露との因果関係が認められず、会社の安全配慮義務違反の責任が否定された）。

【弁護士　岩出 誠】

# Ⅱ　責任論

## 1　民事賠償請求の法的根拠

労災の被災者が使用者に対し損害賠償請求を行う場合の主たる法的根拠としては、

① 一般不法行為責任（民法709条）および使用者責任（民法715条）

② 労働契約に付随する使用者の義務としての安全配慮義務（労働契約法５条）や職場環境調整義務（均等法11条）の違反を理由とする債務不履行に基づく損害賠償責任（民法415条）

の２つが考えられる。

## 2　不法行為責任

### ⑴　一般不法行為責任

一般不法行為責任について規定した民法709条には、「故意又は過失によって他人の権利又は法律上保護された利益を侵害した者は、これによって生じた損害を賠償する責任を負う」（民法709条）と規定されている。

一般不法行為責任の追及に際し「故意又は過失」の有無が争点とされることが多い。労災事件における「故意」とは、労働災害発生、これにより被災者に傷病等が発生することを認識し、認容して行う心理状態ないしは行為を意味すると考えられる。

また、「過失」については、労働災害の発生および傷病結果の発生に関する予見可能性を前提とした結果回避義務違反を意味すると考えられている。

被災者としては、これらの「故意又は過失」を基礎付ける評価根拠事実を主張、立証して事故を起こした者に対し損害賠償責任の追及をしていくことになる。

これに対し、損害賠償責任を追及される側としては、「故意又は過失」の不存在を基礎付けるべく評価障害事実を主張、立証ししていくことになる。

### ⑵　使用者責任

上記⑴で述べた一般不法行為責任は、労災事故を発生させた当事者を対象とした規定である。もっとも、不法行為を発生させたのが一労働者であったとしても、使用者は事業の執行に際し、当該労働者を雇入れ、稼働させ、利益を得ているにもかかわらず、事故が発生した際の責任は当該労働者しか負わないというのは損害の公平な分担および被害者救済という不法行為法の趣旨に照らし、不均衡である。そこで、民法715条に規定される一定の要件を満たす場合には、使用者に対し責任追及を行うことができる。

具体的には、同条第１項では、「ある事業のために他人を使用する者は、被用者がその事業の執行について第三者に加えた損害を賠償する責任を負う。ただし、使用者が被用者の選任及びその事業の監督について相当の注意をしたとき、又は相当の注意をしても損害が生ずべきであったときは、この限りでない。」と規定されており、これは上記⑴で述べた被用者の行為について一般不法行為が成立することを前提とした規定である。

## 3　安全配慮義務責任の法規範化

現在、安全配慮義務については、労契法５条において、「使用者は、労働契約に伴い、労働者がその生命、身体等の安全を確保しつつ労働することができるよう、必要な配慮をするものとする」と定義されている。もっとも、安全配慮義務という概念については、同条制定前から、判例法理として成立していたものである。

### ⑴　判例法理における安全配慮義務

#### ア　陸上自衛隊八戸車両整備工場事件（最三小判昭和50年２月25日民集29巻２号143頁）

最高裁が「安全配慮義務」の概念を法的に認めたリーディングケースは、陸上自衛隊八戸車両整備工場事件である。

a　事　案

同事件は、陸上自衛隊員である被災者が、自衛隊内の車両整備工場で車両整備中に、後退してきたトラックに轢かれ死亡した事案であり、最高裁判決において国が当該被災者に対し安全配慮義務を負っていることを認定した事件である。

b　安全配慮義務概念の肯定

最高裁は、同判決の中で、「国は、公務員に対し、国が公務遂行のために設置すべき場所、施設もしくは器具等の設置管理又は公務員が国もしくは上司の指示のもとに遂行する公務の管理にあたつて、公務員の生命及び健康等を危険から保護するよう配慮すべき義務（以下「安全配慮義務」という。）を負つているものと解すべきである。」として、「安全配慮義務」という概念を法的に認めた。

c　安全配慮義務の発生根拠

その上で、安全配慮義務の根拠を「法律関係に基づいて特別な社会的接触の関係に入つた当事者間において、当該法律関係の付随義務として」「信義則上負う義務」と判示した。

d　当該事案における安全配慮義務の具体的内容

当該事案における「安全配慮義務」の具体的内容については、「公務員の職種、地位及び安全配慮義務が問題となる当該具体的状況等によつて異なるべきものであり、自衛隊員の場合にあつては、更に当該勤務が通常の作業時、訓練時、防衛出動時（自衛隊法76条）、治安出動時（同法78条以下）又は災害派遣時（同法83条）のいずれにおけるものであるか等によつても異なりうべきものである」として、各事案によって変容し得るものであり、当該事案ごとの具体的状況を総合考慮することによって内容が画されるものであることを示した。

イ　川義事件（最三小判昭和59年4月10日民集38巻6号557頁）

a　事　案

同事件は、宝石等の高価な品物を販売している会社にいた宿直勤務中の被災者が、物取り目的で侵入した犯人によって殺害され、店から宝石類を盗まれた強盗殺人事件において、殺害された被災者の両親が、会社に対し、損害賠償の請求をした事案につき、会社に安全配慮義務違反に基づく損害賠償責任があると判断された事件である。

b　安全配慮義務の発生根拠及び内容

同事件において、最高裁は、「雇傭契約は、労働者の労務提供と使用者の報酬支払をその基本内容とする双務有償契約であるが、通常の場合、労働者は、使用者の指定した場所に配置され、使用者の供給する設備、器具等を用いて労務の提供を行うものであるから、使用者は、右の報酬支払義務にとどまらず、労働者が労務提供のため設置する場所、設備もしくは器具等を使用し又は使用者の指示のもとに労務を提供する過程において、労働者の生命及び身体等を危険から保護するよう配慮すべき義務（以下「安全配慮義務」という。）を負つているものと解するのが相当である。」と判示し、「雇傭契約」から「安全配慮義務」が導かれることを示した。

c　安全配慮義務の具体的内容の特定のための考慮要素

その上で、使用者の安全配慮義務の具体的内容について、「労働者の職種、労務内容、労務提供場所等安全配慮義務が問題となる当該具体的状況等によつて異なる」と判示した。

〈安全配慮義務の具体的内容の特定〉

d　当該事案における安全配慮義務の具体的内容

このような前提をもとに、「会社は、被災者（注：判決文中は実名）一人に対し昭和53年８月13日午前９時から24時間の宿直勤務を命じ、宿直勤務の場所を本件社屋内、就寝場所を同社屋一階商品陳列場と指示したのであるから、宿直勤務の場所である本件社屋内に、宿直勤務中に盗賊等が容易に侵入できないような物的設備を施し、かつ、万一盗賊が侵入した場合は盗賊から加えられるかも知れない危害を免れることができるような物的施設を設けるとともに、これら物的施設等を十分に整備することが困難であるときは、宿直員を増員するとか宿直員に対する安全教育を十分に行うなどし、もつて右物的施設等と相まつて労働者たるＡの生命、身体等に危険が及ばないように配慮する義務があつたものと解すべき」と判断し、同事件における具体的な安全配慮義務の内容を画した。

e　当該事案における安全配慮義務違反の認定

その上で最高裁は、「会社の本件社屋には、昼夜高価な商品が多数かつ開放的に陳列、保管されていて、休日又は夜間には盗賊が侵入するおそれがあったのみならず、当時、上告会社では現に商品の紛失事故や盗難が発生したり、不審な電話がしばしばかかってきていたというのであり、しかも侵入した盗賊が宿直員に発見されたような場合には宿直員に危害を加えることも十分予見することができたにもかかわらず、上告会社では、盗賊侵入防止のためののぞき窓、インターホン、防犯チェーン等の物的設備や侵入した盗賊から危害を免れるために役立つ防犯ベル等の物的設備を施さず、また、盗難等の危険を考慮して休日又は夜間の宿直員を新入社員一人としないで適宜増員するとか宿直員に対し十分な安全教育を施すなどの措置を講じていなかったというのであるから、上告会社には、Ａに対する前記の安全配慮義務の不履行があったものといわなければならない。そして、前記の事実からすると、上告会社において前記のような安全配慮義務を履行しておれば、本件のようなＡの殺害という事故の発生を未然に防止しえたというべきであるから、右事故は、上告会社の右安全配慮義務の不履行によって発生したものということができ、上告会社は、右事故によって被害を被った者に対しその損害を賠償すべき義務があるものといわざるをえない。」と判断し、会社の安全配慮義務違反を認定した。

## 4　安全配慮義務の明文化

安全配慮義務については、上記のとおり、最高裁判例上確立された法的概念として一般化されていたが、労契法が平成20年３月１日に施行され、同法５条において、「使用者は、労働契約に伴い、労働者がその生命、身体等の安全を確保しつつ労働することができるよう、必要な配慮をするものとする」と明文化された。

労契法施行通達によれば、その内容は、以下のとおりとされている。

① 本条は、使用者は、労働契約に基づいてその本来の債務として賃金支払義務を負うほか、労働契約に特段の根拠規定がなくとも、労働契約上の付随的義務として当然に安全配慮義務を負うことを規定したものであること。

② 本条の「労働契約に伴い」は、労働契約に特段の根拠規定がなくとも、労働契約上

の付随的義務として当然に、使用者は安全配慮義務を負うことを明らかにしたものであること。

③　本条の「生命、身体等の安全」には、心身の健康も含まれるものであること。

④　本条の「必要な配慮」とは、一律に定まるものではなく、使用者に特定の措置を求めるものではないが、労働者の職種、労務内容、労務提供場所等の具体的な状況に応じて、必要な配慮をすることが求められるものであること。なお、安衛法をはじめとする労働安全衛生関係法令においては、事業主の講ずべき具体的な措置が規定されているところであり、これらは当然に遵守されなければならないものであること。

## 5　安全配慮義務の明文化の趣旨

判例上確立されていた安全配慮義務ではあったが、労契法施行通達も指摘しているとおり、「判例において、労働契約の内容として具体的に定めずとも、労働契約に伴い信義則上当然に、使用者は、労働者を危険から保護するよう配慮すべき安全配慮義務を負っているものとされているが、これは、民法等の規定からは明らかになっていないところであ」ったことから、労契法５条において、使用者は当然に安全配慮義務を負うことを明記したのである。

したがって、労使間において紛争の発生を未然に防止すると同時に労使間にトラブルが発生した際に労働者からの損害賠償請求の法的根拠として明確であるように、使用者が安全配慮義務を負うことを労使間に周知すべく、労契法において、労働契約関係に入った使用者が労働者に対して安全配慮義務を負うという一般的な法規範を、判例法理に則って明文化したものである。なお、使用者の安全配慮義務の具体的内容は、個別の事案ごとに「労働者の職種、労務内容、労務提供場所等安全配慮義務が問題となる当該具体的状況等によって」画されることとなる。

## 6　安全配慮義務の概要

最高裁の判例法理上、「雇傭契約は、労働者の労務提供と使用者の報酬支払をその基本内容とする双務有償契約であるが、通常の場合、労働者は、使用者の指定した場所に配置され、使用者の供給する設備、器具等を用いて労務の提供を行うものであるから、使用者は、右の報酬支払義務にとどまらず、労働者が労務提供のため設置する場所、設備もしくは器具等を使用し又は使用者の指示のもとに労務を提供する過程において、労働者の生命及び身体等を危険から保護するよう配慮すべき義務（以下「安全配慮義務」という）を負っているものと解するのが相当である」として、使用者の安全配慮義務が最高裁（(前掲) 川義事件）で認められており、現在では、７で後述するように、電通事件を契機として、就労環境の整備というような物的側面だけではなく、労働者の健康面への配慮も含んだ相当広範かつ高度な健康配慮義務ともいうべき内容までに高められている。

## 7　安全配慮義務と安衛法上の安全管理義務との関係

### ⑴　安全配慮義務と安全管理義務との関係

安全配慮義務と安衛法上の安全管理義務とはどう異なるのか。安衛法は、１条で、「快適な職場環境の形成の促進」を目的として掲げている。つまり、労働者が作業に従事するに当たっての安全・衛生だけでなく、労働者が生活時間の多くを過ごす職場について、疲労やストレスを感ずることが少ない快適な職場環境としていくことが、安衛法の趣旨である。これに対して、川義事件において、使用者の安全配慮義務とされた「のぞき窓、インターホン、防犯チェーン等の盗賊防止のための物的措置、宿直員の増員などの措置」は、一般的な防犯の類の義務であり、安衛法上使用者が負う義務には含まれないものと解さざるを得ない。つまり、安衛法上の義務は、作業環境や職場環境を主眼に置くものであり、使用者が労働契約に基づく付随的な義務として負う安全配慮義務は、これと比較して、より広い射程を持つと考えられている。

### ⑵　健康配慮義務と安全管理義務との関係

一方で、判例法理上の安全配慮義務の一環たる健康配慮義務の内容に鑑みれば、両者の関係は実質的には相当範囲で重なっているともいえよう。すなわち、裁判例においても、労働契約上の信義則上の義務の一環たる安全配慮義務の具体的態様として、安衛法上の健康管理義務を踏まえて、当該職種等の就労条件についての具体的な法規制、現実の労働環境、当該従業員の素因・基礎疾病や発症している疾病の内容と程度に応じて、個別具体的に、特定業務の軽減ないし免除措置を講ずるなどして就労環境を整備すること、そして健康管理の面においても、従業員の健康への一定の配慮ないし把握を行うことなど、相当広範かつ高度な健康配慮義務を措定し、電通事件（最二小判平成12年３月24日労判779号13頁）においては、「労働者が労働日に長時間にわたり業務に従事する状況が継続するなどして、疲労や心理的負荷等が過度に蓄積すると、労働者の心身の健康を損なう危険のあることは、周知のところである。労働基準法は、労働時間に関する制限を定め、労働安全衛生法65条の３は、作業の内容等を特に限定することなく、同法所定の事業者は労働者の健康に配慮して労働者の従事する作業を適切に管理するように努めるべき旨を定めているが、それは、右のような危険が発生するのを防止することをも目的とするものと解される。これらのことからすれば、使用者は、その雇用する労働者に従事させる業務を定めてこれを管理するに際し、業務の遂行に伴う疲労や心理的負荷等が過度に蓄積して労働者の心身の健康を損なうことがないよう注意する義務を負う」と判示している。

同様の事情は、そのほかの健康配慮義務・安全配慮義務の内容を特定する際にも顕在化する。一般的に、労災民事賠償事件においては、安全教育義務の履行が争点となることが多いが、裁判例においては、企業が雇入、作業内容の変更、危険業務への従事などの際に要求される安全教育、一定の危険業務への免許取得者等以外の就労禁止、中高年齢者・身体障害者等への就業上の特別配慮なども要求される安衛法59条、安衛則35条の雇入時教育、同則36条の特別教育等の労働者に対する安全教育義務等の定めを引用するなどしつつ、同義務を民事上の安全配慮義務の一内容としている（日本陶料事件・京都地判昭和58年10月４日労判426号64頁／川島コーポレーション事件・千葉地木更津支判平成21年11月10日労判999号35頁）。

また、労基法や安衛法上では、努力義務規定にすぎない場合であっても、これを安全配慮義務や健康配慮義務の内容としている判決も少なくない（(前掲）電通事件／空港グランド・サービス・日航事件・東京地判平成３年３月22日労判586号19頁）。

## 8　健康診断と健康配慮義務

### ⑴　健康診断に関する法的根拠——健康管理義務と健康配慮義務

安衛法による健康管理義務とは、民事上の安全配慮義務の下位概念であり、その健康管理面における具体的一内容としての健康配慮義務とは、法理論的には、別の次元の問題である（例えば、小畑史子「労働安全衛生法規の法的性質」法協112巻２号212頁、荒木・労働法190頁等参照）。しかし、実務的には、具体的な各義務内容の重複性に照らし、両者の内容の総体を一括して、「健康配慮義務」と総称する。

### ⑵　健康配慮義務の内容

健康配慮義務については、古くから裁判例においては、労働契約上の信義則上の義務の一環たる安全配慮義務の具体的態様として、安衛法上の健康管理義務を踏まえて、当該職種等の就労条件についての具体的な法規制、現実の労働環境、当該従業員の素因・基礎疾病や発症している疾病の内容と程度に応じて、個別具体的に、特定業務の軽減ないし免除措置を講ずるなどして就労環境を整備すること、そして健康管理の面においても、従業員の健康への一定の配慮ないし把握を行うことなど、相当広範かつ高度な健康配慮義務を措定していたが（大阪府立中宮病院松心園事件・大阪地判昭和55年２月18日労判338号57頁）、最高裁が、電通事件（前掲）で、「労働者が労働日に長時間にわたり業務に従事する状況が継続するなどして、疲労や心理的負荷等が過度に蓄積すると、労働者の心身の健康を損なう危険のあることは、周知のところである。労働基準法は、労働時間に関する制限を定め、労働安全衛生法65条の３は、作業の内容等を特に限定することなく、同法所定の事業者は労働者の健康に配慮して労働者の従事する作業を適切に管理するように努めるべき旨を定めているが、それは、右のような危険が発生するのを防止することをも目的とするものと解される。これらのことからすれば、使用者は、その雇用する労働者に従事させる業務を定めてこれを管理するに際し、業務の遂行に伴う疲労や心理的負荷等が過度に蓄積して労働者の心身の健康を損なうことがないよう注意する義務を負う」と判示し、健康配慮義務が、安衛法や労基法の規制を包含するものであることが明言されている。

### ⑶　健康配慮義務の高度化

企業が従業員に対してなす法定内外の健康診断の充実により（安衛法66条以下、安衛則43条以下）、生活習慣病、精神疾患を含む様々な傷病が事前にチェックされるケースが増えているが、他方で、法令・判例により企業に課される健康配慮義務は、結果債務に近づきつつあるといわざるを得ないまでに高度化されつつあり、企業が労災認定や損害賠償責任を回避するためには（富国生命事件・東京地八王子支判平成12年11月９日労判805号95頁、富士電機Ｅ＆Ｃ事件・名古屋地判平成18年１月18日労判918号65頁等）、診断結果のみならず、普段の業務遂行上から知り得た従業員の健康に関する情報に基づき相応な配慮が必要（石川島興業事件・神戸地姫路支判平成７年７月31日労判688号59頁、NTT東日本北海道支店事件・札幌高判平成18年７月20日労判922号５頁等）な状況となっている。

## 9　安衛法の改正

### ⑴　産業医・産業保健機能の強化

平成30年６月に「働き方改革を推進するための関係法律の整備に関する法律案」が審議され、安衛法が改正され以下の内容が定められた。なお、同法は平成31年４月１日施行の予定である。

### ア　事業主の産業医に対する情報提供等

事業者は、産業医が労働者の健康管理等を適切に行うために必要な情報を提供すべきであることから、改正法において新たに「産業医を選任した事業者は、産業医に対し、厚生労働省令で定めるところにより、労働者の労働時間に関する情報その他の産業医が労働者の健康管理等を適切に行うために必要な情報として厚生労働省令で定めるものを提供しなければならない」（安衛法13条４項）と定められた。

この情報とは、残業等が月80時間を超えた労働者の氏名とその時間、業務の情報等を意味する。具体的には、「休憩時間を除き１週間当たり40時間を超えて労働させた場合におけるその超えた時間が１月当たり80時間を超えた労働者の氏名及び当該労働者に係る超えた時間に関する情報」や「労働者の健康管理のために必要となる労働者の業務に関する情報」等である。

### イ　産業医の勧告を受けたときの措置

産業医は、労働者の健康を確保するために必要と認められるときに、労働者の健康管理等について必要な勧告を行うことができる（安衛法13条５項）が、その実効性を確保するためには、勧告が事業場の実情等を十分に考慮したものである必要がある。また、産業医の勧告が趣旨も含めて事業者に十分理解され、かつ、企業内で適切に共有され、労働者の健康管理のために有効に機能するようにしておく必要がある。

このため、産業医が勧告を行う場合にあっては、事前にその内容を示し、事業者から意見を求めることとするとともに、産業医から勧告を受けた事業者は、その内容を衛生委員会または安全衛生委員会に報告しなければならないとし（安衛法13条６項）、産業医の勧告が実質的に尊重されるように改正された。

### ウ　産業医の業務内容等の労働者に対する周知

事業者は、労働者が安心して健康相談が受けられるよう、産業医の業務内容、健康相談の申出方法、事業場における健康情報の取扱方法について、常時各作業場の見やすい場所に掲示し、または備え付けることその他の方法により、労働者に周知しなければならないものとされた（安衛法13条の３）。その他の方法としては、書面を労働者に交付すること、または磁気テープ、磁気ディスクその他これらに準ずる物に記録し、かつ、各作業場に労働者が当該記録の内容を常時確認できる機器を設置する方法がある。

## ⑵　長時間労働、高度プロフェッショナル制度等に関する健康確保措置

### ア　医師による面接指導の残業時間等の要件を100時間から80時間へ

過重な労働により脳・心臓疾患等の発症のリスクが高い状況にある労働者を見逃さない目的で労働者の健康管理を強化する見直しが行われた。長時間労働に対する健康確保措置として、安衛法66条の８の面接指導について、現行では、残業等が月100時間を超える者から申出があった場合に医師による面接指導を受けさせることとなっているが、この時間数を月80時間超とするよう改正された。

### イ　高度プロフェッショナル制度対象者に対する面接指導

高度プロフェッショナル制度は、一定の年収要件（1075万円）を満たし、アナリストなどの特定の高度専門業務に従事する労働者を対象とする新たな労働時間制度であるが、同制度は、36協定も時間外・休日・深夜の割増賃金も、適用除外にする新たな労働時間制度であることから、過重労働により労働者の健康を害さないよう、健康確保措置が定められた。

同時に、対象労働者に対する医師による面接指導を行うよう安衛法の改正も行われた。同制度の対象労働者であって、その健康管理時間が１週間当たり40時間を超えた場合のその超えた時間が１月当たり100時間を超えた労働者について、医師による面接指導を行わなければならず、労働者はこの面接指導を受けなければならないと定められた（安衛法66条の８の４）。ここでいう健康管理時間とは、対象労働者が「事業場内にいた時間」と「事業場外において労働した時間」との合計時間を意味する（安衛法66条の８の４第１項、労働基準法41条の２第１項３号）。同制度の対象労働者であっても健康確保の観点から健康管理時間の把握を要する。

**ウ　新技術、新商品等の研究開発業務に従事する労働者に対する面接指導**

時間外労働の上限が新たに定められた。具体的には、月45時間、年360時間を原則とし、特別条項を締結する場合も、年720時間、単月100時間未満、複数月平均80時間を限度とする内容が定められた。ただし、新技術、新商品等の研究開発業務については、改正後も時間外労働の上限規制の適用除外となる（労基法36条11項）。

時間外労働時間上限規定の適用は外されるが、これら研究開発業務に従事する労働者についても、健康確保措置として、残業等が月100時間を超えた者に対して医師による面接指導を行うよう安衛法に義務付けられた（安衛法66条の８の２）。

## 10　相当因果関係

労災民訴においては、請求が認められるためには、業務と負傷、疾病または死亡との間に相当因果関係が必要となる。労災保険給付のための業務上認定において、この相当因果関係に相当する「業務起因性」の有無が専ら問題となるように、この相当因果関係の有無が主要な争点となることが多い。業務起因性の認定が困難な疾病等が労災民訴において争われる場合には、特にそのような傾向が強い。また、「脳・心臓疾患の業務上認定」の問題事例が労災民訴において争われる場合、業務と脳・心臓疾患発症との間の相当因果関係の有無が重要な争点となることから、業務起因性の有無と類似の判断が行われることとなる（システム・コンサルタント控訴事件・東京高判平成11年７月28日判時1702号88頁＜高血圧症の基礎疾患があっても業務が共働原因の１つであれば相当因果関係が認められるとした＞）。

なお、過労自殺の場合は、理論上、業務と精神疾患、精神疾患と自殺のそれぞれの間に相当因果関係が必要とされるが、判例上は、後述する（第６章Ⅱ14⑵ア参照）ように、反応性うつ病罹患の有無やうつ病と業務との因果関係などを厳格に認定判断することもなく、労災認定の場合以上に緩やかに、業務の過重性の存否のみにより、事実上、自殺と業務との因果関係、そして企業の健康配慮義務の違反による損害賠償責任を認める傾向がある点については注意する必要がある。

## 11　不法行為責任と債務不履行責任の差異

裁判において、安全配慮義務の法的構成を採る場合、原告は、義務の違反の内容を特定し、かつ、義務違反に該当する事実を主張立証する責任がある（航空自衛隊芦屋分遣隊事件・最二小判昭和56年２月16日民集35巻１号56頁）が、これは、債務不履行に基づく損害賠償請求の立証責任の考え方に従ったものである。ただ、債務不履行構成の場合であっても、労働者が使用者の安全配慮義務の具体的な違反を主張立証しなければならないとすると、同構成が主張立証責任の点で不法行為構成の場合に比較して有利であるとはいえないこととなりそうであるが、不法行為法上の注意義務の内容について、使用者が労働者の業務災害や職業病を防止するための、高度の予見義務および結果回避義務を負うとの考え方が一般化すれば、実体法上の使用者の義務の内容・程度においても両構成上の実質的差異は微小になるものと思われるが、時効（民法167条と724条）、遺族固有の慰謝料（債務不履行構成では認められない）、遅延損害金の起算点（不法行為構成では事故の日からで、債務不履行構成では請求日の翌日から）などにおいては、依然として重要な差異があることは当然である。

## 12　下請労働者に対する元請企業の安全配慮義務

### ⑴　安全配慮義務違反の該当性

本来、伝統的民法の形式論からすれば、下請労働者は下請企業の労働者であり、下請労働者の労災について責任を負うべきは使用者たる下請企業であり、元請企業は、特段の不法行為責任でもなければ損害賠償義務を負うことはあり得ないはずである。しかし、現在の裁判例・学説では、この形式論は通用しなくなっている。不法行為、債務不履行等の法的な構成は別として、下請労働者に対する元請企業の労災民事賠償責任を認める数多くの裁判例が現れている（岩出誠「社外工の労働災害」ジュリ584号150頁以下参照）。

特に、陸上自衛隊八戸車両整備工場事件（最三小判昭和50年２月25日民集29巻２号143頁）が、安全配慮義務は、「ある法律関係に基づいて、特別な社会的接触の関係に入った当事者間において、当該法律関係の付随義務として」「信義則上負う義務」として一般的に認められるべきものであると判示したため、これを用いる裁判例が多くなり、最高裁判例でも、下請労働者の労災に対する元請企業の賠償責任につき、雇用契約に準ずる法律関係の債務（安全配慮義務）の不履行と見ることによって、元請企業の責任を認めるものが出ている（鹿島建設・大石塗装事件・最一小判昭和55年12月18日民集34巻７号888頁、三菱重工神戸造船所事件・最一小判平成３年４月11日労判590号14頁、テクノアシスト相模（大和製罐）事件・東京地判平成20年２月13日労判955号13頁等）。

裁判例は、概ね、次のような①～⑩の具体的な基準を総合して、元請企業と下請労働者間の「実質的な使用関係」あるいは「直接的または間接的指揮監督関係」が認められるか否かを検討し、これが肯定できる場合に、元請企業の下請労働者に対する安全配慮義務を認めて、労災民事賠償責任が認める場合が多いようである。

①　現場事務所の設置、係員、係員の常駐ないし派遣

②　作業工程の把握、工程に関する事前打合せ、届出、承認、事後報告

③　作業方法の監督、仕様書による点検、調査、是正

④　作業時間、ミーティング、服装、作業人員等の規制
⑤　現場巡視、安全会議、現場協議会の開催、参加
⑥　作業場所の管理、機械・設備・器具・ヘルメット・材料等の貸与・提供
⑦　管理者等の表示
⑧　事故等の場合の処置、届出
⑨　専属的下請関係か否か
⑩　元請企業・工場の組織的な一部に組み込まれているか、構内下請か

これらの要素のうちいくつかが該当する場合には、下請労働者と元請企業との間に実質的な使用関係があるとされる。例えば、前掲三菱重工神戸造船所事件においては、⑥元請企業の設備・工具の利用、③事実上の指揮・監督、⑩本工労働者との作業内容の同一性の３点を特に指摘し元請企業の責任を認めている。最近の事例としては、三菱重工下関造船所事件（広島高判平成26年９月24日労判1114号76頁）、環境施設ほか事件（福岡地判平成26年12月25日労判1111号５頁）等が参考になるところである。

### ⑵　元請・下請間の責任割合

下請労働者の労災につき、元請企業の損害賠償責任を肯定される場合の元請と下請間の責任割合についてであるが、一般的には元請けと下請企業の共同不法行為等によって、各業者の連帯責任を認め、その割合も、各業者同士の協議ができない限り、民法の原則により平等と見る場合も少なくないと思われるが、最高裁は、大塚鉄工・武内運送事件（最二小判平成３年10月25日判時1405号29頁）で、Ａ社→Ｂ社→Ｃ社の順序で下請関係にあった建設現場でのＣ社の労働者Ｄが、Ｂ社の労働者Ｅの過失によりクレーンからの落下物により死傷した事故の場合について、事故発生への関与の程度を実質的に考慮して責任割合を判断して、直接の加害者Ｅが10％、その使用者であるＢ社において30％、元請で現場で現実的な監督をしていたＡ社が30％、直接のＤの雇用主のＣ社において30％という責任割合を認めているのは、参考になるところである。

## 13　出向労働者に対する労災認定と企業責任

下請関係に限らず、最近は、さらに、出向中の脳・心臓疾患や精神障害の発症に関する出向元と出向先の安全配慮義務をめぐる裁判例も現れている。例えば、出向先のみの過労自殺損害賠償責任が認められた例として、協成建設事件（札幌地判平成10年７月16日労判744号29頁）、ＪＦＥスチールほか事件（東京地判平成20年12月８日労経速2033号20頁）が挙げられる。後者においては、具体的な労務提供、指揮命令関係の実態によれば、労働者に対する安全配慮義務は、一次的には出向先が負い、出向元は、人事考課表等の資料や労働者からの申告等により、労働者の長時間労働等の具体的な問題を認識し、または認識し得た場合に、これに適切な措置を講ずるべき義務を負うと解するのが相当で、本件において、出向元が、労働者の過酷な長時間労働および過大な精神的負担等を認識し、または認識し得た事情は、認められないから、出向元が労働者に対して安全配慮義務を負っていたということはできないとされた。

なお、海外出向中の事案として、国・中央労基署長（興国鋼線索）事件（大阪地判平成19年６月６日労判952号64頁）が挙げられよう。この事案は、米国子会社に副社長として出向中に

くも膜下出血を発症して死亡した労働者の死亡につき、出向元の業務上の災害と認めた事例であり、労働者概念との関係を含めて注目されるところであるが、安全配慮義務の係争となれば、出向元責任が問われる可能性も十分に考えられることを示唆するところである。

## 14　過労死等による損害賠償請求事件裁判例の動向

### ⑴　過労死の場合

当初、労災認定に限られていた過労死・過労自殺問題は、企業の健康配慮義務の高度化と相まって、企業の健康配慮義務違反を理由とする損害賠償請求が行われる傾向が強くなっている。

特に、過労死・過労自殺の労災認定基準の緩和によって、過労死による損害賠償請求が増加しており、健康診断の結果等に応じた労働環境の整備・業務の軽減ないし免除などの健康配慮義務違反による賠償責任を認める判決が多く出されている。

具体的な認容例としては、

・システム・コンサルタント事件・東京地判平成10年３月19日判時1641号54頁、同控訴事件・東京高判平成11年７月28日判時1702号88頁
・協和エンタープライスほか事件・東京地判平成18年４月26日労判930号79頁
・KYOWA（心臓病突然死）事件・大分地判平成18年６月15日労判921号21頁
・NTT東日本北海道支店事件（前掲）、同上告事件・最一小判平成20年３月27日労判958号５頁
・損害賠償請求事件・神戸地判平成19年９月26日判時1999号89頁
・スギヤマ薬品事件・名古屋地判平成19年10月５日労判947号５頁
・ハヤシ（くも膜下出血死）事件・福岡地判平成19年10月24日労判956号44頁、同控訴事件・福岡高判平成21年１月30日労判978号98頁
・中野運送（トラック運転手・脳出血）事件・熊本地判平成19年12月14日労判975号39頁
・大阪府立病院（医師・急性心不全死）事件・大阪高判平成20年３月27日労判972号63頁
・天辻鋼球製作所（小脳出血等）事件・大阪地判平成20年４月28日労判970号66頁
・名神タクシーほか事件・神戸地尼崎支判平成20年７月29日労判976号74頁
・NTT東日本北海道支店事件差戻審・札幌高判平成21年１月30日労判976号５頁
・フォーカスシステムズ（急性心疾患）事件・東京地判平成23年３月７日労判1051号50頁、同控訴事件・東京高判平成24年３月22日労判1051号40頁
・大庄ほか（急性左心機能不全）事件・京都地判平成22年５月25日労判1011号35頁、同控訴事件・大阪高判平成23年５月25日労判1033号24頁、同上告事件・最三小判平成25年９月24日労判1078号96頁

棄却例としては、

・東宝タクシー事件・千葉地判平成15年12月19日労経速1856号11頁
・テレビ朝日ほか（クモ膜下出血）事件・東京地判平成22年５月14日労経速2081号23頁

等参照。

以上、判例の整理につき、岩出・大系543～545頁。

### ⑵　過労自殺の場合

#### ア　過労自殺民事賠償事件の動向

過労自殺（自殺に至らない精神障害発症を含む）についても、企業に対して安全配慮義務違反を理由として損害賠償を認めた判決が増加している。その先例は、マスコミでも大きく話題となった電通事件（東京地判平成８年３月28日労判692号13頁）であり、その後も、常軌を逸した長時間労働によってうつ病に陥り、そのために自殺したとして、長時間労働とうつ病の間、およびうつ病と自殺による死亡との間にいずれも相当因果関係があるとされた川崎製鉄事件（岡山地倉敷支判平成10年２月23日労判733号13頁）、あるいは、過労自殺新認定基準の認めていない、過労による心身症と自殺の因果関係を認めた東加古川幼児園事件（大阪高判平成10年８月27日労判744号17頁）、出向先の過労自殺損害賠償責任が認められた協成建設事件（前掲）、三洋電機事件（浦和地判平成13年２月２日労判800号５頁）等などが続発した。

注目すべきは、これらの過労自殺損害賠償請求事件では、反応性うつ病罹患の有無やうつ病と業務との因果関係などを厳格に認定判断することもなく、労災認定の場合以上に緩やかに、業務の過重性の存否のみにより、事実上、自殺と業務との因果関係、そして企業の健康配慮義務の違反による損害賠償責任を認める傾向があり、実務的には、企業は、そのような下級審判例の動きへの対応の準備をしなければならない（近時の認容例として、アテスト（ニコン熊谷製作所）事件・東京地判平成17年３月31日労判894号21頁、山田製作所（うつ病自殺）事件・福岡高判平成19年10月25日労判955号59頁、前田道路事件・松山地判平成20年７月１日労経速2013号３頁、富士通四国システムズ（FTSE）事件・大阪地判平成20年５月26日労判973号76頁、海上自衛隊（賠償請求等控訴）事件・福岡高判平成20年８月25日労経速2017号３頁、JFEスチールほか事件（前掲）、棄却例として、海上自衛隊事件・長崎地佐世保支判平成17年６月27日労経速2017号32頁、富士電機Ｅ＆Ｃ事件（前掲）、みずほトラストシステムズ（うつ病自殺）事件・東京地八王子支判平成18年10月30日労判934号46頁、JR西日本尼崎電車区事件・大阪高判平成18年11月24日労判931号51頁、ボーダフォン（ジェイフォン）事件・名古屋地判平成19年１月24日労判939号61頁、ヤマトロジスティクス事件・東京地判平成20年９月30日労判977号59頁、立正佼成会事件・東京高判平成20年10月22日労経速2023号７頁、トヨタ自動車ほか事件・名古屋地判平成20年10月30日労経速2024号３頁・労判978号16頁、前田道路控訴事件・高松高判平成21年４月23日労経速2044号３頁等参照。以上、判例の整理につき、岩出・講義（下）959頁）。

#### イ　過失相殺等の減額事由をめぐる攻防の重要性——電通事件最高裁判決前の判例状況

##### a　電通事件高裁判決における過失相殺の類推適用

自殺における本人の生活態度、素因等を理由とする過失相殺等による損害額の減額の点で問題となるのは、従来、交通事故後の被害者の自殺の例などでは、自殺と事故との因果関係を認めても、事故による負傷と自殺との関係の度合や死亡への本人の関与、性格等の素因などを考慮して、過失相殺などの理由で、一定の減額がなされることが多かったこととの関係である。

電通事件地裁判決（前掲）は、このような観点からの減額を一切していない。会社が減額について主張していなかったことや、本人の異常な労働時間が重視されたためとも考えられる。しかし、実際には、一般の労災損害賠償事件に対してと同様に、この観点からの減額についての主張や証拠収集が問題となる。例えば、電通事件高裁判決（東京高判平成９年９月26日労判724号13頁）では、①「自殺者本人の性格及びこれに起因する業務態様等」、②「家族の健康管理義務懈怠」、③実質裁量労働的な労働態様、④精神科等での受診・治療の可能性等の事実などの寄与による３割の過失相殺を認めた。

**b　川崎製鉄事件判決における過失相殺**

その後の川崎製鉄事件（前掲）も、管理職の長時間労働による過労死自殺について、会社に対して、損害賠償を認めているが、睡眠時間が少ないのは飲酒も原因しているなどとして、労働者の自己健康管理義務違反が問題とされ、電通事件高裁判決の上記過失相殺論をほぼ援用し、５割の減額をした。

**c　東加古川幼児園事件等における過失相殺**

同様に、東加古川幼児園事件控訴審判決（前掲）でも、８割の過失相殺等が認められている。

**ウ　過失相殺等の減額事由をめぐる電通事件最高裁判決の留意点とこれへの対応**

**a　電通事件最高裁判決の特徴**

以上の判例の流れの中で、電通事件最高裁判決は、民法722条２項の規定を適用または類推適用して、弁護士費用以外の損害額のうち３割を減じた高裁判決の判断を違法とし、この部分の遺族の上告を認め、原審に差戻しを命じた。

これは、少なくとも、過労死や過労自殺の損害賠償請求事件における安易な過失相殺への歯止めをかけたものとして、実務的には企業にとって極めて厳しい内容となっている。

**b　今後の企業の対応**

最高裁判決は、高裁が認めた過失相殺の適用ないし類推適用につき、①「自殺者本人の性格等を理由とする減額」と、②「家族の健康管理義務懈怠による減額」を否定した。しかし、前述のとおり、高裁判決は、30％の減額を認める事由としてこの①、②のみを指摘したわけではなく、③実質裁量労働的な労働態様、④精神科等での受診・治療の可能性等の事実も掲げられており、とりわけ、自己健康管理義務の違反が問題となり得るものと考えられる。

したがって、会社側の主張・立証の如何によっては、逆転判決への展開も予想することもできたが、電通が、東京高裁にて、平成12年６月23日、地裁判決をベースとした約１億6,800万円の賠償金支払と謝罪、同様な事故の再発防止の誓約を含む和解に応じ、同事件は終了した。したがって、企業の過労自殺損害賠償事件での実務的対応に当たっては、電通事件高裁判決の指摘した上記①、②の事情は減額事由になり難くなったことは否めないが、その他の③、④等の事情への調査、主張立証が必要となったといえる。

**エ　電通最高裁判決の影響**

さらに、24歳の食品工場労働者の過労自殺（昼休みに製造現場で首つり自殺）についての損害賠償請求事件で、電通事件最高裁判決後に、企業の賠償責任（約１億3,700万円）を認めた、オタフクソース・イシモト食品事件（広島地判平成12年５月18日労判783号15頁）によれば、本人の自己健康管理義務違反を理由とする過失相殺も否定されている。

しかし、電通事件最高裁判決の後でも、三洋電機事件（前掲）では、自殺自体の本人の寄与度を７割、遺族の定期的通院や自殺未遂の会社への未報告等の事由から５割の過失相殺類似の減額をして1,310万円の損害額に減額している。また、みくまの農協事件（和歌山地判平成14年２月19日労判826号67頁）や、川崎製鉄事件（前掲）等でもほぼ同旨の理由や、電通最高裁判決が否定した家族の責任や企業の対応の困難等を挙げ、70％の過失相殺を認めている。近時の南大阪マイホームサービス事件（大阪地堺支判平成15年４月４日労判854号64頁）でも50％の過失相殺が、名神タクシーほか事件（前掲）でも６割の寄与度減額が認められ、過失相殺の主張が信義に反するとして否定された高裁判決（NTT東日本北海道支店事件（前掲）では、控訴人は原審において、裁判所からの求釈明に応じて過失相殺の主張をしない旨答えていたことが認められるところ、控訴審において、控訴人が過失相殺に関する規定の類推適用を主張することは著しく信義に反するものであり、また、第一審軽視にもつながり、訴訟上の信義に反するものとして、控訴人が上記主張をすることは許されないとされ、過失相殺の類推適用をすることも相当でないとされた）が最高裁（NTT東日本北海道支店上告事件（前掲））で「被害者に対する加害行為と加害行為前から存在した被害者の疾患とが共に原因となって損害が発生した場合において、当該疾患の態様、程度等に照らし、加害者に損害の全部を賠償させるのが公平を失するときは、裁判所は、損害賠償の額を定めるに当たり、民法722条２項の規定を類推適用して、被害者の疾患をしんしゃくすることができる……。このことは、労災事故による損害賠償請求の場合においても、基本的に同様であると解される。また、同項の規定による過失相殺については、賠償義務者から過失相殺の主張がなくとも、裁判所は訴訟にあらわれた資料に基づき被害者に過失があると認めるべき場合には、損害賠償の額を定めるに当たり、職権をもってこれをしんしゃくすることができる……。このことは、同項の規定を類推適用する場合においても、別異に解すべき理由はない」「前記事実関係等によれば、Ａが急性心筋虚血により死亡するに至ったことについては、業務上の過重負荷とＡが有していた基礎疾患とが共に原因となったものということができるところ、家族性高コレステロール血症（ヘテロ型）にり患し、冠状動脈の２枝に障害があり、陳旧性心筋梗塞の合併症を有していたというＡの基礎疾患の態様、程度、本件における不法行為の態様等に照らせば、上告人にＡの死亡による損害の全部を賠償させることは、公平を失するものといわざるを得ない」「原審は、前記……の理由により、上告人が原審において過失相殺に関する規定の類推適用を主張することは訴訟上の信義則に反するものとして許されないというのであるが、そもそも、裁判所が過失相殺に関する規定を類推適用するには賠償義務者によるその旨の主張を要しないことは前述のとおりであり、この点をおくとしても、……本件訴訟の経過にかんがみれば、第１審の段階では上告人においてＡが家族性高コレステロール血症にり患していた事実を認識していなかったことがうかがわれるのであって、上告人の上記主張が訴訟上の信義則に反するものということもできない」「そうすると、上告人の不法行為を理由とする被上告人らに対する損害賠償の額を定めるに当たり過失相殺に関する規定（民法722条２項）の類推適用をしなかった原審の判断には、過失相殺に関する法令の解釈適用を誤った違法があるというべきである」として覆っている（岩出・講義（下）961～963頁参照）。

今後、企業としては、過労死新認定基準の影響もあり、過労自殺等が発生した場合、過重労働が認められる場合には、いわゆる過失責任は避け難く、この過失相殺事由の立証に努め、損害の減額に努力を傾注することに実践的な意義があるものと考える。逆にいえば、労働者側では、かかる過失相殺への対応策を検討せねばならないこととなろう。

【弁護士　高木 健至】

# Ⅲ　損害賠償額算定

使用者は、労災が起こった場合、労基法上の災害補償責任（75条以下）を負う。ただし、労災法によって保険給付が行われる場合は、使用者は上記の補償責任を免れる（労基法84条１項）。ところが、使用者に安全配慮義務違反（民法415条）や不法行為責任（民法709条、715条等）があると認められる場合、使用者は、民事上の損害賠償責任も負う必要がある。この場合、使用者は、労災保険からの給付金で塡補されない損害を賠償することになる。

そのため、使用者が民事上の損害賠償責任を負う場合、被災した労働者またはその遺族が、具体的にどのような損害賠償を請求することができるのか、そして、労災保険との関係はどのようになるのかなどが問題になる。

## 1　積極損害

まず、使用者に対して請求できる損害として、積極損害がある。労災保険による保険給付は、治療費、休業補償や将来の逸失利益の補償を行うものなので、補償の対象となっていない慰謝料や、積極損害については、使用者がこれを賠償する責任を負う。判例も、精神的損害（慰謝料）や財産的損害のうちの積極損害（入院雑費、付添看護費等）は、労災保険による保険給付の補償対象には含まれないとしている（青木鉛鉄事件・最二小判昭和62年７月10日労判507号６頁）。すなわち、被災した労働者またはその遺族からの使用者に対する損害賠償請求について、積極損害から、既に支払われた保険給付額を控除することは許されないことになる。

具体的な積極損害としては、入院雑費、付添看護料、通院交通費・宿泊費、装具・器具等購入費、家屋・自動車等改造費、弁護士費用などが考えられる。これらの費用のうち、合理的な範囲内のものについて、使用者が賠償する義務を負うことになる。

なお、弁護士費用について、判例は、「労働者が、使用者の安全配慮義務違反を理由とする債務不履行に基づく損害賠償を請求するため訴えを提起することを余儀なくされ、訴訟追行を弁護士に委任した場合には、その弁護士費用は、事案の難易、請求額、認容された額その他諸般の事情を斟酌して相当と認められる額の範囲内のものに限り、上記安全配慮義務違反と相当因果関係に立つ損害というべきである」として、安全配慮義務違反を理由とする損害賠償請求訴訟における弁護士費用の請求を認めている（最二小判平成24年２月24日裁判集民240号111頁）。

## 2　後遺障害逸失利益

労働災害が発生しなければ得られたであろう収入である逸失利益も、労災保険による保険給付では十分に塡補されないので、使用者に対して民事上の損害賠償を請求することになる。

被災した労働者に症状が固定して後遺症害が生じた場合の逸失利益については、一般的には次のように計算する。

| <後遺障害逸失利益の計算方法><br>収入金額（年収）×労働能力喪失割合×稼働年数に対応するライプニッツ係数等 |
|---|

収入額については、労災事故前の現実の収入を基準とするのが原則であるが、将来の昇給については、給与規定等から確実に昇給が見込まれるような場合には、これを考慮することは可能である。

労働能力喪失割合は、労働省労働基準局長通牒（昭和32年７月２日基発551号）別表労働能力喪失率表（表１）を参考として、被災した労働者の職業、年齢、性別、後遺症の部位、程度、労災事故直後の稼働状況等を総合的に判断して、具体的に当てはめて評価することになる。

また、稼働年数は、原則として症状固定日から67歳までとして、将来得られる収入を先に得ることに対して、その利息分を控除するために（つまり、一時金として受け取ると、利息分はもらい過ぎということになるからである）、稼働年数に対応するライプニッツ係数（あるいは新ホフマン係数）を用いて計算するのが一般的である（表２参照）。

**表１　労働能力喪失率表**

| 障害等級 | 労働能力喪失率 |
|---|---|
| 第１級 | 100／100 |
| 第２級 | 100／100 |
| 第３級 | 100／100 |
| 第４級 | 92／100 |
| 第５級 | 79／100 |
| 第６級 | 67／100 |
| 第７級 | 56／100 |
| 第８級 | 45／100 |
| 第９級 | 35／100 |
| 第10級 | 27／100 |
| 第11級 | 20／100 |
| 第12級 | 14／100 |
| 第13級 | 9／100 |
| 第14級 | 5／100 |

（労働基準局長通牒　昭和32年７月２日基発551号による）

## 表２　ライプニッツ係数および新ホフマン係数表（年金現価表）

| 労働能力喪失期間 | ライプニッツ係数 | 新ホフマン係数 | 労働能力喪失期間 | ライプニッツ係数 | 新ホフマン係数 |
|---|---|---|---|---|---|
| 1 | 0.9524 | 0.9524 | 44 | 17.6628 | 22.9230 |
| 2 | 1.8594 | 1.8615 | 45 | 17.7741 | 23.2307 |
| 3 | 2.7232 | 2.7310 | 46 | 17.8801 | 23.5337 |
| 4 | 3.5460 | 3.5644 | 47 | 17.9810 | 23.8323 |
| 5 | 4.3295 | 4.3644 | 48 | 18.0772 | 24.1264 |
| 6 | 5.0757 | 5.1336 | 49 | 18.1687 | 24.4162 |
| 7 | 5.7864 | 5.8743 | 50 | 18.2559 | 24.7019 |
| 8 | 6.4632 | 6.5886 | 51 | 18.3390 | 24.9836 |
| 9 | 7.1078 | 7.2783 | 52 | 18.4181 | 25.2614 |
| 10 | 7.7217 | 7.9449 | 53 | 18.4934 | 25.5354 |
| 11 | 8.3064 | 8.5901 | 54 | 18.5651 | 25.8057 |
| 12 | 8.8633 | 9.2151 | 55 | 18.6335 | 26.0723 |
| 13 | 9.3936 | 9.8212 | 56 | 18.6985 | 26.3355 |
| 14 | 9.8986 | 10.4094 | 57 | 18.7605 | 26.5952 |
| 15 | 10.3797 | 10.9808 | 58 | 18.8195 | 26.8516 |
| 16 | 10.8378 | 11.5364 | 59 | 18.8758 | 27.1048 |
| 17 | 11.2741 | 12.0769 | 60 | 18.9293 | 27.3548 |
| 18 | 11.6896 | 12.6032 | 61 | 18.9803 | 27.6017 |
| 19 | 12.0853 | 13.1161 | 62 | 19.0288 | 27.8456 |
| 20 | 12.4622 | 13.6161 | 63 | 19.0751 | 28.0866 |
| 21 | 12.8212 | 14.1039 | 64 | 19.1191 | 28.3247 |
| 22 | 13.1630 | 14.5801 | 65 | 19.1611 | 28.5600 |
| 23 | 13.4886 | 15.0452 | 66 | 19.2010 | 28.7925 |
| 24 | 13.7986 | 15.4997 | 67 | 19.2391 | 29.0224 |
| 25 | 14.0939 | 15.9442 | 68 | 19.2753 | 29.2497 |
| 26 | 14.3752 | 16.3790 | 69 | 19.3098 | 29.4744 |
| 27 | 14.6430 | 16.8045 | 70 | 19.3427 | 29.6966 |
| 28 | 14.8981 | 17.2212 | 71 | 19.3740 | 29.9164 |
| 29 | 15.1411 | 17.6293 | 72 | 19.4038 | 30.1338 |
| 30 | 15.3725 | 18.0293 | 73 | 19.4322 | 30.3488 |
| 31 | 15.5928 | 18.4215 | 74 | 19.4592 | 30.5616 |
| 32 | 15.8027 | 18.8061 | 75 | 19.4850 | 30.7721 |
| 33 | 16.0025 | 19.1834 | 76 | 19.5095 | 30.9805 |

| 34 | 16.1929 | 19.5538 | 77 | 19.5329 | 31.1867 |
|---|---|---|---|---|---|
| 35 | 16.3742 | 19.9175 | 78 | 19.5551 | 31.3907 |
| 36 | 16.5469 | 20.2746 | 79 | 19.5763 | 31.5928 |
| 37 | 16.7113 | 20.6255 | 80 | 19.5965 | 31.7928 |
| 38 | 16.8679 | 20.9703 | 81 | 19.6157 | 31.9908 |
| 39 | 17.0170 | 21.3093 | 82 | 19.6340 | 32.1869 |
| 40 | 17.1591 | 21.6426 | 83 | 19.6514 | 32.3810 |
| 41 | 17.2944 | 21.9705 | 84 | 19.6680 | 32.5733 |
| 42 | 17.4232 | 22.2931 | 85 | 19.6838 | 32.7638 |
| 43 | 17.5459 | 22.6105 | 86 | 19.6989 | 32.9525 |

## 3　死亡逸失利益

被災した労働者が死亡した場合の逸失利益については、一般的には次のように計算する。

＜死亡逸失利益の計算方法＞
収入金額（年収）×稼働年数に対応するライプニッツ係数等×（１－生活費割合）

収入金額の考え方や、稼働年数を原則として67歳までと考えることは、後遺障害の場合と同じである。また、死亡の場合は、生活費がかからなくなるので、その分を控除することになる。控除する生活費の割合は、一家の支柱の場合、被扶養者が１名のときは４割、２名のときは３割、また、女性（主婦、独身、幼児等も含む）の場合は３割、男性（独身、幼児等を含む）の場合は５割とするというような取扱いが実務上一般的に行われている。

## 4　休業損害

被災した労働者が療養している間に給与の支払がない場合、労災保険による休業補償給付を受けられる。そして、この場合の休業補償給付は、給付基礎日額（平均賃金）の80パーセント（休業補償給付が60パーセント、休業特別支給金が20パーセント）であるが、これによって塡補されない収入部分については、休業損害として、使用者に対する請求が認められることになる。

なお、労災保険による休業補償給付は、休業４日目以降の分から給付されるため、労基法上の休業補償義務は、最初の３日分については、使用者が負う必要がある。すなわち、上記の塡補されない収入分に加えて、休業当初３日分についても、使用者が支払う必要がある。

## 5　慰謝料（死亡・後遺障害・入通院）

既に述べたとおり、判例は、精神的損害（慰謝料）や財産的損害のうちの積極損害（入院雑費、付添看護費等）は、労災保険による保険給付の補償対象には含まれないとしている（青木鉛鉄事件（前掲））。したがって、労災保険からの給付によって塡補されない損害として、使用者に対する慰謝料請求が認められることになる。

慰謝料額の算定については、最終的には、裁判所の判断によることになるが、実際の請求額について、実務上は、交通事故のケースで一般的に用いられている基準が参考になると思われる。

例えば、死亡の場合、一家の支柱の死亡は2,800万円、母親、配偶者の死亡は2,400万円、その他の者の死亡は2,000万円～2,200万円という基準が用いられる場合があるので、参考になろう。もちろん、個別具体的な事情によって、増減されることになるので、これらの基準は、１つの目安ということになる。

なお、損害賠償の請求根拠について、債務不履行構成（民法415条。つまり、安全配慮義務違反を理由とするもの）とした場合、遺族固有の慰謝料は認められない（鹿島建設・大石塗装事件・最一小判昭和55年12月18日民集34巻７号888頁参照）。

また、後遺障害の場合は、表３のような慰謝料額、さらに、入通院の慰謝料についても、表４のような慰謝料額が、それぞれ１つの目安になるものと思われる。

**表３　後遺症慰謝料**

| 第１級 | 第２級 | 第３級 | 第４級 | 第５級 | 第６級 | 第７級 | |
|---|---|---|---|---|---|---|---|
| 2800万円 | 2370万円 | 1990万円 | 1670万円 | 1400万円 | 1180万円 | 1000万円 | |
| 第８級 | 第９級 | 第10級 | 第11級 | 第12級 | 第13級 | 第14級 | 無等級 |
| 830万円 | 690万円 | 550万円 | 420万円 | 290万円 | 180万円 | 110万円 | × |

（公益財団法人日弁連交通事故相談センター東京支部『民事交通事故訴訟 損害賠償額算定基準2018（平成30年）版 上巻（基準編）』178頁による）

**表４　入・通院慰謝料表**　（単位万円）

| 通院期間＼入院期間 | | 1月 | 2月 | 3月 | 4月 | 5月 | 6月 | 7月 | 8月 | 9月 | 10月 | 11月 | 12月 | 13月 | 14月 | 15月 |
|---|---|---|---|---|---|---|---|---|---|---|---|---|---|---|---|---|
| | 入院のみ／通院のみ | 60～32 | 117～63 | 171～92 | 214～115 | 252～135 | 284～153 | 312～168 | 336～181 | 356～191 | 372～200 | 385～207 | 395～212 | 403～217 | 408～221 | 413～225 |
| 1月 | 29～16 | 88～47 | 144～78 | 192～103 | 232～125 | 268～144 | 298～161 | 324～174 | 345～186 | 364～196 | 379～203 | 390～210 | 399～214 | 406～219 | 411～223 | 416～227 |
| 2月 | 57～31 | 115～62 | 165～89 | 210～113 | 248～134 | 282～152 | 310～167 | 333～179 | 353～191 | 371～199 | 384～206 | 394～212 | 402～216 | 409～221 | 414～225 | 419～229 |
| 3月 | 84～46 | 136～73 | 183～99 | 226～122 | 262～142 | 294～158 | 319～172 | 341～184 | 360～194 | 376～202 | 388～208 | 397～214 | 405～218 | 412～223 | 417～227 | 422～231 |
| 4月 | 105～57 | 154～83 | 199～108 | 240～130 | 274～148 | 303～163 | 327～177 | 348～187 | 365～197 | 380～204 | 391～210 | 400～216 | 408～220 | 415～225 | 420～229 | 425～233 |
| 5月 | 123～67 | 170～92 | 213～116 | 252～136 | 283～153 | 311～168 | 334～180 | 353～190 | 369～199 | 383～206 | 394～212 | 403～218 | 411～222 | 418～227 | 423～231 | 428～235 |
| 6月 | 139～76 | 184～100 | 225～122 | 261～141 | 291～158 | 318～171 | 339～183 | 357～192 | 372～201 | 386～208 | 397～214 | 406～220 | 414～224 | 421～229 | 426～233 | 431～237 |
| 7月 | 153～84 | 196～106 | 234～127 | 269～146 | 298～161 | 323～174 | 343～185 | 360～194 | 375～203 | 389～210 | 400～216 | 409～222 | 417～226 | 424～231 | 429～235 | 434～239 |
| 8月 | 165～90 | 205～111 | 242～132 | 276～149 | 303～164 | 327～176 | 346～187 | 363～196 | 378～205 | 392～212 | 403～218 | 412～224 | 420～228 | 427～233 | 432～237 | 437～241 |
| 9月 | 174～95 | 213～116 | 249～135 | 281～152 | 307～166 | 330～178 | 349～189 | 366～198 | 381～207 | 395～214 | 406～220 | 415～226 | 423～230 | 430～235 | 435～239 | 440～243 |
| 10月 | 182～100 | 220～119 | 254～138 | 285～154 | 310～168 | 333～180 | 352～191 | 369～200 | 384～209 | 398～216 | 409～222 | 418～228 | 426～232 | 433～237 | 438～241 | 443～245 |

| | | | | | | | | | | | | | | | | |
|---|---|---|---|---|---|---|---|---|---|---|---|---|---|---|---|---|
| 11月 | 189 ～103 | 225 ～122 | 258 ～140 | 288 ～156 | 313 ～170 | 336 ～182 | 355 ～193 | 372 ～202 | 387 ～211 | 401 ～218 | 412 ～224 | 421 ～230 | 429 ～234 | 436 ～239 | 441 ～243 | 446 ～247 |
| 12月 | 194 ～106 | 229 ～124 | 261 ～142 | 291 ～158 | 316 ～172 | 339 ～184 | 358 ～195 | 375 ～204 | 390 ～213 | 404 ～220 | 415 ～226 | 424 ～232 | 432 ～236 | 439 ～241 | 444 ～245 | 449 ～249 |
| 13月 | 198 ～108 | 232 ～126 | 264 ～144 | 294 ～160 | 319 ～174 | 342 ～186 | 361 ～197 | 378 ～206 | 393 ～215 | 407 ～222 | 418 ～228 | 427 ～234 | 435 ～238 | 442 ～243 | 447 ～247 | 452 ～251 |
| 14月 | 201 ～110 | 235 ～128 | 267 ～146 | 297 ～162 | 322 ～176 | 345 ～186 | 364 ～199 | 381 ～208 | 396 ～217 | 410 ～224 | 421 ～230 | 430 ～236 | 438 ～240 | 445 ～245 | 450 ～249 | 455 ～253 |
| 15月 | 204 ～112 | 238 ～130 | 270 ～148 | 300 ～164 | 325 ～178 | 348 ～190 | 367 ～201 | 384 ～210 | 399 ～219 | 413 ～226 | 424 ～232 | 433 ～238 | 441 ～242 | 448 ～247 | 453 ～251 | 458 ～255 |

（注）特に症状が重い場合は上限額（上段の金額）を２割増した金額まで増額を考慮する。
（公益財団法人日弁連交通事故相談センター『交通事故損害額算定基準 26訂版』173頁による）

## 6　過失相殺・損益相殺

### ⑴　過失相殺

被災した労働者に、労災事故発生について過失がある場合は、使用者側に安全配慮義務違反あるいは過失があって民事上の責任が発生する場合であっても、当該労働者の過失の割合に応じて、損害賠償額が減額される（過失相殺）。

### ⑵　損益相殺

また、労災事故の発生によって被災した労働者（または遺族）が損害を被ると同時に、同一の事由によって経済的な利益を得たときには、その経済的な利益を損害賠償額から減額することになる（損益相殺）。労災保険給付金のほか、会社の上積み補償金、厚生年金からの障害厚生年金や遺族厚生年金なども損益相殺の対象になる。

なお、具体的な損益相殺（なお、判例は「損益相殺的な調整」としている）の方法に関して、最高裁判例は、被害者が不法行為によって傷害を受け、その後に後遺障害が残った場合に、労災保険による保険給付や公的年金制度に基づく年金給付を受けたときは、これらの社会保険給付については、これらの塡補の対象となる特定の損害と同性質であり、かつ、相互補完性を有する損害の元本との間で、損益相殺的調整を行うべきであり、これら社会保険給付が支給され、または支給されることが確定したときには、（これら社会保険給付の）制度の予定するところと異なってその支給が著しく遅滞するなどの特段の事情のない限り、塡補の対象となる損害は、不法行為時に塡補されたものと法的に評価して、損益相殺的な調整をすることが公平の見地から見て相当であるとした（最一小判平成22年９月13日民集64巻６号1626頁。なお、最二小判平成22年10月15日裁判集民235号65頁も同旨）。これは、事故後に後遺障害が残った事案において、不法行為に基づく損害賠償請求権が損害の発生時から遅滞に陥り遅延損害金が発生すること、および、債務の弁済については、それが元本および遅延損害金の全部を消滅させるのに足りないときは、遅延損害金、元本の順に充当されること（民法419条１項）とを組み合わせて、後遺障害の場合に、社会保険給付の支払分をまずは遅延損害金に充当するという損益相殺的な調整をすることを相当ではないとしたものである。

また、その後の最高裁判例において、「被害者が不法行為によって死亡した場合において、その損害賠償請求権を取得した相続人が遺族補償年金の支給を受け、又は支給を受けることが確定したときは、制度の予定するところと異なってその支給が著しく遅滞するなどの特段の事情のない限り、その塡補の対象となる損害は不法行為の時に塡補されたものと法的に評価して損益相殺的な調整をすることが公平の見地からみて相当であるというべきである」（前掲最一小判平成22年９月13日等参照）とされ、後遺障害による療養がない死亡の事案においても、元本からの損益相殺（控除）をすることが認められた（フォーカスシステムズ事件・最大判平成27年３月４日民集69巻２号178頁。なお、この最高裁判例によって、同じく死亡の事案において、自賠責保険金、遺族厚生年金、労災保険の遺族補償年金が支払われた場合に、これらが支払時における損害金の元本および遅延損害金の全部を消滅させるに足りないときは、まずは支払日までの遅延損害金に充当することを認めた最二小判平成16年12月20日裁判集民215号987頁が変更されているので、留意が必要である）。

### ⑶　損益相殺と過失相殺の先後関係

具体的に損害額を算定する際に、労災保険による給付金額の控除（損益相殺）と過失相殺のいずれを先に行うかが問題となる。つまり、具体的な賠償額の算出に当たり、過失相殺を先にして労災保険を控除するか、労災保険を控除してから過失相殺を行うかの問題である。労災保険を控除してから過失相殺を行う方が、被災者またはその遺族が受け取る金額は多くなるが、判例は、まずは相当な過失相殺を行った上で損害額を出して、その後に労災保険給付などの支給額を控除する、いわゆる「控除前相殺説」を採っている（鹿島建設・大石塗装事件（前掲））。この考え方によると、第三者行為災害の場合について、労災保険法12条１項によって国に移転するとされる損害賠償請求権（政府が保険給付をした場合に移転する受給権者の第三者に対する損害賠償請求権）も、過失相殺により相殺された額になる（高田建設事件・最三小判平成元年４月11日労判546号16頁参照）。

## 7　寄与度減額（心因的要因・既往症等）

労災事故の中でも、過労死・過労自殺や、心臓や脳の疾患による死亡の場合は、労働者の心因的要因や、高血圧などの基礎疾患、既往症の存在などの要因について、損害の発生に関与した割合（寄与度）を考慮して、過失相殺などの理由で、使用者が負うべき損害賠償額の減額がなされる場合がある。損害の公平な分担という観点から導かれる考え方である。

裁判例においては、例えば、電通事件地裁判決（東京地判平成８年３月28日労判692号13頁）は、上記のような観点からの減額を一切しなかったが（ただし、会社が減額について主張していなかったという事情もある）、同高裁判決（東京高判平成９年９月26日労判724号13頁）では、労働者の性格およびこれに起因する業務の状況、精神科の病院に行くなどの合理的行動を採ることが可能であったこと、労働者の両親が勤務状況・生活状況を把握しながらこれを改善するための具体的措置を採らなかったことなどを考慮して、損害の公平な分担という理念に照らして、民法722条２項の過失相殺の規定を類推適用して、発生した損害のうちの７割を使用者に負担させることとして、第一審の賠償額を減額した（すなわち、労働者側の寄与による３割の減額を認めたことになる）。もっとも、同最高裁判決（最二小判平成12年３月24日民集54巻３号1155頁）は、この高裁判決の判断を違法とし、この部分の遺族の上告を認め、原審に差戻しを命じた。このような最高裁の判断は、過労死や過労自殺の損害賠償請求事件における過失相殺などの（類推）適用について、厳しい判断がなされる可能性があることを示すものであるといえる（なお、同事件は、差戻審で和解によって終了している）。

もっとも、上記の電通事件最高裁判決の後にも、労働者の自殺につき、使用者として従業員の精神面での健康状態に十分配慮し適切な措置を講ずべき義務に違反したとしつつ、本人の性格・心因的要素の寄与や会社への情報提供の不足を考慮して、民法722条の類推適用によって損害額から８割を減額した例（三洋電機サービス事件・東京高判平成14年７月23日労判852号73頁）や、使用者の対応が困難であったこと、自殺について本人の素因（精神疾患）に主たる原因があること、家族も労働者の症状に気づいて対処すべきであったことなどを理由として、過失相殺ないしは同類似の法理によって損害の７割を減額した例（みくまの農協事件・和歌山地判平成14年２月19日労判826号67頁）などが存在している。また、その後の南大阪マイホームサービス事件（大阪地堺支判平成15年４月４日労判854号64頁）でも５割の減額が認められ、名神タクシーほか事件（神戸地尼崎支判平成20年７月29日労判976号74頁）でも６割の寄与度減額が認められている。

さらに、過失相殺の主張が信義に反するとして否定された高裁判決（NTT東日本北海道支店事件・札幌高判平成18年７月20日労判922号５頁）が、最高裁判決（NTT東日本北海道支店上告事件・最一小判平成20年３月27日労判958号５頁）では、「過失相殺に関する規定（民法722条２項）の類推適用をしなかった原審の判断には、過失相殺に関する法令の解釈適用を誤った違法があるというべきである」として破棄・差戻しとなり、差戻審では、損害額から７割の過失相殺が行われた（NTT東日本北海道支店事件差戻審・札幌高判平成21年１月30日労判976号５頁）。

以上のような裁判所の判断からすると、訴訟において、使用者側に立つ場合は、損害の発生・拡大に、被災した労働者の心因的要因や既往症、その他の事情が寄与しているような場合には、当該寄与部分について過失相殺の主張をして、損害の減額を主張することが必要であるといえる。

## 8　労災保険給付と損害賠償の調整

### ⑴　賠償額から控除される保険給付

民事上の損害賠償額から控除される保険給付について、労災保険から支払われた保険給付の額は、使用者がなす損害賠償額から控除される（労基法84条２項類推適用）。

ただし、保険給付は、主として逸失利益の補償だけを行うものなので、慰謝料や入院雑費・付添看護費等の補償に影響を与えないことは、前述のとおりである（青木鉛鉄事件（前掲））。

### ⑵　将来給付分は非控除

なお、将来給付が予定されている労災保険の年金について、最高裁は、民事賠償額の算定に当たって、この将来の給付額の控除を認めていない（三共自動車事件・最三小判昭和52年10月25日民集31巻６号836頁、最大判平成５年３月24日民集47巻４号3039頁等）。

もっとも、この場合、使用者としては、労災保険料を負担しているにもかかわらず、民事上の損害賠償として支払う金額から労災保険による年金の将来給付分を控除できないということになってしまう。そのため、上記判例を受けて、労災法が改正され、使用者は損害賠償を支払うべき場合にも、障害補償年金または遺族補償年金の「前払一時金」の最高限度額までは損害賠償の支払を猶予されることとされ、この猶予の間に前払一時金または年金が現実に支払われたときは、その給付額の限度で損害賠償責任を免除されることになった（労災法64条１項。なお、前払一時金の履行猶予が認められた例としてハヤシ（くも膜下出血死）事件・福岡地判平成19年10月24日労判956号44頁。また、KYOWA（心臓病突然死）事件・大分地判平成18年６月15日労判921号21頁では、労災法64条の趣旨は、労災の保険給付と民事損害賠償との調整をして二重給付を回避することにあり、Ｘ１ら（妻子）は時効により前払一時金として請求できなくても、今後遺族年金として受給することができ、それまでＹ社は支払を猶予されるものというべきであるとして、Ｘ１らが請求可能であった労災保険の前払一時金の最高限度額が損益相殺として損害額から控除された）。

### ⑶　使用者による損害賠償義務の履行と国に対する未支給の労災保険金の代位請求

使用者は、上記のように、「前払一時金」の最高限度額を超える部分については、民事上の損害賠償義務を履行する必要がある。この場合、「前払一時金」の最高限度額を超える将来給付分は控除されないので、その将来給付分は、本来は、国から給付されるはずのものを、使用者が支払っていると考えることができる。しかし、最高裁は、損害賠償を支払った使用者が、国に対して、未支給の将来分の労災保険金（年金）を、労働者に代わって請求することを認めていない（三共自動車事件（前掲））。

### ⑷　特別支給金の非控除

また、労災保険給付として支給されるもののうち、特別支給金（特別支給則２条以下）について、最高裁は、使用者による民事上の損害賠償について、損害額から特別支給金を控除することを認めていない（コック食品事件・最二小判平成８年２月23日民集50巻２号249頁等）。

特別支給金が、労働福祉事業の一環として給付され、損害の塡補の性質を有するものではないというのがその理由であるが、実際には、損害の塡補的機能を持っていることは否定できず、また、労災の保険金を全額負担している使用者側の利益（保険利益）の観点からは、控除の対象とすることが妥当であるとも考えられ、上記の結論については、その妥当性に疑問があるともいえる。

なお、上記結論の妥当性はともかくとして、訴訟において、被災した労働者または遺族の側が、自ら特別支給金の控除をした上で損害額を算定して主張しているケースが見られるので、この点には注意が必要である。

【弁護士　村木 高志】

## 9　労災上積み補償制度等による給付、死亡退職金等との調整

### ⑴　上積み補償と労災保険給付との関係

会社で、就業規則や労働協約により、労働災害があった場合に、労災保険給付に加えて一定の額または実損害に応じた額を支払う、労災の上積み補償制度を定めていることがある。

労災の上積み補償制度は、通常、労働災害の補償について法定補償の不足を上積みする趣旨で定められているので、原則として労災保険給付に影響を与えないとされている（昭和56年10月30日基発696号）。

### ⑵　上積み補償と損害賠償との関係

これに対して、労働者またはその遺族からの民事損害賠償請求との関係では、会社が上積み補償を行った場合、その支払額については、会社は損害賠償責任を免れると解されている。

しかし、上積み補償制度が、当然に損害賠償の予定（民法420条１項）としての意味を持ち、上積み補償制度に基づく支払をすればそれ以外の損害賠償義務を免れる効果があるとまでは解されないであろう。つまり、会社は、労働災害について損害賠償責任がある場合には、上積み補償制度によって支払われた額以外の労働者の損害を賠償しなければならない。

もっとも、上積み補償制度の規程等に損害賠償の予定であることを明示する条項または損害賠償請求権の放棄条項を設けた場合、そのような条項は一般的に無効とはならず、実際の上積み額が実損害と比べて著しく低額であるような場合について、個別に公序良俗違反（民法90条）となるのではないかという考え方もあるので（菅野・648頁）、実損害に近い十分な上積み補償制度を用意し、損害賠償の予定であることを明示する条項または損害賠償請求権の放棄条項を設けた場合には、それ以外の損害賠償責任を問われないという効果も期待できる。

少なくとも、後掲の上積み補償規程例のように、上積み補償制度に基づいて支払った金額については、会社は損害賠償責任を免れることを規定上で明確にしておくべきであろう。

上積み補償規程では、遺族補償について、受給資格者を定めておく必要がある。

労災法上の遺族補償給付は、遺族補償年金と遺族補償一時金の２種類があり（労災法16条）、遺族補償年金は、労働者の死亡当時その収入によって生計を維持していた配偶者（事実婚の者を含む）、子、父母、孫、祖父母、兄弟姉妹の順で、妻以外の遺族にあっては、労働者の死亡当時一定の年齢にあること、または一定の障害の状態にあることが要件となっており、最先順位者のみに受給権がある（労災法16条の２）。

労基法上の遺族補償（労基法79条）は、配偶者（事実婚の者を含む）、子、父母、孫、祖父母の順で、配偶者以外の遺族にあっては、労働者の死亡当時その収入によって生計を維持していた者または労働者の死亡当時これと生計を一にしていた者とされ、最先順位者のみに受給資格があるとされている（労基則42条）。

これに該当する者がいない場合には、子、父母、孫、祖父母（養父母、実父母の順とする）の順で前述の基準に該当しない者とされており、次の順位は兄弟姉妹で、労働者の死亡当時その収入によって生計を維持していた者または労働者の死亡当時これと生計を一にしていた者を優先するとしている（労基則43条１項）。ただし、労基則43条１項記載の者のうち、労働者が遺言等により特定の者を指定した場合には指定した者に受給資格があるとされている（労基則43条２項）。そして、遺族補償を受けるべき同順位の者が２人以上いる場合には人数によって等分とし（労基則44条）、遺族補償を受けるべき者が死亡した場合にはその者の受給権は消滅し、その相続人には相続されず、死亡した者を除いて次順位の者に受給資格がある（労基則45条）。

一般的には、後述の災害補償規程例のように、労基法の規定に従う場合が多いと思われる。

ただし、労基法の規定に従えば事実婚の者も含むが、法律上の妻もいる場合には、上積み補償規程が「労基法の規定に従う」とされているだけでは、どちらに受給資格があるのか支給時に判断に困るため、いずれを優先するか定めておくべきであろう。

その場合、現在生計をともにする事実婚の配偶者や子供の生活保障を重視するか、法律婚を重視するか、会社が自由に設定できるが、民事損害賠償請求権を相続するのは、法律婚の配偶者に限られ、事実婚の配偶者には相続権がないことは考慮する必要がある。すなわち、上積み補償規程で事実婚の配偶者を優先した場合には、上積み補償規程に基づく補償金は事実婚の配偶者に支払うことになるが、法律婚の配偶者および子供に対する民事損害賠償責任がある場合には、上積み補償で事実婚の配偶者に支払った額は考慮されず、損害すべての賠償をしなければならないことに注意が必要である。

### (3) 上積み補償の原資としての保険利用上の諸問題

上積み補償規程の支払原資として損害保険会社の労働災害総合保険に加入している場合があるが、労災認定が受けられない場合には同保険から保険給付がなされないことが多く、また、保険によっては、疾病により労災認定がなされても保険給付がなされない場合もあるので、注意が必要である。保険給付は約款の定めによって決まるので、保険加入の際には、いかなる場合に支給されるのか、約款のチェックが不可欠である。

上積み補償規程の支払原資に充てるべく、従業員が傷害を負ったり、死亡した場合に備え、傷害保険や生命保険に加入していた場合、受給権をめぐって会社と従業員の争いになる例も多く、紛争が起こらないよう、上積み補償規程等の規定を整備しておくことが必要となる。

団体生命保険契約は、会社が保険料を負担し、従業員が死亡した場合の退職金等の支払原資や、従業員に投資してきた人材開発費用の回収、従業員が急に死亡したことによる会社の損害への補填等様々なことを考慮し、被保険者を従業員、会社を受取人として契約する生命保険契約である。役員の場合などには、会社のリスクヘッジとしての保険であると認めて遺族の請求を否定した例もあるが（成和化成事件・東京地判平成11年２月26日労経速1695号22頁）、一般の従業員の場合には、社内規定に基づいて支払われる退職金、弔慰金、あるいは労災の上積み補償金、支払った保険料等明確な経費を除いては、会社が取得することを認めない裁判例が多数ある。

すなわち、裁判所は、法律構成は様々であるが、会社に支払われた保険金に対して、遺族から会社への保険金支払請求を認めている。

団体定期保険の受給権をめぐる裁判例として、住友軽金属工業（団体定期保険第２）事件（名古屋地判平成13年３月６日労判808号30頁）は、団体定期保険契約を、第三者である被保険者（従業員）のためにする契約とし、被保険者（従業員）またはその遺族において契約の利益を享受する意思を表示したときは、保険契約者である会社に対し給付を請求する権利を取得すると判示した。

そして、保険会社と、保険契約者である会社との間で、保険金の全部または一部（保険金が死亡の場合に福利厚生制度に基づいて支払われる金額として社会的に相当な金額を超えて多額に及ぶ場合は保険金の少なくとも２分の１）を社内規定に基づいて支払う金額に充当する趣旨で保険利用することを合意していたとし、この合意は、社内規定に基づく給付額が保険金によって充当すべき金額と一致するか、またはこれを上回るときは、社内規定に基づく給付額で足りるが、下回るときは差額分を保険金から支払うことを意味内容として含むとした。

そして、結論として、保険金から会社が支払った保険料総額を差し引いた２分の１の金額は約2,900万円となるが、遺族補償として社会的に相当な額は3,000万円であるとし、その額から、保険会社との保険契約の趣旨についての合意に照らし、社内規定に基づいて支払った給付額を控除し、未払分の支払請求を認容した。

高裁判決（名古屋高判平成14年４月24日労判829号38頁）では、団体定期保険を維持するための経費について、保険金額が社会的に相当な金額を超える場合には、原則として相当額を超える部分について経費に充てることを許容すべきであるが、原則として保険金額の２分の１の限度において経費に充てることを許容すべきとし、結論は一審判決を維持した。

なお、法律構成については、一般的には、第三者のためにする契約ではなく、保険契約の効力発生とともに、会社と従業員の間で、従業員の福利厚生・遺族の生活保障等の保険契約の趣旨目的から、会社は、保険金を受領した上、その全部または相当部分を退職金や弔慰金として支払う旨の合意が成立したとの法律構成を採っている判例が多い（東映視覚事件・青森地弘前支判平成８年４月26日労判703号65頁、秋田運輸事件・名古屋地判平成10年９月16日労判747号26頁、同控訴事件・名古屋高判平成11年５月31日労判764号20頁、住友軽金属工業（団体定期保険第１）事件・名古屋地判平成13年２月５日労判808号62頁等）。

ところが、最高裁は、会社が、団体定期保険の本来の目的に照らし、保険金の全部または一部を社内規定に基づく給付に充当すべきことを認識し、そのことを生命保険会社に確約していたとしても、このことから、社内規定に基づく給付額を超えて死亡保険給付を遺族等に支払うことを約束した根拠となるものではなく、他にそのような合意を推認すべき事由は見当たらないとして、原判決を破棄し、取り消した（最三小判平成18年４月11日労判915号51頁）。

もっとも、判決の補足意見は、本判決の結論は、会社が本件団体定期保険の保険金を保持すること自体を正当として認めることとは別問題であると指摘し、本件団体保険契約の運用について、団体定期保険の趣旨からの逸脱のみならず、従業員のほとんどの者が本件保険契約の存在さえ知らず、自分がその被保険者となっていることの認識もなかったことから、およそ黙示の同意を認め得るような状況にはなく、本件保険契約は、被保険者の同意を欠くものとして無効であったと指摘している。

他人の生命に対する保険である団体生命保険契約が社会問題化したことも踏まえ、平成９年度以降は、会社を保険金受取人とする場合、従業員または遺族の受領額を明記し、保険金額も退職金規定や弔慰金規程等により遺族に支払うことが確認できる額までとし、手続的にも、従業員へ保険付保を周知徹底し、従業員の個別同意をとることを要求した新型の総合福祉団体定期保険が販売されており、旧保険に対するこの最高裁判決の判断が実務的にどこまで影響するかは不明ではある。なお、新型の総合福祉団体定期保険は、従業員または遺族の取得額について、保険会社が会社に支払い、会社が社内規程に基づいて従業員または遺族に支払うタイプと、保険会社から直接従業員または遺族に対して支払うタイプとがあり、被保険者である従業員の同意を得れば、代替労働者の採用・育成費等の財源確保を目的に会社の取得分を認めるヒューマン・バリュー特約を付けることができるものもある。

実務的には、団体生命保険に加入して、その保険金を原資として、従業員に支払う退職金、弔慰金、労災の上積み補償金等の支払に充当する場合には、社内規定により、保険金がどの支払に充当されるかという点について明確にしておくことが重要となる。

特に、労災の上積み補償金等、損害賠償を塡補しようと考えている場合には、損害賠償の塡補であることを規定に明記しておく必要がある。損害賠償の塡補を明記した規定がなく、保険金を支払うと、それらが退職金等とみなされ、損害の塡補という当初の目的が達成されないことがある。裁判例でも、過労死の事案で、会社が、生命保険会社との間で総合福祉団体生命保険契約を締結していて、会社の保険取扱規定に基づいて遺族に弔慰金を支払った事案で、会社は、保険取扱規定に基づいて従業員の遺族に支給される弔慰金は、従業員等が稼働能力を喪失した場合にそのことに伴う所得の喪失分を塡補・補償するといった色彩が濃厚な給付であるから、損益相殺が認められるべきだと主張したが、裁判所は、生命保険契約に基づいて給付される保険金は、既に払い込んだ保険料の対価の性質を有し、不法行為ないし債務不履行の原因と関係なく支払われるべきものであるから損益相殺の対象とすることはできないとして、会社の主張を排斥した事案がある（肥後銀行事件・熊本地判平成26年10月17日労判1108号５頁）。

なお、保険利用に関する裁判例として、従業員が過重労働やパワハラなどのストレスにより精神障害に罹患し、自殺した場合に、保険の適用との関係で保険約款に定める故意行為による免責条項に当たるとして争われる場合がある。これについては、事案により、免責事由に当たるとした裁判例も否定した裁判例もあるが（大阪高判平成15年２月21日金判1166号２頁、大分地判平成17年９月８日判時1935号158頁、奈良地判平成22年８月27日判タ1341号210頁など）、上司のパワハラにより重度のストレス反応および適応障害が発症し労災認定がされていた事案で、同様に故意行為による免責条項の適用の有無が問題となり、当該従業員の本来的性格・人格と自殺前の性格・人格には乖離が見られ、自殺に至る言動や自殺の態様にも異常性が認められることなどから、精神障害が当該従業員の自由な意思決定能力を喪失ないし著しく減弱させた結果、当該従業員は自殺に及んだと認定し、免責条項の「自殺」には当たらないと判断した事案がある（Ｙ農業協同組合事件・甲府地判平成27年７月14日判時2280号131頁）。

### ⑷　死亡退職金との調整

死亡退職金は、退職金規定などの創設により、同規定に基づいて支払われるものであり、上積み補償制度の支払事由に該当し、さらに、死亡による退職により、退職金規定の支払事由に該当する場合には、何の調整規定もなければ、使用者は両方支給しなければならない。

上積み補償制度による支給の原資として団体生命保険等の保険金を利用する場合で、保険金は、上積み補償だけでなく、退職金の原資にも充てる場合には、規程例のように、上積み補償制度による給付は、当該従業員に支払われる死亡退職金等を控除した残額を支払うことを定める等、調整規定を定めておく必要がある。

### ⑸　弔慰金・見舞金との調整

弔慰金・見舞金についても、通常、弔慰金・見舞金規程の創設、就業規則等による規定、あるいは、会社の慣習などにより支給されているものであり、何の調整規定もなければ、使用者は上積み補償給付とは別に支給しなければならない。

上積み補償制度による支給の原資として団体生命保険等の保険金を利用する場合で、保険金は、上積み補償だけでなく、弔慰金・見舞金の原資にも充てる場合には、規程例のように、上積み補償制度による給付は、当該従業員に支払われる弔慰金・見舞金等を控除した残額を支払うことを定める等、調整規定を定めておく必要がある。

**【上積み補償規程例】**

災害補償規程

第１条（目的）

本規程は、○○株式会社（以下「会社」という。）就業規則第○条に基づき、従業員が、業務上もしくは通勤途上（両者を一括して、業務上等という。）、または業務外に、突発的事故により傷害を受けた場合、または同傷害により死亡した場合等に、会社が行う補償に関する事項を定めるものである。

第２条（業務上等または業務外の認定基準）

本規程における業務上、通勤途上または業務外の認定については、労働基準法及び労災保険法の定めに基づき所轄行政庁の認定するところによるものとする。

第３条（業務上等の災害補償）

会社は、職員等が、業務上等に因り、傷害を受けた場合、または死亡した場合、下記に定める補償をなすものとする。

⑴　労働基準法及び労災保険法所定の保険給付

⑵　⑴の上積み保険として会社加入の労働災害総合保険による給付

⑶　突発的事故に因る死亡または後遺障害の場合、⑴⑵の上積み保険として会社が加入する傷害保険・総合福祉団体定期保険による給付

２　ただし、前項⑶号の給付による補償については、同保険給付から、会社の本規程以外の規程または会社の決定による当該従業員の退職金、弔慰金、見舞金、香典費用等の必要諸経費（一時所得税を含む。）及び会社加入の保険における当該従業員のため支払われた保険料を控除した残額を補償給付として支給するものとする。

第４条（業務上等以外の事由に因る災害補償）

会社は、従業員が、業務上等以外の突発的事故に因り、入院加療を受けた場合、後遺障害を受けた場合、または死亡した場合、会社加入の傷害保険・総合福祉団体定期保険による給付による補償をなすものとする。

２　ただし、前項の会社加入の傷害保険・総合福祉団体定期保険による給付による補償については、同保険給付から会社の本規程以外の規程または会社の決定により当該従業員の退職金、弔慰金、見舞金、香典費用等の必要諸経費（一時所得税を含む。）及び会社加入の保険における当該従業員のため支払われた保険料を控除した残額を補償給付として支給するものとする。

第５条（各保険への加入）

会社は、本規程による補償をなすため、試用期間を経過した従業員につき、同期間経過による本採用後１か月以内に、本規程に定める各保険等の加入手続をなすものとする。

第６条（給付内容）

本規程による補償の給付の種類、内容、支払期限・免責、支払時期、保険代位、各保険の発行時期等については、労働基準法及び労災保険法、及び労働災害総合保険、普通傷害保険等の各法令、約款の定めるところによるものとする。

第７条（遺族補償受給資格者）
本規程における各補償の遺族補償の受給資格者については、法令または約款に特段の定めない限り、第一次的に労働基準法施行規則42条ないし45条の定めるところにより、これにより定められない場合には、民法の相続に関する定めによるものとする。ただし、同規則の定めにかかわらず、受給者たる配偶者に関しては、婚姻届出のある者とする。
第８条（各種保険、共済手続への協力）
従業員は、本規程による各種保険等に関する保険加入手続及び保険金、共済金等の請求・変更手続に関し、会社の求めに応じ、所定の届出書、請求書等の作成を会社に委任し、またはそれらの作成に協力するものとする。
第９条（損害賠償との損益相殺）
従業員及びその遺族（以下、従業員等という。）において会社に対して損害賠償請求権が発生する場合には、従業員等が本規定により受給する保険金等の諸給付については、損益相殺の対象となるものとし、その支給の限度にて、会社は従業員等に対する損害賠償義務を免れるものとする。
第10条（給付条件の改善）
会社は、本規程による各種給付条件につき、経済事情の変更等に対応して、その支給基準の適正化に努めるものとする。
第11条（付則）
本規程は、平成○年○月○日から施行する。

**【退職金規程例】**

退職金規程

第１条（摘要範囲）
就業規則第○条に定める職員の退職金については、本規程による。ただし、試用期間中の者、定年後再雇用規程により再雇用された者、日雇い及び臨時職員については本規程を適用しない。
第２条（受給資格）
退職金は、職員が３年以上勤務した場合に支給する。
第３条（支給額）
受給資格を有する職員が退職する場合は、退職後１か月以内に、勤続年数×基本支給額を乗じて算出した退職金を支給する。
なお、退職事由を会社都合と自己都合に区分し、それぞれ次のことをいう。
ア　会社都合
・定年退職
・職員が役員に就任したとき
・業務上の事由による疾病・死亡
・やむを得ない経営上の都合による解雇
イ　自己都合
・前号以外の退職、解雇、死亡
２　会社は、加入する○○総合福祉団体定期保険により、同保険契約の定めにより職員退職金として支払われる保険金が、会社または職員本人またはその遺族に支給される場合には、その保険金の支給をもって、前項の退職金の全部または一部の支払とすることがある。給付の種類、内容、支払期限・免責、支払時期、保険代位、各保険の発行時期等については、各法令、約款の定めるところによるものとする。
第４条（受給権者）
第○条による退職金の支給を受ける者は、職員本人またはその遺族で、死亡当時本人の収入により生計を維持していた等の会社が正当と認めた遺族に支給する。

2　前項の遺族の範囲及び支給順位については労働基準法施行規則42条の遺族補償の順位の規定を準用する。ただし、上記遺族が適当と認め難い場合、または本人の意思により受取人を指定した場合、あるいは上記に該当する者がいない場合は会社において決定する。
3　前項の配偶者は、婚姻届出のある者を先順位とする。
第５条（勤続年数の算出）
　勤続年数は入社の日から起算し退職の効力発生日または死亡の日までとする。ただし、欠勤及び休職期間は算入しない。
2　勤続年数に１年未満の端数がある場合にはこれを切り捨てる。

## 10　具体的損害賠償額の決定

### ⑴　男女差への対応

労災や交通事故の民事損害賠償請求訴訟では、死亡や後遺障害の場合の損害賠償として、死亡あるいは後遺障害を負わなければ将来得られたであろう利益として逸失利益が認められる。その算定の際、原則として労災や事故前の現実収入を用いて計算するが、男女学歴別の賃金センサス（厚生労働省大臣官房統計情報部が、主要産業に雇用される常用労働者について、その賃金の実態を労働者の種類、職種、性別、年齢、学歴、勤続年数、経験年数別等に明らかにし、日本の賃金構造の実態を詳細に把握することを目的として、賃金構造基本統計調査を行っているが、その結果をとりまとめたもの）と比較し、現実の収入額が賃金センサスの平均賃金を下回っていても、将来平均賃金程度の収入が得られる蓋然性があれば、平均賃金を基礎収入として算定する実務例がみられる。もっとも、判例では、男女別・学歴別の平均賃金を基礎として計算した逸失利益を認容した例が多いが、女性の平均賃金の方が男性より低くなっているため、男性より女性の方が逸失利益は低くなる傾向にある。他方、学生・生徒・幼児等、事故当時職に就いていない者についても、賃金センサスの男女別全年齢平均の賃金額を基礎として逸失利益を算定するとされているが、女性年少者については、女性労働者の全年齢平均ではなく、男女を含む全労働者の全年齢平均賃金で算定するのが一般的であるとされている（公益財団法人日弁連交通事故相談センター東京支部『民事交通事故訴訟損害賠償算定基準2018年度版（上巻）』155頁）。

労災の後遺障害等級認定では、外貌醜状の障害（日常的に人目に付く部分、外見等、労災認定基準の定める部分に一定の醜状が残る障害）について、従来、男女別で基準を設け、女性よりも男性の等級を低く定め、給付額についても差を設けていた。

しかしながら、平成22年５月27日、京都地裁で、外貌醜状の障害を負った男性が、労基署の「男性の外貌に著しい醜状を残すもの」（12級）に該当するとの等級認定に基づく障害補償給付の支給に関する処分の取消しを求めた訴訟で、裁判所は、次のように判断し、男女差別的取扱いが憲法14条１項に違反し、処分は違法であるとして、処分取消しを認容した（国・園部労基署長（障害等級男女差）事件・京都地判平成22年５月27日労判1010号11頁）。

すなわち、差別的取扱いの策定理由に根拠がないとはいえないものの、男女の性別によって５等級の差があり（「女性の外貌に著しい醜状を残すもの」は７級）、その給付も、７級が１年につき給付基礎日額の131日分の障害基礎年金が支給されるのに対し、12級の場合は、給付基礎日額の156日分の障害補償一時金しか支給されないという点において大きな差があり、年齢・職種・利き腕・知識・経験等の職業能力的条件が障害の程度を決定する要素とはなっておらず、性別がこれらの条件と質的に大きく異なるとは言い難いのに、性別によって大きな差が設けられていることの不合理さは著しいとした。そして、労働基準監督署長が主張する統計的数値に基づく就労実態の差異や社会通念についても根拠が不十分、不明確であるとし、男女の性別による差別的取扱いは著しく不合理で、男女平等を定めた憲法14条１項に違反すると判断した。

この判決後、厚生労働省は、平成23年２月１日付で、外貌醜状の障害の労災認定基準を見直し、障害の程度に応じ男女とも同一の等級として評価する基準に改正した（「外貌の醜状障害に関する障害等級認定基準について」基発201第２号）。

この判決は、労災障害補償給付の支給処分取消しを判断した判決ではあるが、労災認定基準の改正もあり、労災の民事損害賠償請求訴訟においても、後遺障害については労災認定基準に即して判断する例が多いので、今後、民事損害賠償請求訴訟においても影響があると思われる。

### ⑵　外国人の賠償認定上の諸問題

外国人の逸失利益の算定の基礎となる収入については、判例は、その外国人がいつまで日本に居住して就労するか、その後はどこの国に出国して生活の本拠を置いて就労することになるかなどを、相当程度の蓋然性が認められるか予測すべきとし、将来出国が予想される外国人の場合、諸般の事情を考慮して、日本における就労が予測される期間は日本における収入を、その後は想定される出国先（多くは母国）での収入を基礎とするのが合理的と判断している（最三小判平成９年１月28日判タ934号216頁）。

この判例では、日本における就労可能期間は、来日目的、事故の時点における本人の意思、在留資格の有無、在留資格の内容、在留期間、在留期間更新の実績および蓋然性、就労資格の有無、就労の態様等を考慮して認定すべきとし、短期在留（観光目的）資格で入国し、在留期間経過後も不法に残留して就労中に右手人さし指を製本機に挟まれその末節部分を切断する事故にあったパキスタン人の事案で、勤めた会社を退社した日の翌日から３年間は日本で得ていた収入を基礎とし、その後は来日前にパキスタンで得ていた収入を基礎とすべきとした原審の判断を違法とはいえないとしている。

同様の考え方に基づき、観光ビザで来日し、途中で「日本人の配偶者等」の在留資格で３年間の在留許可を得ている日系ブラジル人について、ブラジルでコンビニを開店するための資金を日本で貯めるつもりで来日し、当初は２年間で帰国するつもりであったこと、一緒にブラジルから来日した者の中には既に帰国した者もいること、姉２人はブラジルで暮らしていること、事故当時、原告が日本において両親と一緒に暮らしたり、結婚する予定であったことを伺わせる証拠がないこと等から、長期間にわたって日本で就労する相当程度の蓋然性があったとはいえないとし、症状固定時から５年間は日本で得ていた実収入額を、その後の34年間はブラジルで得られる収入額を基礎として算定した事案がある（岐阜地御嵩支判平成９年３月18日判タ953号224頁）。

他方、「留学」の在留資格で在留していた中国籍の大学生の交通事故の事案で、事故当時既に卒業後は日本に残って日中貿易の仕事に就くことを希望していたこと、事故後に日本人女性と婚姻し、在留資格が「日本人の配偶者等」に変更されていること等から、将来にわたって日本に在留して収入を上げていく高度の蓋然性が認められるとして、賃金センサスの男性、大卒、全年齢の平均収入を基礎収入とした裁判例（大阪地判平成15年９月３日交民36巻５号1217頁）もある。

### ⑶　消滅時効・除斥期間――じん肺等発症の遅い労災への損害賠償請求の消滅時効、除斥期間と救済手段

労災の民事損害賠償請求権は、責任原因を不法行為責任で考えた場合、民法上、被害者またはその法定代理人が損害及び加害者を知ったときから３年間行使しなければ時効により消滅すると規定されており（民法724条前段）、不法行為の時から20年を経過したときも請求権が消滅すると規定されており（同条後段）、安全配慮義務違反に基づく債務不履行責任と考えた場合でも、行使できるときから10年間行使しないときは時効により消滅すると規定されている（民法167条１項）。

しかしながら、20年以上経過してから発症するアスベストによる障害や、じん肺等の損害賠償に関しては、これらの規定を形式的に適用しては具体的妥当性を欠くことから、判例は、様々な法律構成や事実認定で救済を試みている。

例えば、じん肺によって死亡した事例の損害賠償請求については、じん肺が特異な進行性の疾患であり、じん肺に罹患した事実は行政上の決定がなければ通常認め難いところ、最初の決定から次の重い決定を受けるまでに20年以上経過する例があること等を考慮し、時効の起算点を最初の行政上の決定を受けた日とする原審を破棄して差し戻し、最も重い決定を受けた時点から消滅時効は進行するとしている（日鉄鉱業事件・最二小判平成６年２月22日労判646号７頁）。

さらに、前述のように、民法724条後段の除斥期間の起算点は加害行為の時からではあるが、身体に蓄積した場合に人の健康を害することとなる物質による損害や、一定の潜伏期間が経過した後に症状が現れる損害のように損害の性質上加害行為が終了してから相当期間が経過後に損害が発生する場合には損害の全部または一部が発生したときから進行すると解すべきとし、じん肺被害を理由とする損害賠償請求権についてはその損害発生のときが除斥期間の起算点となるとした判例がある（筑豊炭田（じん肺・国）事件・最三小判平成16年４月27日労判872号５頁）。

また、トンネル建設工事において粉じん作業に従事していた労働者がじん肺に罹患したことについて、国家賠償法上の損害賠償請求権の消滅時効の起算点に関する「損害及び加害者の認識」について、損害発生の認識だけでなく、加害行為が不法行為を構成することまで知ることを要すると解するのが相当であるとし、じん肺に関し国の規制権限不行使が国賠法１条１項の違法な公権力の行使に当たるか否かが問題となった訴訟において国の責任を初めて認めた筑豊じん肺判決の原審判決が言い渡され、それが広く報道された時点（早くとも平成13年７月19日頃）とした裁判例がある（トンネルじん肺東京損害賠償請求事件・東京地判平成18年７月７日判タ1221号106頁）。

消滅時効の援用を権利の濫用として認めなかった裁判例もある（西松建設株式会社事件・広島高判平成16年７月９日判時1865号62頁）。

なお、消滅時効・除斥期間が問題となった事例ではないが、アスベストを含む建材の製造会社が工場を操業するに際し、従業員が石綿肺になることが予見可能であったとして、

会社の安全配慮義務違反が認められた例で、同事案では、従業員が退職時に会社の規程に基づく補償見舞金の支払を受け、一定の病状に応じた和解金を受け取って、念書を指し入れていた事案であったが、じん肺の特質から、その疾病の管理区分決定に相当する病状に基づく損害は、その決定を受けた時点で初めて発生する別個の損害と評価すべきであるから、管理区分ごとに異なる和解金額を定める方法による和解契約は、将来の進行した病状に応じたより重い管理区分の損害の賠償請求権を制限するものではないと判断し、損害賠償請求を認めた事例がある（ニチアス事件・岐阜地判平成27年９月14日労判1150号61頁）。

**【労災民事賠償請求書】**

請　求　書

拝啓　○○の候、貴社益々ご清栄のこととお慶び申し上げます。

さて、当職は、甲野太郎（以下、通知人と申します）の代理人として、通知人の貴社に対する、平成○年○月○日に発生しました労災による損害賠償請求に関する一切の件（以下、本件と申します）に関して、法的手続に基づく一切の問題解決の依頼を受けました。

つきましては、今後、本件に関しましては、通知人にご連絡を取られる場合は、電話・書面・口頭等その手段・方法と問合せ、請求等の内容の如何にかかわらず、必ず当職宛、書面にていただくようお願い申し上げます。

1　貴社の安全配慮義務違反ないし不法行為

貴社は、通知人の使用者として、「労働者が労務提供のため設置する場所、設備もしくは器具等を使用しまたは使用者の指示のもとに労務を提供する過程において、労働者の生命及び身体を危険から保護するよう配慮すべき」安全配慮義務を負っていますが、貴社は、通知人に対し、プレス加工を行わせるにあたり何の安全教育も実施せず、また、プレス機械に事故を回避するに足る安全装置をつけず、クーラーのない40度以上の工場内で、本件プレス機械によるプレス加工に従事させました。その結果、通知人は、上下のプレス金型の間に右手を挟まれたことにより、右手の親指以外の２指を切断し、右手挫滅創の負傷を負い、後遺障害等級９級の認定を受ける障害が残りました。

貴社は、プレス機械に事故を回避するのに必要な安全装置をつけず、プレス機械の危険性について必要な安全教育も施さず、劣悪な作業環境を是正せず、通知人に本件プレス作業を行わせ、本件事故を引き起こしたものであって、貴社は、不法行為または安全配慮義務違反により、通知人に生じた損害を賠償する責任を負っています。

2　通知人の被った損害

①　入院雑費　45,000円（1,500円×30日）

②　通院交通費

交通費既払分　21,500円

③　義手の費用　420,000円

④　慰謝料　合計11,490,000円

入通院慰謝料　1,490,000円

後遺症慰謝料　10,000,000円

⑤　休業損害　1,882,368円

3,505,432円（平成○年の年収）÷365日×196日

休業期間196日（平成○年○月○日～平成○年○月○日）

⑥　逸失利益（後遺障害等級９級）　21,670,510円

3,505,432円×0.35×17.6628

通知人は、症状固定日（平成○年○月○日）23歳であり、67歳までを労働能力喪失期間とし、労働能力喪失率35％で計算。

⑦　弁護士費用　5,000,000円

⑧　合計40,529,378円

3　結論

つきましては、本書面が貴社らに到達後１週間以内に、上記損害賠償金40,529,378円を、通知人指定の代理人口座（○○銀行○○支店・普通預金○○番・弁護士○○名義）宛に振込送金の方法によりお支払いいただきますよう請求いたします。

もし、上記期限内に上記金員をお支払いいただけない場合、あるいは上記金員の支払に関する誠意あるお申出のない場合には、当職といたしましては、遺憾ながら法的手段を取らざるを得なくなりますので、念のため申し添えます。

敬具

平成○年○月○日

○○県○○市○○町○丁目○番○号
○○○○法律事務所
電話　○○○－○○○－○○○○
FAX　○○○－○○○－○○○○
通知人　甲野太郎
上記通知人代理人
弁護士　○　○　○　○

〒○○○－○○○○　○○県○○市○○町○丁目○番○号
○○○○株式会社
代表取締役社長　○　○　○　○　殿

## 【労災民事賠償請求書に対する回答書】

回答書

拝啓　○○の候、貴社益々ご清栄のこととお慶び申し上げます。

さて、当職は、○○○○株式会社の代理人として、平成○年○月○日に発生しました甲野太郎氏の労災事故に関し、一切の問題解決の依頼を受けました。

つきましては、今後、本件事故に関して会社に連絡を取られる場合には、電話・書面・口頭等その手段・方法と問合せの内容の如何にかかわらず、当職宛、ご連絡をいただきますようお願い申し上げます。

貴殿代理人よりいただきました平成○年○月○日請求書につきましては、会社において、事故の原因につき、現在調査中であります。追って、貴殿代理人と面談し、当職より、会社の考えを提示させていただきたいと考えておりますので、しばしお時間をいただきたくお願いいたします。

取り急ぎ、受任のご連絡まで。

○○県○○市○○町○丁目○番○号
○○○○法律事務所
電話　○○○－○○○－○○○○
FAX　○○○－○○○－○○○○
○○○○株式会社
代理人弁護士　○　○　○　○

〒○○○－○○○○　○○県○○市○○町○丁目○番○号
甲野太郎氏
代理人弁護士　○　○　○　○殿

## 【労災民事賠償請求に関する訴状】

訴　　状

収　入
印　紙

平成○年○月○日

○○地方裁判所　民事部　御中

原告訴訟代理人　弁護士　○　○　○　○

〒○○○－○○○○　○○県○○市○○町○丁目○番○号
原　告　　甲　野　太　郎
〒○○○－○○○○　○○県○○市○○町○丁目○番○号
○○○○法律事務所（送達場所）
電話　○○○－○○○－○○○○
FAX　○○○－○○○－○○○○
上記原告訴訟代理人　弁護士　○　○　○　○

〒○○○－○○○○　○○県○○市○○町○丁目○番○号
被　告　○○○○株式会社

代表者代表取締役　乙　野　次　郎

損害賠償請求事件
　訴訟物の価額　金40,529,378円
　貼用印紙額　金○○○○円

第１　請求の趣旨
　１　被告は、原告に対し、金40,529,378円及びこれに対する平成○年○月○日から支払済まで年５分の割合による金員を支払え。
　２　訴訟費用は被告の負担とする。
との判決並びに第１項につき仮執行の宣言を求める。
第２　請求の原因
　１　当事者の地位・職業及び両者の関係
　　⑴　原告は、肩書地に居住する者である。
　　⑵　被告は、肩書地に本店があり、プレス及び板金加工、特殊金属塗装等を営業目的とする株式会社である（甲１）。
　　⑶　原告は、○○専門学校を卒業後、被告の採用面接を受けて平成○年○月○日に被告に入社し、現在も在籍している。原告は、被告では、主としてプレス機械による作業に従事していた。
　２　事故の発生
　　⑴　日　　　時　平成○年○月○日　午後○時○分頃
　　⑵　場　　　所　被告工場内
　　⑶　事故の態様
　原告が、プレス機械による業務に従事中、上下のプレス金型の間に右手を挟まれたことにより、右手の親指以外の２指を切断し、右手挫滅創の負傷を負った（甲２）。
　　⑷　事故後の経過
　原告は受傷後直ちに○○病院に入院し、平成○年○月○日に退院した後、同年○月○日より平成○

年○月○日まで通院し、同年○月○日に症状が固定するに至った。

原告は、右手の親指以外２本を失ったことから、○○労働基準監督署から後遺障害等級９級の認定を受けた（甲３）。

3　被告の責任原因

⑴　被告は、原告の使用者として「労働者が労務提供のため設置する場所、設備もしくは器具等を使用し又は使用者の指示のもとに労務を提供する過程において、労働者の生命及び身体を危険から保護するよう配慮すべき」安全配慮義務を負っている（川義事件・最判昭和59年４月10日労判429号12頁等)。よって、被告は、原告に対し、以下のとおり本件事故に関して安全配慮義務違反により損害賠償責任を負担することは明白である。

⑵　原告は被告に入社したばかりでプレス機械に対して何の知識もない状態であったが、被告では、原告を含めプレス工に対して何の安全教育も実施しておらず、本件プレス機械には、事故を回避するための安全装置もつけていなかった。

また、本件事故が起こったときは真夏で、気温だけでも36度以上あり、クーラーがなく、数々の機械が置かれている被告工場内は、実に40度以上になっていたが、被告はこのような劣悪な環境を何等是正しようとしなかった。

本件のプレス機械は、労働安全衛生法施行規則131条１項の「身体の一部が危険限界に入らないような措置」を講じているとはいえず、また、同条２項規定の安全装置を備えているともいえず、同規則に違反している。

以上より、被告は、プレス機械に事故を回避するのに必要な安全装置をつけず、プレス機械の危険性について必要な安全教育も施さず、劣悪な作業環境を是正せず、原告に本件プレス作業を行わせ、本件事故を引き起こしたものであって、被告は、不法行為又は安全配慮義務違反により、原告に生じた損害の賠償責任を負う。

4　原告の被った損害

損害総額　金40,529,378円

⑴　原告の被害の程度等

①　傷病名

右手挫滅創等（甲２）

②　入院期間（甲４）

平成○年○月○日より平成○年○月○日

入院日数30日間

③　通院期間（甲４）

平成○年○月○日より平成○年○月○日

④　症状固定時期

平成○年○月○日（甲５）

⑵　損害額

①　入院雑費　45,000円

1,500円×30日＝45,000円

②　通院交通費　21,500円

③　義手（甲６）　420,000円

④　慰謝料　11,490,000円

ア　入院・通院慰謝料　1,490,000円

入院１か月、通院６か月

イ　後遺症慰謝料　10,000,000円

原告は、入社したばかりの22歳で、利き手の指２本を失った。現在、字を書いたり、食事をしたりといった日常生活にも多大な支障を及ぼしており、原告の被った精神的苦痛は非常に甚大である。そのような精神的苦痛を癒すための慰謝料としては金1,000万円は下らない。

ウ　合計（ア＋イ）　11,490,000円

⑤　休業損害　1,882,368円

3,505,432円（ア）÷365日×196日（イ）

（ア）　平成○年の年収（甲７）

（イ）　休業日数（平成○年○月○日から平成○年○月○日までの合計196日）

⑥　後遺症による逸失利益　21,670,510円

ア　被害者は症状固定時23歳であり67歳まで働けることを前提として、後遺障害等級９級（労働能力喪失率35％）で計算

3,505,432円（ア）×35％（イ）×17.6628（ウ）

（ア）平成○年の年収

（イ）労働能力喪失率

（ウ）ライプニッツ係数

⑦　弁護士費用　5,000,000円

本件についての原告にかかる弁護士費用は500万円は下らない。

⑧　合計　40,529,378円

5　結　論

よって、原告は、被告に対し、不法行為又は債務不履行に基づく損害賠償請求として金40,529,378円及びこれに対する平成○年○月○日から支払済まで民事法定利率年５分の割合による遅延損害金の支払を求め、本訴に及んだものである。

証　拠　方　法

1　甲第１号証　　商業登記簿謄本
2　甲第２号証　　診断書
3　甲第３号証　　労災一時金支給決定通知
4　甲第４号証　　入通院証明書
5　甲第５号証　　後遺障害診断書
6　甲第６号証　　領収書
7　甲第７号証　　平成○年分給与所得の源泉徴収票

附　属　書　類

1　訴状副本　　　　１通
2　甲号証（写）　　２通
3　商業登記簿謄本　１通
4　訴訟委任状　　　１通

**【労災民事賠償請求に関する答弁書】**

平成○年（ワ）第○○○○号　損害賠償請求事件
原　告　甲野　太郎
被　告　○○○○株式会社

答　弁　書

平成○年○月○日

○○地方裁判所　民事第○部　御中

（送達場所）
〒○○○－○○○○　○○県○○市○○町○丁目○番○号

○○○○法律事務所
電話　○○－○○○○－○○○○
FAX　○○－○○○○－○○○○
被告訴訟代理人　弁護士　○　○　○　○

上記当事者間の御庁平成○○年（ワ）第○○○○号損害賠償請求事件について、被告は下記の通り答弁する。

記

第１　請求の趣旨に対する答弁
　１　原告の請求をいずれも棄却する。
　２　訴訟費用は原告の負担とする。
との判決を求める。
第２　請求の原因に対する認否
　１　第２の１について
　　認める。
　２　第２の２について
　　認める。
　３　第２の３について
　　被告が一般的に安全配慮義務を負っていることは認め、その余は否認し争う。
　４　第２の４について
　　争う。
　５　第２の５について
　　争う。
　６　被告の主張

追って、準備書面により、被告に不法行為ないし安全配慮義務違反はないこと、原告に生じた損害、労災保険給付によって損害の一部は相殺されていること、過失相殺の主張などを追加する予定であるが、本件事故は、もっぱら原告の過失によって引き起こされたものであり、被告には責任は存在しない。

被告は、原告に対し、熟練した先輩社員によって、プレス機械の操作と必要な安全教育を行っていたが、原告が、被告の操作マニュアルに基づく操作手順を無視し、本件プレス機に手を入れ、本件事故を起こしたものである。

また、被告の工場にクーラーはなかったが、業務用の大型の扇風機を数台設置したり、冷水器を数台設置して十分な水分補給をするよう指導していた。

よって、被告には原告の事故に対する責任はない。

以上

附　属　書　類

　１　答弁書副本　１通
　２　訴訟委任状　１通

以上

【弁護士　石居 茜】

# Ⅳ　後遺障害の認定

## 1　概　要

### ⑴　後遺障害とは

業務災害に起因して被災者に疾病の発症、負傷という結果が生ずることがあるが、そのような場合に治療をしたが身体の機能等が完全に回復せず機能障害（関節の稼動域の制限など）・欠損障害（手指の喪失など）・神経障害（麻痺の残存など）などの症状が残る結果となることがある。

このような場合に身体に残った機能障害などの症状を後遺症という。この「後遺症」は医学的な概念である。

そして、この後遺症により被災者に労働能力の低下、生活上の支障が生じているときはそれを後遺障害と評価することになる。この「後遺障害」は法的概念である。

後遺症≠後遺障害ではないことに注意が必要である。

後遺症が後遺障害と評価されるかは、基本的に障害等級表（詳細は「⑶　障害等級表の仕組み」参照）に該当するかによって判断される。

### ⑵　障害補償に係る定め

労災保険では、業務上の事由ないし通勤による傷病が治った後、身体に一定の障害が残った場合には、その労働者に対し残存する「障害の程度」に応じて、障害補償給付（業務災害の場合。労災法15条）ないし障害給付（通勤災害の場合。労災法22条の３）を支給することになっている。

**【参考条文】**

**労災法15条［障害補償給付］**

１　障害補償給付は、厚生労働省令で定める障害等級に応じ、障害補償年金又は障害補償一時金とする。

２　障害補償年金又は障害補償一時金の額は、それぞれ、別表第１又は別表第２に規定する額とする。

**労災法22条の３［障害給付］**

１　障害給付は、労働者が通勤により負傷し、又は疾病にかかり、なおつたとき身体に障害が存する場合に、当該労働者に対し、その請求に基づいて行なう。

２　障害給付は、第15条第１項の厚生労働省令で定める障害等級に応じ、障害年金又は障害一時金とする。

３　第15条第２項及び第15条の２並びに別表第１（障害補償年金に係る部分に限る。）及び別表第２（障害補償一時金に係る部分に限る。）の規定は、障害給付について準用する。この場合において、これらの規定中「障害補償年金」とあるのは「障害年金」と、「障害補償一時金」とあるのは「障害一時金」と読み替えるものとする。

被害者が「症状固定」の状態になったと判断されなければ、後遺障害等級が確定できない。「症状固定」とは、身体に被害を受けた者の損害額を算定するための法的概念で「傷病に対して行われる医学上一般に承認された治療方法をもってしても、その効果が期待し得ない状態で、かつ、残存する症状が、自然的経過によって到達すると認められる最後の状態に達したとき」をいう。労働者が負傷または疾病にかかり治ったときに身体に何らかの痕跡等が残っていても、その障害が障害等級表に該当しない程度のものであれば障害補償給付は行われないことに注意されたい。

後遺障害の認定は、「労働者災害補償法による障害補償給付（障害給付）の支給に関する処分」として、管轄する労基署長が行う。

### ⑶ 障害等級表の仕組み

#### ア 基本的な考え方

「障害の程度」は、労災則別表第１「障害等級表」に定められている。この障害等級表は、昭和22年に制定されて以来、複数回の改正を経て現在に至っている（障害等級表は「Ⅳ 後遺障害の認定」末尾に掲載）。

障害等級表には後遺症の程度により第１級から第14級までの障害等級が定められており、等級ごとの補償の額を定めている。

例えば、障害等級第１級であれば「当該障害の存する期間１年につき給付基礎日額の313日分」が、障害等級第８級であれば「給付基礎月額の503日分」が障害補償給付として支給される。前者は「期間１年につき」支給されるのに対して、後者は一時金であることにご留意いただきたい。生涯を通じて受け取る金額は大きく異なるのが通常である。

障害等級表は、身体をまず解剖学的観点から部位に分け、次にそれぞれの部位における身体障害を機能の面に重点を置いた生理学的観点から、例えば、眼における視力障害、運動障害、調節機能障害および視野障害のように一種または数種の障害郡に分け、さらに、各障害は、その労働能力喪失の程度に応じて一定の順序のもとに配列されている（労働省労働基準局労災管理課編著『労働者災害補償保険法〔再訂新版〕』363頁［労務行政研究所、平成元年］）。

なお、障害等級表に記載してある障害およびその等級以外にも、

① 準 用

障害等級表に掲げられていない障害について、その障害の程度に応じて、障害等級表に掲げられている障害に準じて、その等級を定める。

② 併 合

障害の系列を異にする障害が２つ以上ある場合の障害等級の定め方で、原則として、重い方の障害に該当する等級をその複数の障害の障害等級とし、例外的に、障害の序列上、著しく不均衡な場合、重い方の等級を引き上げることがある。

③ 加重障害

既に障害のあった者が、業務上の負傷または疾病によって同一の部位について障害の程度を加重したときは、その加重した限度で障害補償が行われる。

という方法などにより、後遺障害が認定されたり、後遺障害等級が決まることがある。

## 2 精神障害の後遺障害認定

厚生労働省は、平成15年８月８日、働き過ぎや仕事上のストレスなどが原因で、うつ病や心的外傷後ストレス障害（PTSD）などの精神障害の後遺症が残った人に対し、労災認定基準を設定して補償することを決め、都道府県労働局長に通達した（平成15年８月８日基発80802号「神経系統の機能又は精神の障害に関する障害等級認定基準について」）。

同省は平成11年から、仕事が原因の精神障害を労災保険の対象とし、認定基準を設けて治療費を支給しているが、後遺症については認定基準を定めていなかった。通達では、後遺症の程度を日常生活や対人関係などの評価項目をもとに３段階に区分し、程度に応じて一時金を支給することにしている。

以下、詳しくみていく。

### (1) 精神障害（非器質性の障害）の判定方法

うつ病やPTSD（外傷後ストレス障害）等の精神障害については十分な治療の結果、完治には至らないものの、日常生活動作ができるようになり、症状がかなり軽快している場合には症状固定の状態にあるものとして障害等級の認定を行う。

＜障害等級認定の方法＞

（α） ①抑うつ状態、②不安の状態、③意欲低下の状態、④慢性化した幻覚・妄想性の状態、⑤記憶または知的能力の障害、⑥その他の障害（衝動性の障害、不定愁訴など）
といった「精神症状」が残った場合には、

（β） ①身辺日常生活、②仕事・生活に積極性・関心を持つこと、③通勤・勤務時間の遵守、④普通に作業を持続すること、⑤他人との意思伝達、⑥対人関係・協調性、⑦身辺の安全保持、⑧危機の回避、⑨困難・失敗への対応
といった「能力に関する判断項目」について、

（γ） できない、しばしば助言・援助が必要、時に助言・援助が必要、適切または概ねできるの４段階についての判定結果を踏まえて障害等級を認定する。

### (2) 障害の程度に応じた認定

精神障害による後遺障害等級は、次の３段階（第９・12・14級）に区分して認定される。

① 通常の労務に服することはできるが、精神障害のため、就労可能な職種が相当な程度に制限されるもの
⇒第９級の７の２「神経系統の機能又は精神に障害を残し、服することができる労務が相当な程度に制限されるもの」

② 通常の労務に服することはできるが、精神障害のため、多少の障害を残すもの
⇒第12級の12「局部にがん固な神経症状を残すもの」

③ 通常の労務に服することができるが、精神障害のため、軽微な障害を残すもの
⇒第14級の９「局部に神経症状を残すもの」

### (3) 重い症状を残している者の治ゆの判断

精神障害の特性上、治療を行っても重い症状が続く場合であっても、将来において大幅に症状の改善する見込みがあるので、原則として治療を継続するものとされている。

## 3 外貌醜状の後遺障害認定

### (1) 従来の障害認定基準

「外貌」とは頭や顔など、上肢・下肢以外で日常露出する部分のことをいう。

外貌醜状に関しては、平成23年２月１日に厚生労働省が省令を改正する以前、支給対象者が男性であるか女性であるかによって、適用される障害等級が次のとおり大きく異なっていた。

| |
|---|
| ①　女性の外貌に著しい醜状を残すもの<br>⇒第７級（当該障害の存する期間１年につき給付基礎日額の131日分）<br>②　男性の外貌に著しい醜状を残すもの<br>⇒第12級（給付基礎日額の156日分）<br>③　女性の外貌に醜状を残すもの<br>⇒第12級（同上）<br>④　男性の外貌に醜状を残すもの<br>⇒第14級（給付基礎日額の56日分） |

とりわけ、同じ「外貌に著しい醜状を残す」場合に、女性は、１年につき給付基礎日額の131日分、男性は、給付基礎日額の156日分の障害補償一時金しかもらえないという大きな違いがあった。

「著しい醜状」とは、

①　頭部にあっては、てのひら大（指の部分は含まない）以上の瘢痕または頭蓋骨のてのひら大以上の欠損

②　顔面部にあっては、鶏卵大面以上の瘢痕または10円銅貨大以上の組織陥没

③　頸部にあっては、てのひら大以上の瘢痕

「醜状」とは、

①　頭部にあっては、鶏卵大面以上の瘢痕または頭蓋骨の鶏卵大面以上の欠損

②　顔面部にあっては、10円銅貨以上の瘢痕または長さ３cm以上の線状痕

③　頸部にあっては、鶏卵大面以上の瘢痕

を意味する。

### ⑵　変更の契機となる裁判例の登場

なぜ男女で障害等級が異なったのか。また、そのような障害等級認定が果たして合理的といえるのか。上記の省令変更の契機となったのが、国・園部労基署長（障害等級男女差）事件（京都地判平成22年５月27日労判1010号11頁。以下「本裁判例」という）である。

#### ア　事案の概要

本裁判例の事案は、金属加工会社に勤務していた男性が、金属溶解作業中に溶解物が飛散し、上半身中心に熱傷を負い、右頬から顎部、頸部等々に瘢痕が残ったので、労災法に基づき障害補償給付の支給を求めたところ、労基署は、外貌の著しい醜貌（上記のとおりこれは障害等級第12級に該当する）等を認定した。外貌の著しい醜貌は女性であれば第７級に該当する。第７級であれば、１年につき給付基礎日額の131日分の支給を受けることができるが、第12級であれば、一時金として156日分の支給を受けられるだけである。

争点は、①当時の障害等級表の合憲性、②障害等級表が憲法14条に違反する場合、男性の著しい外貌の醜状障害に適用されるのは第12級であるかであった。

#### イ　労基署の反論

労基署は、男女で外貌の醜状についての障害等級が異なることについて、主に「就労機会の制約」と「精神的苦痛」を主張した。

すなわち、第１に、労働力調査や国勢調査の結果によると、女性の就労実態としては、男性と比較して、応接を要する職種への従事割合が高く、そのような職種は就職や転職等

にとって外貌の醜状障害がより不利益な要因として作用し、就労機会の制約が大きくなる傾向があること、第２に、女性が男性に比較して自己の外貌に高い関心を持つ傾向があり、そのような者にとっては外貌の醜状障害が及ぼす精神的苦痛の程度が大きいことを述べた。

ウ　裁判所の判断

しかし、裁判所は、①本件差別的取扱いの策定理由に根拠がないとはいえないとしながら、その程度は、男女の性別によって著しい外貌の醜状障害について障害等級に５級の差があり、給付についても大きな差があるというものであるところ、年齢、職種、利き腕、知識、経験等の職業能力的条件が障害の程度を決定する要素とはなっておらず、性別というものがそれらの条件と質的に大きく異なるとはいい難いことからすれば、著しい外貌の醜状障害についてだけ、性別によって大きな差が設けられていることの不合理さは著しいものというほかなく、また、労基署が主張する統計的数値に基づく就労実態の差異や社会通念についても根拠が不十分、不明確なのであって、結局、本件差別的取扱いの程度については、策定理由との関連で著しく不合理なものといわざるを得ないなどとして、障害等級表の本件差別的取扱いを定める部分は、合理的理由なく性別による差別的取扱いをするものとして憲法14条１項に違反すると述べた。

さらに、②本件差別的取扱いが憲法違反であるとしても、女性に対する補償を男性と同等にまで引き下げるべきとする結論が単純に導き出せるものでもないと判示し、男性の障害等級認定を取り消した。

### ⑶　本裁判例を受けて［現在の後遺障害認定基準］

本裁判例を受けて６月10日、厚生労働省は同判決を受け入れ、控訴を断念した。

その後、厚生労働省は平成22年８月、「外ぼう障害に係る障害等級の見直しに関する専門検討会」を立ち上げ、同年12月１日、同検討会は以下の報告書を公表した。

・男女差を残すべきやむを得ない特別な事情は認められないことから、男女別に障害等級表を定めている現行障害等級表を改め、性別に関わりなく障害等級を規定する方向で改正を行う。
・障害等級の設定に関しては、「現行の女性の障害等級を基本」とする。
・具体的な改正内容として、現行の障害等級表の第７級と第12級の間に「外ぼうに相当な醜状を残すもの」として中間の等級を設け、当該等級を第９級とする。

上記報告書を受けて、労働政策委員会は上記方針で障害等級を見直すことを「妥当」という答申をし、平成23年２月１日、障害等級の男女差の解消を内容とする省令の改正が行われた。

＜障害等級表の変更点＞

■改正省令の主な改正内容

○　障害等級の男女差の解消

現在男女別となっている障害等級について、男性の等級を女性の等級に引き上げるかたちで改正し、障害の程度に応じ男女とも同一の等級として評価する。

○　障害等級の新設

医療技術の進展により、傷跡の程度を、相当程度軽減できる障害を、新設する「第９級」として評価する。

○障害等級表（下線部が変更点）

| 改正後 | | 現行 | |
|---|---|---|---|
| 障害等級 | 身体障害 | 障害等級 | 身体障害 |
| 第７級 | 12　外貌に著しい醜状を残すもの | 第７級 | 12　女性の外貌に著しい醜状を残すもの |
| 第９級 | 11の２　外貌に相当程度の醜状を残すもの（新設） | 第９級 | — |
| 第12級 | 13　削除<br>14　外貌に醜状を残すもの | 第12級 | 13　男性の外貌に著しい醜状を残すもの<br>14　女性の外貌に醜状を残すもの |
| 第14級 | 10　削除 | 第14級 | 10　男性の外貌に醜状を残すもの |

■障害等級認定基準の改正内容

新設された「第９級の11の２　外貌に相当程度の醜状を残すもの」について、新たに判断基準を示した。外貌障害に係る障害等級認定基準は以下のとおりである（下線部が変更点）。

〈外貌障害に係る障害認定基準〉

○障害等級第７級の12「外貌に著しい醜状を残すもの」とは、原則として、次のいずれかに該当する場合で、人目につく程度以上のものをいう

① 頭部にあっては、てのひら大（指の部分は含まない）以上の瘢痕又は頭蓋骨のてのひら大以上の欠損

② 顔面部にあっては、鶏卵大面以上の瘢痕又は10円銅貨大以上の組織陥没

③ 頸部にあっては、てのひら大以上の瘢痕

○障害等級第９級の11の２「外貌に相当程度の醜状を残すもの」とは、原則として、顔面部の長さ５センチメートル以上の線状痕で、人目につく程度以上のものをいう

○障害等級第12級の14「外貌の単なる醜状を残すもの」とは、原則として、次のいずれかに該当する場合で、人目につく程度以上のものをいう

① 頭部にあっては、鶏卵大面以上の瘢痕又は頭蓋骨の鶏卵大面以上の欠損

② 顔面部にあっては、10円銅貨以上の瘢痕又は長さ３センチメートル以上の線状痕

③ 頸部にあっては、鶏卵大面以上の瘢痕

（厚労省HP：http://www.mhlw.go.jp/new-info/kobetu/roudou/gyousei/rousai/dl/110201-１a.pdf）

## 4　障害等級が認定されない場合の処理

上記で説明した準用によっても障害等級表のいずれにも該当しない傷病の場合、後遺障害とは認められず、障害等級は認定されないので、障害補償給付や障害給付の支給を受けることはできない。

その場合、障害等級が認定されない決定について労働保険審査官、労働保険審査会に不服を申し立て、場合によっては処分の取消訴訟を提起することができる（詳細は「第８章　労災保険給付をめぐる紛争調整手続　Ⅱ不支給処分取消行政訴訟」参照）。

また、労基署長が障害等級を認定しないからといって、裁判所が損害賠償請求を認めないとは限らない。労災民事訴訟を提起し、事業主に対して損害賠償請求をする余地は充分に残されている。

＜障害等級表＞（平成23年２月１日施行）

| 障害等級 | 給付の内容 | 身体障害 |
| --- | --- | --- |
| 第1級 | 当該障害の存する期間１年につき給付基礎日額の313日分 | 1　両眼が失明したもの<br>2　そしゃく及び言語の機能を廃したもの<br>3　神経系統の機能又は精神に著しい障害を残し、常に介護を要するもの<br>4　胸腹部臓器の機能に著しい障害を残し、常に介護を要するもの<br>5　削除<br>6　両上肢をひじ関節以上で失ったもの<br>7　両上肢の用を全廃したもの<br>8　両下肢をひざ関節以上で失ったもの<br>9　両下肢の用を全廃したもの |
| 第2級 | 同277日分 | 1　１眼が失明し、他眼の視力が0.02以下になったもの<br>2　両眼の視力が0.02以下になったもの<br>２の２　神経系統の機能又は精神に著しい障害を残し、随時介護を要するもの<br>２の３　胸腹部臓器の機能に著しい障害を残し、随時介護を要するもの<br>3　両上肢を手関節以上で失ったもの<br>4　両下肢を足関節以上で失ったもの |
| 第3級 | 同245日分 | 1　１眼が失明し、他眼の視力が0.06以下になったもの<br>2　そしゃく又は言語の機能を廃したもの<br>3　神経系統の機能又は精神に著しい障害を残し、終身労務に服することができないもの<br>4　胸腹部臓器の機能に著しい障害を残し、終身労務に服することができないもの<br>5　両手の手指の全部を失ったもの |
| 第4級 | 同213日分 | 1　両眼の視力が0.06以下になったもの<br>2　そしゃく及び言語の機能に著しい障害を残すもの<br>3　両耳の聴力を全く失ったもの<br>4　１上肢をひじ関節以上で失ったもの<br>5　１下肢をひざ関節以上で失ったもの<br>6　両手の手指の全部の用を廃したもの<br>7　両足をリスフラン関節以上で失ったもの |
| 第5級 | 同184日分 | 1　１眼が失明し、他眼の視力が0.1以下になったもの<br>１の２　神経系統の機能又は精神に著しい障害を残し、特に軽易な労務以外の労務に服することができないもの<br>１の３　胸腹部臓器の機能に著しい障害を残し、特に軽易な労務以外の労務に服することができないもの<br>2　１上肢を手関節以上で失ったもの<br>3　１下肢を足関節以上で失ったもの<br>4　１上肢の用を全廃したもの<br>5　１下肢の用を全廃したもの<br>6　両足の足指の全部を失ったもの |
|  |  | 1　両眼の視力が0.1以下になったもの<br>2　そしゃく又は言語の機能に著しい障害を残すもの |

| | | |
|---|---|---|
| 第6級 | 同156日分 | 3　両耳の聴力が耳に接しなければ大声を解することができない程度になったもの<br>3の2　1耳の聴力を全く失い、他耳の聴力が40センチメートル以上の距離では普通の話声を解することができない程度になったもの<br>4　せき柱に著しい変形又は運動障害を残すもの<br>5　1上肢の3大関節中の2関節の用を廃したもの<br>6　1下肢の3大関節中の2関節の用を廃したもの<br>7　1手の5の手指又は母指を含み4の手指を失ったもの |
| 第7級 | 同131日分 | 1　1眼が失明し、他眼の視力が0.6以下になったもの<br>2　両耳の聴力が40センチメートル以上の距離では普通の話声を解することができない程度になったもの<br>2の2　1耳の聴力を全く失い、他耳の聴力が1メートル以上の距離では普通の話声を解することができない程度になったもの<br>3　神経系統の機能又は精神に障害を残し、軽易な労務以外の労務に服することができないもの<br>4　削除<br>5　胸腹部臓器の機能に障害を残し、軽易な労務以外の労務に服することができないもの<br>6　1手の母指を含み3の手指又は母指以外の4の手指を失ったもの<br>7　1手の5の手指又は母指を含み4の手指の用を廃したもの<br>8　1足をリスフラン関節以上で失ったもの<br>9　1上肢に偽関節を残し、著しい運動障害を残すもの<br>10　1下肢に偽関節を残し、著しい運動障害を残すもの<br>11　両足の足指の全部の用を廃したもの<br>12　外貌に著しい醜状を残すもの<br>13　両側のこう丸を失ったもの |
| 第8級 | 給付基礎日額の503日分 | 1　1眼が失明し、又は1眼の視力が0.02以下になったもの<br>2　せき柱に運動障害を残すもの<br>3　1手の母指を含み2の手指又は母指以外の3の手指を失ったもの<br>4　1手の母指を含み3の手指又は母指以外の4の手指の用を廃したもの<br>5　1下肢を5センチメートル以上短縮したもの<br>6　1上肢の3大関節中の1関節の用を廃したもの<br>7　1下肢の3大関節中の1関節の用を廃したもの<br>8　1上肢に偽関節を残すもの<br>9　1下肢に偽関節を残すもの<br>10　1足の足指の全部を失ったもの |
| | | 1　両眼の視力が0.6以下になったもの<br>2　1眼の視力が0.06以下になったもの<br>3　両眼に半盲症、視野狭さく又は視野変状を残すもの<br>4　両眼のまぶたに著しい欠損を残すもの<br>5　鼻を欠損し、その機能に著しい障害を残すもの<br>6　そしゃく及び言語の機能に障害を残すもの<br>6の2　両耳の聴力が1メートル以上の距離では普通の話声を解することができない程度になったもの<br>6の3　1耳の聴力が耳に接しなければ大声を解することができない程度になり、他耳の聴力が1メートル以上の距離では普通の話声を解することが |

| 第9級 | 同391日分 | 困難である程度になったもの<br>7　1耳の聴力を全く失ったもの<br>7の2　神経系統の機能又は精神に障害を残し、服することができる労務が相当な程度に制限されるもの<br>7の3　胸腹部臓器の機能に障害を残し、服することができる労務が相当な程度に制限されるもの<br>8　1手の母指又は母指以外の2の手指を失ったもの<br>9　1手の母指を含み2の手指又は母指以外の3の手指の用を廃したもの<br>10　1足の第1の足指を含み2以上の足指を失ったもの<br>11　1足の足指の全部の用を廃したもの<br>11の2　外貌に相当程度の醜状を残すもの<br>12　生殖器に著しい障害を残すもの |
|---|---|---|
| 第10級 | 同302日分 | 1　1眼の視力が0.1以下になったもの<br>1の2　正面視で複視を残すもの<br>2　そしゃく又は言語の機能に障害を残すもの<br>3　14歯以上に対し歯科補てつを加えたもの<br>3の2　両耳の聴力が1メートル以上の距離では普通の話声を解することが困難である程度になったもの<br>4　1耳の聴力が耳に接しなければ大声を解することができない程度になったもの<br>5　削除<br>6　1手の母指又は母指以外の2の手指の用を廃したもの<br>7　1下肢を3センチメートル以上短縮したもの<br>8　1足の第1の足指又は他の4の足指を失ったもの<br>9　1上肢の3大関節中の1関節の機能に著しい障害を残すもの<br>10　1下肢の3大関節中の1関節の機能に著しい障害を残すもの |
| 第11級 | 同223日分 | 1　両眼の眼球に著しい調節機能障害又は運動障害を残すもの<br>2　両眼のまぶたに著しい運動障害を残すもの<br>3　1眼のまぶたに著しい欠損を残すもの<br>3の2　10歯以上に対し歯科補てつを加えたもの<br>3の3　両耳の聴力が1メートル以上の距離では小声を解することができない程度になったもの<br>4　1耳の聴力が40センチメートル以上の距離では普通の話声を解することができない程度になったもの<br>5　せき柱に変形を残すもの<br>6　1手の示指、中指又は環指を失ったもの<br>7　削除<br>8　1足の第1の足指を含み2以上の足指の用を廃したもの<br>9　胸腹部臓器の機能に障害を残し、労務の遂行に相当な程度の支障があるもの |
|  |  | 1　1眼の眼球に著しい調節機能障害又は運動障害を残すもの<br>2　1眼のまぶたに著しい運動障害を残すもの<br>3　7歯以上に対し歯科補てつを加えたもの<br>4　1耳の耳かくの大部分を欠損したもの<br>5　鎖骨、胸骨、ろく骨、肩こう骨又は骨盤骨に著しい変形を残すもの<br>6　1上肢の3大関節中の1関節の機能に障害を残すもの |

| 第12級 | 同156日分 | 7　１下肢の３大関節中の１関節の機能に障害を残すもの<br>8　長管骨に変形を残すもの<br>8の2　１手の小指を失ったもの<br>9　１手の示指、中指又は環指の用を廃したもの<br>10　１足の第２の足指を失ったもの、第２の足指を含み２の足指を失ったもの又は第３の足指以下の３の足指を失ったもの<br>11　１足の第１の足指又は他の４の足指の用を廃したもの<br>12　局部にがん固な神経症状を残すもの<br>13　削除<br>14　外貌に醜状を残すもの |
|---|---|---|
| 第13級 | 同101日分 | 1　１眼の視力が0.6以下になったもの<br>2　１眼に半盲症、視野狭さく又は視野変状を残すもの<br>2の2　正面視以外で複視を残すもの<br>3　両眼のまぶたの一部に欠損を残し又はまつげはげを残すもの<br>3の2　５歯以上に対し歯科補てつを加えたもの<br>3の3　胸腹部臓器の機能に障害を残すもの<br>4　１手の小指の用を廃したもの<br>5　１手の母指の指骨の一部を失ったもの<br>6　削除<br>7　削除<br>8　１下肢を１センチメートル以上短縮したもの<br>9　１足の第３の足指以下の１又は２の足指を失ったもの<br>10　１足の第２の足指の用を廃したもの、第２の足指を含み２の足指の用を廃したもの又は第３の足指以下の３の足指の用を廃したもの |
| 第14級 | 同56日分 | 1　１眼のまぶたの一部に欠損を残し、又はまつげはげを残すもの<br>2　３歯以上に対し歯科補てつを加えたもの<br>2の2　１耳の聴力が１メートル以上の距離では小声を解することができない程度になったもの<br>3　上肢の露出面にてのひらの大きさの醜いあとを残すもの<br>4　下肢の露出面にてのひらの大きさの醜いあとを残すもの<br>5　削除<br>6　１手の母指以外の手指の指骨の一部を失ったもの<br>7　１手の母指以外の手指の遠位指節間関節を屈伸することができなくなったもの<br>8　１足の第３の足指以下の１又は２の足指の用を廃したもの<br>9　局部に神経症状を残すもの<br>10　削除 |

1　視力の測定は、万国式視力表による。屈折異常のあるものについてはきょう正視力について測定する。
2　手指を失ったものとは、母指は指節間関節、その他の手指は近位指節間関節以上を失ったものをいう。
3　手指の用を廃したものとは、手指の末節骨の半分以上を失い、又は中手指節関節若しくは近位指節間関節（母指にあっては指節間関節）に著しい運動障害を残すものをいう。
4　足指を失ったものとは、その全部を失ったものをいう。
5　足指の用を廃したものとは、第１の足指は末節骨の半分以上、その他の足指は遠位指節間関節以上を失ったもの又は中足指節関節若しくは近位指節間関節（第１の足指にあっては指節間関節）に著しい運動障害を残すものをいう。

（厚労省HP：http://www.mhlw.go.jp/bunya/roudoukijun/rousaihoken03/index.html）

※障害等級に該当する状態について、詳細は財団法人労働福祉共済会「労災補償　障害認定必携」参照。

# V　急増する過労死、過労自殺への実対応上の留意点

## 1　過労死、過労自殺の労災認定申請への対応上の注意点

### (1)　事業主としての対応

労働者が作業中に事故に遭い負傷した場合、会社はどのような手続をとるかについて順番にみていく。

#### ア　労災保険給付等請求書の証明

労働者が労働災害により負傷した場合には、労働者等が休業補償給付等の労災保険給付の請求（労災法12条の8第2項）を労基署長に対して行うことになる。その際、事業主は、労災保険給付等の請求書において、①負傷または発病の年月日、②災害の原因および発生状況等の証明をしなくてはならない（労災則12条の2第2項等）。

「証明」とは、具体的には、「……に記載した通りであることを証明します」という欄に、日付・事業の名称・事業場の所在地・事業主の氏名を記載して、押印をすることである。

なお、ここでいう「事業主」とは、労働者の雇い主を指すのが原則であるが、建設業については元請人であるとされている（労徴法8条、労徴則7条）。例えば、建設現場で下請会社を使いながら工事を進めていたところ下請会社の作業員が事故に遭ったケースでは、元請会社が事業主として証明することになる。

#### イ　事業主が証明できない場合

事業主が証明に協力できない場合はどうすればよいか。

例えば、長時間労働によって労働者が死亡したと遺族が主張しつつ、「災害の原因及び発生状況」に「長期にわたる超過勤務により、平成○年○月○日、死亡した」と記載した上で、事業主に対して証明を求めてきたとする。事業主としては、「長期にわたる超過勤務により……死亡」という法律的または医学的な因果関係をその時点で認めることができない場合があろうから、このような場合、事業主としては、上記の証明を拒まざるを得ないことになる。

この点、事業主の証明は、上述したとおり、①負傷または発病の年月日および時刻、②災害の原因および発生状況等を証明するものであって、それが労災であることを証明するものではない。労災であるか否かはあくまでも労基署が判断することである。

労働者側は、事業主（会社）が証明をしない以上は、その証明のないまま労災保険給付等の請求書を提出するほかない。ただ、その場合でも、労基署に対し、会社に労災の証明をしてもらえなかった事情等を記載した文書を添えて提出すれば受理をしてもらえる。この文書は、特別な用紙が用意されているわけではなく、書式が決まっているわけでもないので、書き方などについては、まずは労基署に相談すればわかる。実務上は、「事故証明不提出の理由書」などという表題を付けて、「事業者（会社）に証明を拒まれたため証明のないまま請求書を提出せざるを得ないが、請求書を受理してほしい」という内容の文章を記載することが多いようである。

事業主としては、労働者側に対して、「災害の原因及び発生状況」を、客観的状況、すなわち、「平成○年○月○日、死亡に至った。なお、把握している同日直近6か月の当社における当該労働者の稼働状況は別紙のとおり」という客観的状況にとどめる記載するように打診（記載変更の打診）をすることが考えられる。労働者側が記載の変更に応じないで、事業主の証明なく労基署に請求書を提出した場合、事業主は、証明に協力できない理由を労基署に了知させるために、記載変更の打診の書面を担当の労基署に提出し、証明を理由なく断ったわけではないこと、事業主として認識可能性の範囲内の事実であれば証明する意図があったことを伝えることが考えられる。

**ウ　労働者死傷病報告の提出**

事業者は、労働災害により労働者が死傷した場合には、労働者死傷病報告を労基署長に対して提出しなければならない（労基則57条、安衛則97条）。

休業4日以上の場合には遅滞なく提出し、休業4日未満の場合には3か月ごとに提出しなければならない（労基則57条2項、安衛則97条2項）。

労働者死傷病報告を提出すべき場合は、下記①～④の場合である。

① 労働者が労働災害により、負傷、窒息または急性中毒により死亡しまたは休業したとき

② 労働者が就業中に負傷、窒息または急性中毒により死亡しまたは休業したとき

③ 労働者が事業場内またはその附属建設物内で負傷、窒息または急性中毒により死亡しまたは休業したとき

④ 労働者が事業の附属寄宿舎内で負傷、窒息または急性中毒により死亡しまたは休業したとき

なお、事業主は、故意に労働者死傷病報告を提出しなかったり、虚偽の内容を記載した労働者死傷病報告を所轄労基署長に提出すると、いわゆる労災隠しとして、処罰を含めた厳正な処分がなされるので注意が必要である（安衛法100条に違反、または同120条5号）。

**⑵　近時の裁判所の判断を受けての対応**

過労死ないし過労自殺（過労死等）の労災認定の場合は、直接的には遺族と労基署との労災認定をめぐる争いの問題であるが、結局、過労死等した従業員の勤務状態、「過重負荷」の有無が問題とされ、企業に対して遺族と労基署の双方から当時の勤務状態等の調査に協力を求められることになる（現在、労基署には、過労死等の労災認定基準の具体的要因を記入する定型的報告書の書式が置かれ、申請後の同署の調査において、申請者、事業主双方がこれに記入することが求められ、認定の迅速化が図られている）。特に遺族の側からは、企業に対して勤務状況報告書などに関する証明の依頼がされることになる。

しかし、前述のような損害賠償請求の多発化の中では、企業としては、従前以上に慎重な対応をとるようになっている。

そこで、以下のように、事業主が、労災認定自体に関して積極的に関与する方法の可否・当否が問題となり、近時、重要な最高裁判決が現れた。

**⑶　過労死等の労災認定行政訴訟への補助参加の当否・要否の検討**

**ア　労災行訴までの事業主の参加不能**

労災法上は、労災保険給付の申請が認められなかった場合、労働者災害補償保険審査官

に対する審査請求をし、それでも支給決定がでなければ、さらに労働保険審査会に対する再審査を請求することができる（労災法38条１項）。そして、これら２回にわたる不服申立てを行った上でも、被災労働者または遺族がその結果に不満である場合には、処分をなした労基署長を被告として処分取消訴訟（以下「労災行訴」という）を提起することができる。

上記のうち、審査請求・再審査請求の手続においては、事業主の参加は認められていない。「労災保険審査官及び労災保険審査会法」13条１項および40条は、審査請求および再審査請求がされた場合の利害関係者に対する通知義務を定め、同法41条は、審査会が再審査請求の手続に利害関係者を参加させることができる旨を規定するが、事業主はこれら利害関係者に含まれないというのが実務の運用である。

#### イ　労災行訴への事業主の参加をめぐる検討課題

しかし、労災が認定されると、実際上、事業主のいわゆる労災民事責任を導きやすくし、あるいは、いわゆる労災上積み保険・補償制度等の適用要件となるなど、労災行訴の帰趨は事業主にとっても大いに事実上・法律上の利害関係を有するものである。しかし、事業主が労基署長を補助するため（以下「行政協力型」という）、または労働者等を補助するため（以下「労働者等協力型」という）、訴訟に参加することの許否について従前あまり議論されていなかった。

そのような状況下で、最高裁判所が、レンゴー事件（最一小決平成13年２月22日労判806号12頁）において、行政協力型について初めて、一定の要件の下での参加を認め得るとの判断を示した。

#### ウ　参加の要件

その一定の要件は、労徴法のメリット制による保険料増額の可能性である。

労徴法12条３項は、事業主の負担の具体的公平を図る等の目的のため、その事業の業務災害に関して行われた保険給付額に応じて保険料を変動させるメリット制を採用している。具体的には、一定規模以上の事業においては、業務災害に関して行われた保険給付の額が増減した場合には、労災保険料率を一定範囲内で引き上げ、または引き下げるものとされているので、労災保険給付の不支給決定の取消判決が確定すると、労災保険給付の支給決定がされて保険給付が行われ、次々年度以降の保険料が増額される可能性がある。そこから、本件決定は、事業主は、労災行訴に参加をすることが許されるとしている。

しかし、この最高裁決定によれば、メリット制の適用を受けない中小零細企業については、参加の利益が否定されることになる。当該判断には疑問があるが、実務的にはこれに対応しなければならない。なお、各企業内で、労災保険給付とは別に、いわゆる労災上積み補償制度（労災保険給付の支給決定を要件として補償を上積みする制度）などに基づき、保険給付を上回る補償制度が設けられている場合には、労災認定は、直ちに同制度に基づく事業主の補償債務を発生させることになる。最高裁が上記決定で示した理屈によれば、この場合、事業主は、事件の帰趨について、上積み補償債務を回避し得るか否かという法律上の利害関係を有することになるから、労災行訴への参加が認められることになるものと考えられるが、この点は判例上決着していない（詳細は岩出誠「労災認定をめぐる行政訴訟への事業主の補助参加の可否・当否」労判820等５頁参照）。

#### エ　労災保険給付の支給決定の取消しを求める訴えの原告適格

こうした中、下級審において、さらに踏み込んだ司法判断が出たので、これも紹介しておきたい。国・歳入徴収官神奈川労働局長（医療法人社団総生会）事件（東京地判平成29年1月31日労判1176号65頁）の事案は、概ね次のとおりである。事業主（医療法人社団）に勤務する労働者（医師）が脳出血を発症し、同労働者に労災保険休業補償給付等の支給決定がされた。これにより、事業主の納めるべきその後の労災保険料が増額された。事業主は、保険料の増額決定を不服として、増額決定の取消訴訟（行政訴訟）を提起した。

このように、同事件の事案は、保険料の増額決定の取消しを求めるというものであったが、裁判所は、結論としては事業主の訴えを棄却したものの、理由中において、「事業主は、自らの事業に係る業務災害支給処分により自己の権利若しくは法律上保護された利益を侵害され又は必然的に侵害されるおそれがあり、その取消しによってこれを回復すべき法律上の利益を有するものというべきである」として、労災保険給付の支給決定の取消しを求める訴えについて事業主が原告適格（行訴法9条1項「当該処分又は裁決の取消しを求めるにつき法律上の利益を有する者」）を有する旨を判示した。

この理屈によれば、従業員への労災保険給付の支給決定に異議のある事業主（ただし、メリット制の適用など法律的な利害関係を有するものに限る）は、当該従業員の意向に関係なく、裁判所に対して独自に当該支給決定の取消しを求めて訴えを提起することができることになる。従来の議論を飛び越えた感があり、画期的な判断といえる。実務において、このような訴訟はほとんど見られないが、支給決定に不服のある事業主にとっては有力な選択肢になり得ることから、上記判示の影響は大きいと思われる。このような訴えが認められるのかどうか、今後の実務および裁判例の蓄積を待ちたい。なお、上記の判断は、控訴審判決（東京高判平成29年9月21日労経速2341号29頁）でも維持された。

## 2　労災認定への協力以外の免責による確認書取得等への工夫

### (1)　事案によっては早期示談への努力の必要

近時の裁判例の動向等を踏まえると、企業としては、被災労働者や遺族に示談を申し出て、経済的な損害は労災保険によることとしつつ、慰謝料のみを支払うなどの内容の示談を成立させることが適切である場合がある。

この際、種々の司法判断を踏まえると、被災労働者自身の持っている基礎疾病や素因、自己健康管理上の問題点などを認め得る場合には、3割ないし5割程度の過失相殺を施した賠償額を提示することも、必ずしも不当とはいえない（例えば、川崎製鉄事件・岡山地倉敷支判平成10年2月23日労判733号13頁では基礎疾病と飲酒等の素因の寄与を50％とし、酒を控えなかったことでさらに80％の過失相殺を認め、過労自殺でも、東加古川幼児園事件・大阪高判平成10年8月27日労判744号17頁では80％の過失相殺が認められている）。

大手企業の過労死のケースでも、企業が、数千万円の慰謝料相当の見舞金を支払い、会社との間の民事賠償事件を示談で解決することに妥当性がある場合もある。実際に、少なからぬ大企業が、このような示談・和解契約を締結したことが伝えられている。この場合の見舞金は、多くの場合、東京三弁護士会交通事故処理委員会の「損害賠償算定基準」の死亡時の慰謝料の「一家の支柱」の基準額2,800万円をベースに3,000万円程度を支払うケースが多いようである。

なお、最高裁は、事業主による損害賠償額から労災保険の将来の給付額の控除を認めていないが（三共自動車事件・最三小判昭和52年10月25日民集31巻６号836頁）、当事者間で将来給付分の控除を踏まえた示談をすることは可能である。

### ⑵　事例の検討

以上の検討によれば、過労死、過労自殺が疑われる労働者の遺族との交渉においては、和解を締結し、紛争の発生を未然に防止することには十分な妥当性がある場合がある。例えば、労災が認定される前に、遺族と和解契約を締結し、労働者の自殺につき約3,000万円の和解金を支払うという方法による解決ができそうな場合、当該解決に向けて交渉を進めることは、検討に値するであろう。現在までの多くの過労自殺事案の裁判例では、労災認定の有無に関係なく賠償を認める傾向が強い（電通事件・最二小判平成12年３月24日民集54巻３号1155頁、東加古川幼児園事件（前掲）、同上告事件・最三小決平成12年６月27日労判795号13頁等）。

### ⑶　示談締結の際の注意点

被災者への支払が労災保険給付に影響を与えないようにするために、上積み補償ないし慰謝料の支払であることを明らかにすることが重要である。通達も、これらの上積み補償や慰謝料については、労災保険給付に影響を与えない旨を明らかにしている（昭和56年10月30日基発696号）。

**【労災民事賠償に関する示談書】**

示　談　書

甲野太郎の遺族らを甲とし、○○株式会社を乙とし、甲乙は以下のとおり示談する。

1　乙は、甲野太郎が真摯に業務を遂行したこと、甲野太郎が乙に多大な貢献をしてくれたことに対して深く感謝し、甲野太郎が乙在職中に亡くなったことに哀悼の意を表し、ご冥福を祈る。

2　乙は、甲に対して、慰謝料として金○○○万円を、○月末日限り、甲代理人弁護士○○○○の下記口座に乙振込手数料負担にて銀行振込の方法により支払うものとする。

記

○○○○銀行　○○支店　普通預金口座
口座番号・・・・・番　○○　○○名義

3　甲乙は、本示談書の内容について第三者に公開しない。

4　甲野太郎の死亡に関して、甲乙間に本合意書のほかに債権債務がないことを確認する。

以上のとおり合意したので、本示談書２通を作成し、甲、乙署名捺印の上、各自各１通保有する。

平成○年○月○日

甲　住所
　　氏名
乙　住所
　　氏名

## 3　弁護士会への弁護士法23条による照会請求

弁護士会照会とは、弁護士法23条の２を根拠にして、弁護士に認められた証拠収集手段である。弁護士の職務の公共性から、真実の発見と公正な判断に寄与するため、弁護士が受任事件について、証拠資料を収集し、事実を調査するなど、その職務活動を円滑に執行するために設けられた制度である。

特色は、判断権者が裁判所ではなく弁護士会であること、紛争の相手方に知られずに調査を行うことが可能であること、訴訟提起前であっても利用できることなどである。照会先は、「公務所」または「公私の団体」で、個人は除外されているが、法人格の有無、規模の大小は問わない。

照会を受けた相手は、照会に応ずる一般的に義務はあるとされているが、理由なく拒否した場合であっても制裁を受けることはない（最三小判平成28年10月18日判タ1431号92頁参照）。

**【労災民事賠償に関する23条照会申出書】**

○照第　　　　　　　　　　　号

平成○年○月○日

○○弁護士会会長殿

（事務所所在地）
〒○○○－○○○○　○○県○○市○－○－○　○ビル○階
○○法律事務所
電　話　○○－○○○○－○○○○
ＦＡＸ　○○－○○○○－○○○△
○○弁護士会所属・登録番号○○○○
弁護士　○　○　○　○

照会申出書

私は、弁護士法第23条の２第１項に基づき、次のとおり照会の申出をいたします。

1　照会先（公務所又は公私の団体）
所在地　〒○○○－○○○○
○○県○○市・・・
電話　○○－○○○○－○○○○
名　称　○○労働基準監督署

2　受任事件
当事者　原告
被告
事件数

3　照会を必要とする理由
上記受任事件は、原告が死亡した場所の状況、事業場の安全管理体制、原告が負傷した状況、発生原因等が問題となっているところ、それらを知るためには○○労基署が保持する資料が必要であるため。

4　照会事項
平成○年○月頃に実施した○○氏による現場調査に関して保持している災害調査復命書、現場の写真、関係者からの聴き取り調査書、勤務時間表等の内容。なお、ご回答に代えて写しの送付でも結構です。

【弁護士　岩野 高明】

# Ⅵ　裁判所における労災民事賠償請求事件処理における留意点

## 1　調停制度利用上の留意点

### (1)　調停制度の概要

簡易裁判所における民事調停（以下、単に「調停」という）は、訴訟と異なり、裁判官のほかに一般市民から選ばれた調停委員２人以上が加わって組織した調停委員会が当事者の言い分を聴き、必要があれば事実も調べ、法律的な評価をもとに条理に基づいて歩み寄りを促し、当事者の合意によって実情に即して争いを解決するという手続である（民調法１条以下）。

調停は、民事に関する争いを取り扱うものであり、労働事件も対象となる。東京簡裁では、労働法の専門弁護士を含めた労使関係調停が、平成23年４月から開始され、全国への普及の成否が注目されている。実情は、東京労働局のあっせんでの解決ができなかった少額案件で、労働審判申立てまでには荷が重いと感じる労働者の申立てが多いようである（岩出・大系807頁）。

調停は、訴訟や労働審判ほどには手続が厳格ではないため、誰でも簡単に利用できる上、当事者は法律的な制約にとらわれず自由に言い分を述べることができるという利点があるので、本人申立てが容易な手続といえる。そのため、調停は、国民一般の支持を受け、幅広く利用されている。

特に、立証上の困難のある場合の過労死等の労災民事賠償事件では、調停制度の持つ役割は大きいといえよう。

調停の申立ては、相手方の住所等を管轄する簡易裁判所に対して行う（当事者の合意があれば、地方裁判所も利用することが可能である。民調法３条）。

### (2)　調停制度利用上の留意点

#### ア　調停が成立した場合の効果

話し合いがまとまると、裁判所書記官がその内容を調書に記載して、調停成立となる。この調書には、裁判上の和解と同じ効力があり（民調法16条）、原則として、後から不服を申し立てることはできない。

この調書において、金銭の支払など一定の行為をすることを約束した場合には、当事者はこれを守る必要がある。もし一方当事者がその約束した行為をしない場合には、他方当事者は、調停の内容を実現するため、強制執行を申し立てることができる。

#### イ　調停が成立しなかった場合のその後の手続

お互いの意見が折り合わず、話し合いの見込みがない場合、調停不成立として、手続は打ち切られることになる（民調法14条）。

ただし、話し合いの見込みがない場合でも、裁判所が、適切と思われる解決案を示すことがある。これを「調停に代わる決定」といい（民調法17条）、この決定についてお互いが納得すれば裁判上の和解と同一の効力を持つが（民調法18条５項）、どちらかが２週間以内に異議を申し立てると、決定はその効力を失う（民調法18条１項・４項）。

調停が成立しなかった場合に、なお紛争の解決を求めるときは、訴訟を起こすことができる。訴訟は、紛争の対象となっている金額が、140万円以下の場合には簡易裁判所に、140万円を超える場合には地方裁判所に起こす（裁判所法24条１号、33条１項１号）。

調停打切りの通知を受けてから２週間以内に同じ紛争について訴訟を起こした場合には、調停申立ての際に納めた収入印紙の額は、訴訟提起に必要な収入印紙の額から差し引くことができるが（民訴費用法５条１項、民調法19条）、そのためには調停不成立証明書（調停を行っていた簡易裁判所が発行する）を入手する必要がある。

**【労災民事賠償に関する調停申立書】**

調停申立書

平成○年○月○日

○○簡易裁判所民事部　御中

申立人ら代理人　弁護士　丙　野　三　郎

〒○○○－○○○○
○○県○○市○○町○○丁目○○番○○号
申立人　甲　野　五　郎
同　　甲　野　花　子

〒○○○－○○○○
○○県○○市○○町○○丁目○○番○○号（送達場所）
電話　○○○－○○○－○○○○
FAX　○○○－○○○－○○○○
上記申立人ら代理人　弁護士　丙　野　三　郎

〒○○○－○○○○
○○県○○市○○町○○丁目○○番○○号
相手方　○○○○株式会社
上記代表者代表取締役　丁　野　四　郎

損害賠償請求調停事件
調停事項の価額　金139,695,484円
貼用印紙額　金181,000円

第１　申立ての趣旨

相手方は、申立人らに対し、金139,695,484円及びこれらに対する平成○年○月○日から支払済まで年５分の割合による金員を支払え
との調停を求める。

第２　紛争の要点

１　関係当事者の地位

(1)　申立外甲野太郎（以下「亡太郎」という。）の身上・経歴

亡太郎は、昭和○年○月○日に、申立人甲野五郎（以下「申立人五郎」という。）及び同甲野花子（以下「申立人花子」という。）の長男として○○市で出生した（甲第１号証）。

亡太郎は、私立○○大学を卒業した後、平成○年○月○日、相手方に入社し、下記２記載の事故（以下「本件労災事故」という。）により死亡するまで相手方に在籍していた。

⑵　相手方の概要

相手方は、○○県○○市に本社工場を持つ、昭和○年○月○日に設立され、自動車部品の企画・開発・製造及び販売をその主な目的とする、資本金○○万円の株式会社である（甲第２号証）。

２　本件労災事故（甲第３号証）

⑴　事故の発生日時　平成○年○月○日午後○○時頃

⑵　発生場所　相手方本社工場内

⑶　事故態様　大型プレス機械に亡太郎の頭部が挟まれた。

⑷　事故の結果　脳挫傷等により、亡太郎が、平成○年○月○日午後○○時頃、○○病院にて死亡した（甲第４号証）。

３　相手方の責任─安全配慮義務違反と因果関係

⑴　相手方の安全配慮義務

相手方は、使用者として、「労働者が労務提供のため設置する場所、設備もしくは器具等を使用し又は使用者の指示のもとに労務を提供する過程において、労働者の生命及び身体を危険から保護するよう配慮すべき」安全配慮義務を負っている（最三小判昭和59年４月10日労判429号12頁等）。

⑵　相手方の安全配慮義務違反に基づく債務不履行責任又は不法行為責任

しかるに、相手方は本件労災事故につき、以下のとおり、不法行為ないし安全配慮義務違反（債務不履行）による損害賠償責任を免れない。

すなわち、相手方は、亡太郎が、未だ大学卒業後わずかの入社後初期研修中の身であり、プレス機械に関して経験のない未熟練者であって、相手方から安全上の教育や指揮を受けていなかったにもかかわらず、また、プレス機械に、事故を回避するに足りる安全装置を付けないままに、またはその整備を怠り、その装置が円滑に作動することの確認もすることなく、亡太郎にプレス機械を使用させ、もって、本件労災事故を発生させたものであり、労働安全衛生規則131条１項、２項等に違反する不法行為責任により、または前記安全配慮義務に違反し、これにより亡太郎の圧死を招来したものである。

４　損害賠償額

⑴　逸失利益　金95,495,896円

亡太郎の死亡時の年齢が24歳と若年のため、賃金センサス男性大卒全年齢平均をもとに、30歳までの生活費控除率を0.5、結婚による家族の支柱としての生活が予想される31歳から労働可能年齢である67歳までの生活費控除率を0.3とし、中間利息控除につきライプニッツ係数を使って計算すると、総額で金95,495,896円となる。

⑵　慰謝料　金30,000,000円

亡太郎は、本件労災事故の際に未だ24歳であり独身であったが、一方で、同人が本件労災事故に至った前述の経緯・原因を考慮すれば、死亡時の同人の恐怖・苦痛・無念さの大きさと残された遺族である申立人らの精神的ショックは計り知れないものがあることは明らかであり、このような精神的ショックを癒すための慰謝料としては、金30,000,000円は下らない。

⑶　葬祭費用　金1,500,000円

葬祭費用については、香典返しを除いた合計金額である金1,500,000円が、相当因果関係にある損害である。

⑷　弁護士費用　金12,699,589円

弁護士費用については、前記⑴～⑶請求金額の10％である金12,699,588円を下るものではない。

⑸　小括

以上から、亡太郎が本件労災事故により被った損害は、少なくとも前記⑴～⑷の合計額である金139,695,484円であり、それらを申立人らが相続を原因として２分の１ずつの割合で承継したものである。

５　結論

以上のことから、申立人らは、相手方の債務不履行責任あるいは不法行為責任を追及するために、亡太郎から法定相続した各２分の１ずつの損害賠償請求権及び平成○年○月○日以降完済に至るまで年５分の遅延損害金請求権に基づき、申立ての趣旨記載の調停を求める次第である。

証 拠 方 法

甲第１号証　戸籍謄本
甲第２号証　会社登記簿謄本
甲第３号証　労働者死傷病報告
甲第４号証　死亡診断書

添 付 書 類

1　申立書副本　１通
2　甲号証写し　各２通
3　会社登記簿謄本　１通
4　委任状　１通

## 2　労働審判の利用上の留意点

### (1)　労働審判制度の概要

#### ア　概　要

労働審判とは、個別労働関係民事紛争に関し、裁判官と労働関係に関する専門的な知識経験を有する者が、事件を審理し、調停による解決の見込みがある場合にはこれを試み、その解決に至らない場合には、権利関係を踏まえつつ事案の実情に即した解決をするために必要な解決案（労働審判）を定める手続をいい（労審法１条）、平成18年４月１日にスタートした。

#### イ　利用状況

最高裁判所事務総局行政局「平成28年度労働関係民事・行政事件の概況」（曹時69巻８号37頁）によれば、全国の労働審判事件の平成28年の新受件数は3414件である。事件の類型別にみると、地位確認が44.4％（1516件）、賃金手当等が40.8％（1393件）となっている。解雇・雇止め事件や賃金支払請求事件などの典型的個別労働紛争が主なものであるが、多様であり、整理解雇、残業手当請求、パワハラ・セクハラなどの比較的複雑で難しい事件も、調停による解決の意向がある場合には申立てが行われている（菅野1093頁）。

平成28年の既済事件3524件の内訳を終局事由別にみると、調停成立による解決率が72.4％（2551件）、労働審判によるものは14.3％（503件）、調停成立と労働審判への異議申立てなく確定したものを含めると解決率は77.7％（2738件）である。他に、労審法24条（事案の性質に照らし、労働審判手続を行うことが紛争の迅速かつ適正な解決のために適当でないと認めるとき）による終了が3.6％（128件）、取下げが8.7％（305件）であった。

後述のとおり労働審判手続においては３回以内の期日で審理を終結しなければならないとされているが（労審法15条２項）、平成28年の既済事件のうち76.3％（2688件）の事件が、（期日を実施しなかった事件を含め）２回までの期日で終結している。なお、平均審理期間は2.6月である。

ちなみに、佐々木ほか・実務406頁によれば、東京地裁本庁において、平成28年中に既済となった労働審判事件の平均審理期間は77.4日、期日回数の平均は1.87回であり、第１

回期日で終局するものが37.4％（平成27年は30.6％）、第２回期日で終局するものが39.9％（平成27年は43.9％）、第３回期日で終局するものが20.7％（平成27年は24.2％）となっている。第１回期日で終局に至る事案の割合が増え、第３回まで期日を要する事案の割合は減少傾向にある。迅速かつ効率的な審理を目指して、第１回期日で争点の整理、事実の調査や証拠調べ等を終え、可能な限り調停に向けた意向聴取や調整まで行うとの方針が採用されていることによるものと考えられるとのことである。

#### ウ　特　色

通常の民事訴訟の判決では、要件事実が立証できるか否かにより、請求認容か棄却かというAll or Nothingの判断がなされることになるが、労働審判の場合には、「権利関係を踏まえつつ事案の実情に即した解決をするために必要な」判断を柔軟に行うことができることが特色として挙げられる。例えば、労働者が、合理的理由のない解雇がなされたとして、労働契約上の地位の確認を求める労働審判申立事件においては、証拠調べの結果解雇の合理的理由がないことが明らかとなったが、手続の経過の中で、当該労働者が真に望んでいるのは解雇の無効を確認した上での一定額以上の補償金の支払であって、相手方使用者も金銭解決を望んでいるということが判明している場合には、労働審判委員会は、解雇の合理的理由がないことを示しつつ、相手方に対し、同委員会が相当と考える一定額の解決金の支払を命ずることができると解される（菅野1104頁）。

### ⑵　労働審判手続の主体

#### ア　労働審判委員会の構成

労働審判手続は、裁判官である労働審判官１名、労働関係に関する専門的な知識経験を有する労働審判員２名で組織する労働審判委員会で行う（労審法７条）。労働審判員は、事件ごとに指定される（労審法10条）。

#### イ　労働審判員の特徴

労働関係に関する専門的な知識経験を有する労働審判員２名は、実際には、労使団体の推薦者の中から選任されるが、労働審判の進行に当たっては、労働審判委員会３人で揃って調停の勧告をし、調停について詳細な説明をする。労働審判員は、労働者側とか使用者側とかいう立場ではなく、中立かつ公正な労働審判員とされている（労審法９条１項）。

例えば、労働委員会の労使委員とは全く異なり、労働審判員が労使に分かれて、使用者側の審判員が使用者側に対して説明をしたり説得をしたりするということはないし、そもそも、労働審判員２人のうち、どちらが使用者側でどちらが労働者側かということも明らかにされないようになっている。

### ⑶　手続の対象

#### ア　手続の対象

労災民事賠償請求事件も、「労働契約の存否その他の労働関係に関する事項について個々の労働者と事業主との間に生じた民事に関する紛争」（労審法１条）であるので、労働審判の対象となる。

なお、過労死等の場合の遺族による損害賠償請求についても、死亡した労働者の生存中に事業主との間に「労働契約……に関する事項について……生じた民事に関する紛争」として対象となる（菅野ほか・労働審判57頁）。

また、労災事故後に合併、吸収分割が行われた場合や、事業譲渡でも包括承継が認められる場合には、合併先や譲受先事業主を事業者として労働審判の対象となる（菅野ほか・労働審判57～58頁）。

イ　使用者側申立ての効用と留意点

a　債務不存在確認型の申立て

通常の場合は、労働者が申立人となることが多いといえるが、逆に、使用者側からも、過労による心身の障害、健康被害の事案で、過重労働が容易に認められ、主たる争点が過失相殺等の損害金額の調整にあるような場合には、債務不存在確認や一定額を超える損害金支払債務の不存在確認という形で、労働審判の利用も検討されるべきである。

平成29年11月21日「東京地裁労働部と東京三弁護士会の協議会（第15回）」（労判1173号5頁）によれば、東京地裁本庁において、平成26年～平成29年９月は合計36件の使用者側からの申立てがあり（これに対し、労働者側からの申立ては合計3688件）、その内容は、地位不存在確認が23件、債務不存在確認が10件、損害賠償が２件、その他１件であった。

b　労働組合が絡んだ場合の労働審判利用上の留意点

使用者側の労働審判の利用において、労働組合を利害関係人として参加させ（労審法29条２項で民調法11条を準用し、労審則24条で参加させる場合に当事者の意見聴取を義務付けている）、個別・集団労使紛争を一挙的に解決するような事案処理においては、裁判所が、事務的煩雑さ（法人登記のない多くの組合の場合、組合規約や組合委員長選任の総会議事録等の提出等が必要）から労働組合の参加に躊躇する場合もあり得るが、かかる場合でも、参加手続を怠らないことが肝要といえる。それをしておかないと、団交問題や別に提起された労働委員会の審査事件だけが残ってしまうからである。

c　派遣労働者と派遣先事業主間の紛争等

労働者派遣の場合であっても、「個々の労働者と事業主との間」との文理から、直接の雇用契約はない、派遣労働者による派遣先企業に対する請求も対象になると解されている（菅野1095頁）。

なお、純然たる労働契約に基づく関係に限られず、事実上の使用従属関係から生ずる個別紛争も対象とされる（労働審判申立却下決定に対する抗告事件・大阪高決平成26年７月８日判時2252号107頁）。

d　直接的加害者との間の紛争

これらに対し、労働審判の対象はあくまで労働者と事業主との間の紛争であるから、他の従業員による暴行、セクハラ、パワハラ等に関する民事労災損害賠償事件で、直接的加害者たる他の従業員に対する損害賠償請求は、労働審判の対象とはならない。

もっとも、直接的加害者を調停時に利害関係人として参加させることにより、労働者・加害者・事業主の三者間の紛争を一挙に解決することは可能である。

⑷　管轄裁判所等

ア　原則として本庁のみの管轄・一部の支部での取扱いの開始

労働審判の申立ては、相手方の住所・居所・営業所・事務所所在地を管轄する地方裁判所のほか、紛争が生じた労働関係に基づいて当該労働者が現に就業し、もしくは最後に就業した事業所所在地を管轄する地方裁判所に申し立てることができる（なお、合意により管轄を決めることもできる。労審法２条１項）。

労働審判制度の運用開始当初は、各地方裁判所の本庁のみこれを取り扱うことになっていたが、平成22年４月１日から、東京地裁立川支部、福岡地裁小倉支部でも取扱いが開始されている。また、平成29年４月１日から、静岡地裁浜松支部、長野地裁松本支部および広島地裁福山支部でも取扱いが開始されている。

なお、平成23年の非訟事件手続法の改正に伴い、労働審判法も改正され、次の管轄規定が追加された。労働審判事件の相手方の住所または居所（相手方が法人その他の社団または財団である場合はその事務所または営業所）が日本国内にないとき、または知れないときは、その最後の住所地（法人その他の社団または財団である場合は、代表者その他の主たる業務担当者の住所地）を管轄する地方裁判所の管轄とする（労審法２条２項・３項）。相手方が外国の社団または財団である場合において、日本国内にその事務所または営業所がないときも、日本における代表者その他の主たる業務担当者の住所地を管轄する地方裁判所の管轄とする（労審法２条４項）。

#### イ　申立書・答弁書等

##### a　記載内容の原則

申立ての書式は労審法および労審則を踏まえて、「申立ての趣旨」、「申立ての理由」、「予想される争点及び争点に関連する重要な事実」、「申立てに至る経緯の概要」等の記載が求められている（労審法５条２項、労審則９条１項）。

なお、申立書のほかに、申立書の写し×（相手方の数＋３）を提出する必要がある（労審則９条４項）。答弁書の場合は、答弁書のほかにその写し×３を提出し（労審則16条３項）、申立人には直送する（労審則20条３項１号）。

##### b　記載における実務的留意点――申立書や答弁書の記載の充実と時系列表

###### ⅰ　申立書や答弁書の記載の充実

労働審判制度の運用開始当初は、Ａ４判４頁程度の申立書や答弁書と、陳述書の利用、審尋での処理が想定されていたが、現在の運用では、申立書や答弁書の記載の充実が必要となっている。

通常訴訟でもそうであるが、申立書や答弁書の記載内容が大きく心証形成に影響する。また、特に労働審判の場合、裁判所により運用の差異はあり得るが、東京地裁では、証拠は労働審判員には事前にも事後にも送付されないため、労働審判員の心証形成が申立書と答弁書のみでなされる可能性が大きいといえる。

また、申立書や答弁書の記載を「ですます」調に変えただけの陳述書などは、実際上、労働審判委員会の心証形成には寄与せず、むしろ、それらは不要であり、そこで述べるべき内容を、申立書や答弁書の内容として記載し、関係書証を利用する場合も、必要な内容を引用すべきである。

ただし、近時は、第１回期日中心主義の運用に変化し、可能な限り審尋を第１回期日で完結させ、少なくとも調停案の提示までを第１回で行い、合意ができるのであれば、第１回期日での調停成立を目指す運用がなされており、そのため、申立書に加えて陳述書を提出する方が事案の理解に資する事案の場合には、期日における口頭中心の審理を充実させるために陳述書の提出が要請される場合もあり得るとのことである（平成29年11月21日「東

京地裁労働部と東京三弁護士会の協議会（第15回）」（労判1173号５頁））。

ii　時系列表の添付

事実関係の時系列表（５Ｗ１Ｈで、関連する行為、文書の作成等一切の事象を時系列で整理記載したもの）は、通常の訴訟における事実認定でも使われているが、労働審判員もこれを重視して、自ら作成している場合も多いということである。

そこで、よい結果を得ようとするならば、労働審判員の作業を先取りして、申立書や答弁書に時系列表を添付しておくことが、特に関連する事実関係が長期間にわたって発生しているような場合は不可欠といえるであろう。

**ウ　代理人**

原則として弁護士でなければ代理人となることができないが、例外的に、当事者の権利利益の保護および労働審判手続の円滑な進行のために必要かつ相当と認めるときは、裁判所は弁護士でない者を代理人とすることを許可することができるとされている（労審法４条）。

ただし、東京地裁労働部では、現時点では、ごく限られた例外を除き、許可代理を認めない取扱いであるとのことである（山口ほか・審理197頁）。

**エ　複数名による労働審判の共同申立て**

複数名による労働審判の共同申立てについては、３回の回数制限との関係で迅速な処理が困難であるとの理由から、労審法24条による終了となる場合もあり得るが、実際には、審理の上、調停が成立し、迅速かつ妥当な解決がなされたとの報告もあるので、当事者双方が、複数名による労働審判の共同審理に異議がない場合には、積極的に共同申立てを行い、共同審理を求めるべきである。

### ⑸　手続の進行

**ア　第１回期日の調整**

当事者、特に相手方を困惑させるのは、第１回期日が、申立後40日以内に指定され、その期日の変更が原則としてできないということである（労審則13条）。

実務上の取扱いとして、期日指定後１週間以内程度の間であれば、上記40日の範囲内で調整が可能な場合もあるが、いずれにしても第１回期日に十分な主張立証を行うための準備は大変であるといえる。

人事労務関係の報道等でも、この点が十分に理解されていないようである。通常の訴訟と同じ気持ちで、第１回期日間際になって弁護士事務所に駆け込み、準備が不十分なまま期日を迎え、その結果裁判所に不利な心証を形成されてしまうということが往々にしてある。

もちろん、不満な審判には異議を申し立てることにより通常訴訟に移行できるが、不利な審判を覆すのは容易ではない。

**イ　進行の原則**

第１回期日までに申立人・相手方から提出された申立書、答弁書、証拠、証拠説明書以外は、口頭主義が貫徹され、原則として、準備書面等の利用は認められず、制度上は存在する補充書面も（労審則17条～20条）、ほとんど利用できないことが当初想定されていた。

現実の運用では、この点がやや緩和されている感があるが、しかし、期日における即座の回答等の対応によって、審判委員会の心証が形成されていくことが基本であり、そのことを念頭に置いた対応が必要である。

### ⑹ 迅速な審理

#### ア 口頭主義と職権主義

##### a 職権的な審尋中心の審理

労働審判手続においては、特別の事情がある場合を除き、３回以内の期日で審理を終結しなければならないとされ（労審法15条２項)、迅速な審理が要求されている。

審理の進行は、労働審判官が担当し（労審法13条)、原則として非公開で行われる（労審法16条)。

証拠調べについては、労働審判委員会は、職権で自ら事実の調査ができ、当事者の申立てまたは職権で、必要な証拠調べができるとされているが（労審法17条１項)、実際の運用は、労働審判委員会による口頭での審尋が中心となっている。

審尋の進め方は、通常の民事訴訟とは全く様相を異にし、口頭での連続した質問・回答による。証拠としてのVTR、テープなども、決定的なセクハラ、パワハラシーンなどの場合には、検証を上申して採用されることもあり得るが、あまり期待はできない。

##### b 審理進行の実態

期日は概ね、１回目約２～３時間、２回目１～1.5時間、３回目１～1.5時間程度で、一定の心証をとった段階で随時、１回目から調停が試みられている。

#### イ 記録は残らない

特に必要がある場合を除き、期日の内容を調書等の記録に残すことは想定も実施もされておらず（労審法14条３項、労審則25条で審判内容を調書化するのは労働審判官が命じた場合に限られている)、当事者がテープをとったりすることも禁じられている。

なぜなら、口頭で主張しあるいは審尋をして、労働審判委員会はその場で判断をして調停案を出し、その場で審判をするという制度として構想され、書類を残しておいてそれを後でじっくり読んで判断するということは考えられていないからである。また、労働審判は、その手続中で何か証拠を残して、後の訴訟のために活用するといった手続ではないと解されているからである。

### ⑺ 調　停

調停の成立による解決の見込みがある場合には、調停が試みられる（労審法１条)。事案に即して、第１回期日からも調停が試みられるのが、労働審判制度の特徴といえる。

調停が成立した場合には、裁判上の和解と同一の効力が与えられ、これに基づき強制執行をすることが可能である（労審法29条２項、民調法16条)。

### ⑻ 労働審判

労働審判委員会は、調停による解決に至らなかったときは、当事者間の権利関係及び労働審判手続の経過を踏まえて労働審判を行う（労審法１条)。

労働審判においては、当事者間の権利関係を確認し、金銭の支払、物の引渡しその他の財産上の給付を命じ、その他個別労働関係民事紛争の解決をするために相当と認める事項を定めることができる（労審法20条２項)。

ただし、労働審判委員会が、申立人の申立てに係る請求に理由がないと判断すれば、これを棄却する旨の労働審判がなされる（日本コクレア事件（東京地判平成29年４月19日労判1166号82頁）は、中途キャリア採用者の勤務成績・勤務態度不良等を理由とする解雇有効例であるが、労働者が訴訟前に地位確認等を求める労働審判を申し立てたものの、申立てに係る請求をいずれも棄却する労働審判がなされた事案である）。

労働審判に不服のある当事者は、２週間以内に書面にて異議の申立てをすることができ（労審法21条１項、労審則31条１項）、その場合、労働審判はその効力を失う（労審法21条３項）。なお、この２週間の期間は不変期間だと明示されているが（労審法21条１項）、例外的に、民訴法97条１項の「当事者がその責めに帰することができない事由」がある場合には追完が認められる場合がある（地位確認請求事件・岐阜地判平成25年２月14日最高裁HP）。

異議の申立てがないときは、労働審判は、裁判上の和解と同一の効力を有するものとされる（労審法21条４項）。なお、確定した審判の射程範囲が問題となったものの、審判確定後の別訴提起の訴権濫用が否定されたX学園事件（さいたま地判平成26年４月22日労経速2209号15頁）がある。労働審判の曖昧な決定が招いた紛争ともいえ、今後の運用に課題を残した（岩出・大系838頁）。

通常、労働審判は口頭で告知され（労審法20条６項）、この場合、審判調書は後で作成されることになり（同条７項）、異議が出されて通常訴訟に移行する場合、申立書のみが訴訟担当裁判官に回付される。

なお、労働審判委員会は、事案の性質に照らし、労働審判手続を行うことが紛争の迅速かつ適正な解決のために適当でないと認めるときは、労働審判を行うことなく労働審判事件を終了させることができるものとされている（労審法24条１項）。もっとも、同条項の適用は、かなり制限的であるといえる。

### ⑼　取下げ

労働審判の申立ての取下げは、審判期日でなされる場合を除き、裁判所に書面を提出して行う（労審法29条１項、非訟法63条２項、民訴法261条３項）。

この取下げは、労働審判の確定（労審法24条の２）または異議申立てにより訴えの提起があったとみなされるときまでは、いつでも可能であり、相手方の同意は不要である。ただし、訴訟に移行した後は、民訴法261条２項による規制（相手方が本案について準備書面を提出し、弁論準備手続において申述をし、または口頭弁論をした後は、取下げには相手方の同意が必要）を受けることになる。

### ⑽　訴訟手続との連携

#### ア　訴訟への移行

労働審判に対して異議の申立てがあった場合には、労働審判手続申立てに係る請求については、労働審判手続の申立ての時に、労働審判がなされた地方裁判所に訴えの提起があったものとみなされる（労審法22条１項）。

労働審判を行うことなく労働審判事件が終了した場合についても同様である（労審法24条２項）。

なお、労災民事賠償請求とともに、未払残業代請求等を行う場合、労働審判の申立ては訴訟ではなく非訟手続とされており、労働審判では付加金（労基法114条）の支払は求められないとされている。しかし、付加金請求には２年の除斥期間が設けられている関係で、労働審判に対して異議申立てがある場合、上記のとおり申立ての時に訴えの提起があったものとされて除斥期間の適用を排除するため、時間が経過した案件の場合は、労働審判申立て段階からの付加金請求をなすべきである（岩出・大系33頁）。

#### イ　移行時の実務的諸問題

##### a　訴訟手数料の追納

訴えがあったものとみなされる場合の手数料（収入印紙）については、労働審判手続の申立てについて納めた手数料の額（調停と同じ額）を控除した額の手数料を納めれば足りる（民訴費用法３条２項２号）。

##### b　訴状に代わる準備書面・答弁書・証拠等の提出

法令では求められていないが、東京地裁等では、申立書の内容に、労働審判での審理内容を踏まえた争点整理と反論、補充主張を加えた「訴状に代わる準備書面」の提出を原告に求め、その提出を待って第１回期日を入れる運用をしている。

被告に対しても、同様に整理された、「訴状に代わる準備書面」への答弁書の提出が求められている。

なお、前述のとおり、訴訟に移行した場合、訴訟担当裁判官には申立書しか引き継がれないため、原告・被告ともに、改めて証拠等を提出しなければならない。

##### c　労働審判官の訴訟担当の可能性

労働審判事件が係属していた地方裁判所に訴えの提起があったものとみなされるので（労審法22条１項）、特に裁判官の数が少ない裁判所においては、労働審判の時と同じ裁判官が訴訟を担当することもあり得る。

この点、小野リース事件（最三小判平成22年５月25日労判1018号５頁）も、民訴法23条１項６号にいう「前審の裁判」とは、当該事件の直接または間接の下級審の裁判を指すと解すべきであるから、労働審判に対し適法な異議申立てがあったため訴えの提起があったものとみなされて訴訟に移行した場合において、当該労働審判が「前審の裁判」に当たるということはできないので、本件訴訟に先立って行われた労働審判に関与した裁判官が、本件の一審判決をしたことに違法はないとしている。

### ⑾　労働審判と他の手続との選択基準

#### ア　各種制度の特徴を踏まえた手続選択の必要

個別的労働関係紛争の当事者または代理人となった場合、以上の労働審判の特色・長短を踏まえ、様々なADR等の裁判外手続や裁判手続をどのように使い分けるか、あるいは段階的に利用するかは、事案ごとに判断しなければならない。

なお、従来、紛争調整委員会や民事調停等において解決が志向されていた相当部分を労働審判で対応することが期待されており、現実には、労働審判は活況を呈しているが、個別紛争法のあっせん制度等も依然としてその利用件数が高止まり状態であり、あっせんから労働審判の利用への移行というよりも、双方の制度が併存して、棲み分けている（岩出・大系841頁）。

#### イ　労働審判と仮処分等との使い分けの基準

事案としては結構複雑、あるいは法律上の争点も結構あるものの、労使双方が何とか早期に解決したいと考えているような、調停が成立する見込みが高い事案であれば、まずは労働審判が試されることになるであろう。

また、仮に調停の成立は困難だとしても、労働審判が下されれば、それによって事案の解決が早くなると見込まれる場合も、労働審判が選択されることになるであろう。事案が比較的簡明で、論点もそれほど多くなく、労働審判委員会が労働審判を出しやすいものがこれに当たる。

逆に、労使関係の対立が非常に激しく、調停成立の見込みがなく、また、仮に労働審判が出たとしても、異議申立てにより本訴に移行するのが必至な場合には、労働審判を申し立てても意味がないので、最初から仮処分や訴訟を選択すべきであろう。

**【労災民事賠償に関する労働審判手続申立書】**

労働審判手続申立書

平成○年○月○日

○○地方裁判所民事部　御中

申立人ら代理人　弁護士　丙　野　三　郎

〒○○○－○○○○
○○県○○市○○町○○丁目○○番○○号

申立人　甲　野　五　郎
同　　甲　野　花　子

〒○○○－○○○○
○○県○○市○○町○○丁目○○番○○号（送達場所）
電話　○○○－○○○－○○○○
FAX　○○○－○○○－○○○○
上記申立人ら代理人　弁護士　丙　野　三　郎

〒○○○－○○○○
○○県○○市○○町○○丁目○○番○○号
相手方　○○○○株式会社
上記代表者代表取締役　丁　野　四　郎

損害賠償請求労働審判事件
労働審判を求める事項の価額　金139,695,484円
貼　用　印　紙　額　金181,000円

第１　申立ての趣旨
　１　相手方は、申立人らに対し、金139,695,484円及びこれらに対する平成○年○月○日から支払済まで年５分の割合による金員を支払え
　２　申立て費用は相手方の負担とする
との調停を求める。

第２　申立ての理由
　１　関係当事者の地位
　　⑴　申立外甲野太郎（以下「亡太郎」という。）の身上・経歴

亡太郎は、昭和○年○月○日に、申立人甲野五郎（以下「申立人五郎」という。）及び同甲野花子（以下「申立人花子」という。）の長男として○○市で出生した（甲第１号証）。

亡太郎は、私立○○大学を卒業した後、平成○年○月○日、相手方に入社し、下記２記載の事故（以下「本件労災事故」という。）にて死亡するまで相手方に在籍していた。

⑵　相手方の概要

相手方は、○○県○○市に本社工場を持つ、昭和○年○月○日に設立された自動車部品の企画・開発・製造及び販売をその主な目的とする資本金○○万円の株式会社である（甲第２号証）。

２　本件労災事故（甲第３号証）

⑴　事故の発生日時　平成○年○月○日午後○○時頃

⑵　発生場所　相手方本社工場内

⑶　事故態様　大型プレス機械に亡太郎の頭部が挟まれた。

⑷　事故の結果　脳挫傷等により、亡太郎が、平成○年○月○日午後○○時頃、○○病院にて死亡した（甲第４号証）。

３　相手方の責任─安全配慮義務違反と因果関係

⑴　相手方の安全配慮義務

相手方は、使用者として、「労働者が労務提供のため設置する場所、設備もしくは器具等を使用し又は使用者の指示のもとに労務を提供する過程において、労働者の生命及び身体を危険から保護するよう配慮すべき」安全配慮義務を負っている（最三小判昭和59年４月10日労判429号12頁等）。

⑵　相手方の安全配慮義務違反または不法行為責任

しかるに、相手方は本件労災事故につき、以下のとおり、不法行為ないし安全配慮義務違反（債務不履行）による損害賠償責任を免れない。

すなわち、相手方は、亡太郎が、未だ大学卒業後わずかの入社後初期研修中の身であり、プレス機械に関して経験のない未熟練者であって、相手方から安全上の教育や指揮を受けていなかったにもかかわらず、また、プレス機械に、事故を回避するに足りる安全装置を付けないままに、またはその整備を怠り、その装置が円滑に作動することの確認もすることなく、亡太郎にプレス機械を使用させ、もって、本件労災事故を発生させたものであり、労働安全衛生規則131条１項、２項等に違反する不法行為責任により、または前記安全配慮義務に違反し、これにより亡太郎の圧死を招来したものである。

４　損害賠償額

⑴　逸失利益　金95,495,896円

亡太郎の死亡時の年齢が24歳と若年のため、賃金センサス男性大卒全年齢平均をもとに、30歳までの生活費控除率を0.5、結婚による家族の支柱としての生活が予想される31歳から労働可能年齢である67歳までの生活費控除率を0.3とし、中間利息控除につきライプニッツ係数を使って計算すると、総額で金95,495,896円となる。

⑵　慰謝料　金30,000,000円

亡太郎は、本件労災事故の際に未だ24歳であり独身であったが、一方で、同人が本件労災事故に至った前述の経緯・原因を考慮すれば、死亡時の同人の恐怖・苦痛・無念さの大きさと残された遺族である申立人らの精神的ショックは計り知れないものがあることは明らかであり、このような精神的ショックを癒すための慰謝料としては、金30,000,000円は下らない。

⑶　葬祭費用　金1,500,000円

葬祭費用については、香典返しを除いた合計金額である金1,500,000円が、相当因果関係にある損害である。

⑷　弁護士費用　金12,699,589円

弁護士費用については、前記⑴～⑶請求金額の10％である金12,699,588円を下るものではない。

⑸　小括

以上から、亡太郎が本件労災事故により被った損害は、少なくとも前記⑴～⑷の合計額である金139,695,484円であり、それらを申立人らが相続を原因として２分の１ずつの割合で承継したものである。

第３　予想される争点及び争点に関する重要な事実

本件で予想される争点は、相手方の安全配慮義務違反または不法行為責任の存否である。

この点、本申立前の交渉段階において、プレス機械に関しては、初期研修において安全教育を亡太郎に行っており、また、本件労災事故時には、管理者が立ち会っていたと主張している。

しかし、初期研修において、プレス機械の具体的な操作方法、注意点等について教育がなされた事実はなく（甲第５号証）、同研修で亡太郎ら新人社員に配布されたマニュアルにも記載はない（甲第６号証）。

また、本件労災事故当時、入社３年目の先輩社員がプレス機械まで亡太郎を連れて行き、同機械を作動させるためのボタン操作のみを簡単に教えたものの、同人はすぐに他の機械のもとに行き、自らの作業を開始したのであり、亡太郎がプレス機械を作動させていた時は、亡太郎の操作方法を監督する者は一切立ち会っていなかった（甲第７号証）。

さらに、当該プレス機械には、身体が挟まれないように防護柵が設置されていることもなく（甲第８号証）、また、挟まれる危険が生じた際に動作を停止させるセンサーも付けられていなかった（甲第９号証）。

以上のことからすれば、相手方が労働安全衛生規則131条１項、２項等に違反し、または前記安全配慮義務に違反していることは明らかである。

第４　申立てに至る経緯の概要

申立人らは、申立人ら代理人を通じ、相手方に対し、平成○年○月○日付受任通知兼損害賠償請求書を送付したが（甲第10号証）、これに対し、相手方は、安全配慮義務違反が存在しないとして、請求を拒絶する旨の回答をした（甲第11号証）。

平成○年○月○日、申立人ら代理人と相手方代理人が面談交渉を行ったが、相手方代理人からは、再度上記主張がなされ、和解金としても見舞金程度の支払という条件でなければ応じられないとの対応であり、双方の隔たりが大きいため交渉は決裂した。

第５　結論

以上のことから、申立人らは、相手方の債務不履行責任あるいは不法行為責任を追及するために、亡太郎から法定相続した各２分の１ずつの損害賠償請求権及び平成○年○月○日以降完済に至るまで年５分の遅延損害金請求権に基づき、申立ての趣旨記載の労働審判を求める次第である。

証　拠　方　法

甲第１号証　戸籍謄本
甲第２号証　会社登記簿謄本
甲第３号証　労働者死傷病報告
甲第４号証　死亡診断書
甲第５号証　○○○○の陳述書
甲第６号証　研修マニュアル
甲第７号証　○○○○の陳述書
甲第８号証　プレス機械の写真
甲第９号証　プレス機械の取扱説明書
甲第10号証　受任通知兼損害賠償請求書
甲第11号証　回答書
甲第12号証　申立人五郎の陳述書
甲第13号証　申立人花子の陳述書

添　付　書　類

1　申立書写し　４通
2　甲号証写し　各２通
3　会社登記簿謄本　１通
4　委任状　１通

## 3　文書提出命令等の利用上の留意点

### ⑴　実務的注意点

訴訟において、相手方や第三者から証拠を収集するため、調査嘱託（民訴法186条）、文書送付嘱託（同226条）、文書提出命令（同221条、223条１項）が利用される。

これらの方法は、裁判所を通じて相手方や第三者から証拠を収集するものであり、手持ち証拠の少ない労働者にとっては有効な手段といえるが、他方で、以下の点に注意しなければならない。

調査嘱託の場合、嘱託先からの報告は、申立人の有利、不利にかかわらずそのまま証拠となる（最一小判昭和45年３月26日民集24巻３号165頁）。

文書送付嘱託の場合、送付された文書は当然に証拠となるものではないが、当該文書は裁判所に送付されてくるため、その段階で相手方も見ることになる。したがって、申立人に不利な内容が記載されており、申立人が証拠提出しなかったとしても、相手方が当該文書を自らの証拠として利用することになる。

文書提出命令の場合も、文書送付嘱託と同様である。

すなわち、これらの手段によって収集された文書等は、申立人に有利であると不利であるとにかかわらず証拠となってしまうので、申立前に、文書の内容を予想するなどして有利・不利につき検討しておく必要がある。

また、文書提出命令の前提となる文書提出義務（同220条）や文書の取調べの必要性（同223条）が厳格に考えられていることは、以下のとおりである。

### ⑵　雇主企業等に対する命令

#### ア　文書提出命令肯定例

①　商工組合中央金庫（職員考課表提出命令）事件（大阪高決平成11年３月31日労判784号86頁（判例ダイジェスト））

＝職員考課表

②　京ガス（賃金台帳提出命令）事件（大阪高決平成11年７月12日労判762号80頁（判例ダイジェスト））

＝賃金台帳は、民訴法220条４号のロおよびハには該当しないが、不必要なプライバシー侵害を伴う態様での提出命令は許されないとして、具体的氏名の記載がなく原告とほぼ同時期に入社した者に限定して提出が命じられた例

③　住友金属工業（履歴台帳提出命令）事件（大阪地決平成11年10月14日労判776号44頁）

＝履歴台帳

④　塚越運送事件（大阪高決平成15年６月26日労判861号49頁）

＝運送会社の一部門が不採算であるとして同部門所属の運転手に対して行われた人事異動の無効を争った本案訴訟において、会社が提出した同部門以外の部分を黒塗りにした売上振替集計表につき、同集計表は民訴法220条１号所定の文書（引用文書）に当たるとされ、同条４号ニ（専ら文書の所持者の利用に供するための文書）には該当しないとして、原本の提出が認められた例

⑤　全日本検数協会（文書提出命令）事件（神戸地判平成16年１月14日労判868号５頁）

＝就業規則の一方的変更によって、賃金の減額や自宅待機、一時帰休の強制という雇用契約上の不利益を受けたとして、本件賃金カットに合理性がないことを証明するために、「所得の計算に関する明細書」「退職給与引当金の換算算入に関する明細書」と「役員報酬手当て及び人件費の内訳書」の提出を申し立てたことに対し、記載事項、性質等に鑑みて民事訴訟法220条４号のいずれにも該当しないことからも、その保管者である相手方は、文書提出義務を負うとされ、相手方の経営状態が本件訴訟において赤字経営であることを積極的に主張していること、また、公益法人であることからも秘匿すべき事項であるとは認められず、本件各文書の公開につき双方の不利益を比較衡量しても、開示によって所持者に見過ごし難い不利益が生ずるとは認められず、したがって、本件各文書はいずれも民訴220条４号ニの「専ら文書の所持者の利用に供するための文書」に当たらず、本件就業規則の変更の合理性が争点となっている本件訴訟において、相手方全体の収益状況、財務状態等が記載されていると考えられる本件各文書を取り調べる必要性が認められるとされた例

⑥　藤沢薬品工業（賃金台帳等文書提出命令）事件（大阪高決平成17年４月12日労判894号14頁）

＝賃金差別訴訟において、比較対象者と相手方との賃金格差、昇格・昇級格差の有無を審理するに当たり、電子データの文書性を認め、賃金台帳、労働者名簿および資格歴等につき開示が認められた例

⑦　ニチアス（石綿曝露・文書提出命令）事件（大阪高決平成25年６月19日労判1077号５頁）

＝石綿関連疾患に関する労災民事訴訟において、使用者が所持する、①じん肺管理区分の決定を受けた者に関するじん肺管理区分決定通知書および職歴票ならびにじん肺健康診断に関する記録、②労災認定を受けた者に関する労働者災害補償保険請求書の写しおよび同請求書に添付された職歴証明書の写し、③石綿健康管理手帳の交付を受けた者に関する石綿健康管理手帳交付申請書の写しおよび同申請書に添付された職歴証明書の写しについて、民訴法220条４号ハ、197条１項３号の「職業の秘密」が記載された文書であるとは認められないとして、上記文書の提出を命令した一審決定が維持された例

⑧　検証物提示命令に対する抗告事件（大阪高決平成25年７月18日判時2224号52頁）

＝長時間労働でうつ病に罹患して自殺したことを理由とする損害賠償請求訴訟のためになされた証拠保全申立事件における同僚のタイムカードについての検証物提示命令に対する抗告が理由がないものとして棄却された例

### イ　文書提出命令否定例

①　住友金属工業（文書提出命令）事件（大阪地決平成11年９月６日労判776号36頁）

＝能力評価マニュアル

②　住友重機械工業（文書提出命令申立抗告）事件（東京高決平成15年12月４日労判866号92頁）

＝組合員昇格差別をめぐる救済命令取消請求訴訟における組合員側から会社側への労働者名簿等の文書提出命令申立てにつき、組合員昇格差別の有無を判断するために、比較対象者らの履歴が必要であるとはいえず、その比較対象者らの労働者名簿、社員履歴台帳または個人経歴表について証拠調べの必要があるとはいえないとされた例

③　松屋フーズ（パート未払賃金）事件（東京地判平成17年12月28日労判910号36頁）
＝営業日誌等

④　Ａ社文書提出命令申立事件（神戸地尼崎支決平成17年１月５日労判902号166頁（判例ダイジェスト））
＝従業員たる地位の有無の確認請求、職場内のセクハラ行為不是正等による慰謝料請求をめぐる基本事件において、労働者側によりなされたセクハラ行為調査に関する会社側文書、労働局、捜査機関、社会保険機関の各関係文書の提出命令申立てにつき、ある文書が、その作成目的、記載内容、これを現在の所有者が所持するに至るまでの経緯、その他の事情から判断して、専ら内部の者の利用に供する目的で作成され、外部の者に開示することが予定されていない文書であって、開示されると個人のプライバシーが侵害されたり個人ないし団体の自由な意思形成が阻害されたりするなど、開示によって所持者の側に看過しがたい不利益が生ずるおそれがあると認められる場合には、特段の事情がない限り、当該文書は民訴法220条４号ニ所定の「専ら文書の所持者の利用に供するための文書」に当たる（最二小決平成11年11月12日民集53巻８号1787頁）ところ、相手方が作成した事情聴取書、本社への調査報告書、その他の調査資料、および、相手方が作成した議事録、日報、稟議書の写しは、専ら相手方の内部の利用に供する目的で作成され、外部に開示することが予定されていない文書であって、開示されると相手方内部における自由な意思の表明に支障を来し相手方の自由な意思形成が侵害されるなど看過しがたい不利益が生ずるおそれがあり、また、本件においては、上記各文書に関して、文書の所持者の特殊性、文書の作成者の特殊事情などは認められず、所持者である相手方に生ずる看過しがたい上記不利益を補うほどの特段の事情は認められないとして、文書提出命令申立てが却下された例

⑤　アイスペック・ビジネスブレイン（賃金請求）事件（大阪高判平成19年11月30日労判958号89頁）
＝在職中に使用していたパソコンに記録されているメールの発信・着信内容の電磁的記録につき、提出を求める文書は、証明すべき事実との関係において唯一の証拠とはいえず、裁判所の心証は既に提出されている証拠に加えて当該文書が提出され、さらに多数のメールが証拠として採用されたとしても、屋上屋を重ねるにすぎず、上記心証が左右されるものではないから、当該文書について証拠調べの必要性は認められないとされ、文書提出命令申立が却下された例

⑥　国立大学法人茨城大学（文書提出命令）事件（最一小決平成25年12月19日労判1102号５頁）
＝ハラスメント苦情申立てに関する学内の調査記録の一部のみの開示を認めた例。なお、本件では、ヒアリング記録については開示すると調査委員会と被聴取者の信頼関係が損なわれるとして文書提出の申立てを退け、本件各委員会の議事録は氏名や発言者が特定されない範囲での提出を命ずるなどとしている。民訴法223条１項後段では、文書の一部提出命令として、文書中の特定の文言や事項を黒塗りする等の方法で削除してその写しの提出を命ずることができると解されている。

### (3)　官公署等に対する文書提出命令等

### ア　情報公開法に基づく開示請求

大阪労働局長（行政文書不開示）事件（大阪地判平成17年３月17日労判893号47頁）では、①労基法36条に基づく届出の開示請求において、被告が不開示とした情報につき、不開示情報１にある「過半数代表者の氏名」は、情報公開法５条「個人識別情報」に当たるが、「法令の規定により又は慣行として公にされ、又は公にされることが予定されている情報」には当たらず、「人の生命、健康、生活又は財産を保護するために公にすることが必要と認められる情報」にも該当しないとして、同法５条の「不開示情報」に当たるとされ、②本件不開示情報２のうち同協定の時間外・休日労働をさせる必要のある具体的事由、業務の種類、労働者数の各情報は、これらの情報だけで当該事業者を特定することができ、かつ、これを開示することによって当該事業者の競争上重要な情報が公になり、その結果、当該事業者の正当な利益が害されるおそれがあると認められることから、同法５条２号の「当該法人又は個人の正当な利益を侵害する情報」に当たるとされ、③ただし、「事業の名称等」を内容とする本件不開示情報２については、同法５条２号ただし書に定める「生命等保護情報」に当たらないとされ、④本件協定に使用された過半数代表者、過半数代表者以外の労働者、使用者、事業者、労働組合の各印影は、公開されれば、容易に複製されて私文書偽造などの犯罪に悪用されるおそれがあるとして、同法５条４号にいう「公にすることにより犯罪の予防その他公共の安全と秩序に支障を及ぼすおそれがあると行政機関の長が認めることにつき相当の理由がある」と認め、⑤上記不開示情報と認められた部分以外の36協定情報の開示については、同協定の監督署への届出、手続様式等について事業者に選択の余地はなく、これを開示することにより行政官庁に正確な事実の把握を困難にするなど実質的支障が生ずるおそれは認められないとして、同法５条６号の「国の機関等が行う事務事業の適正な遂行に支障を及ぼすおそれがある場合」に当たらないとされ、⑥結局、被告労働局長に対する原告の行政文書一部不開示決定のうち、一部（「事業の名称等」を内容とする本件不開示情報２）を開示しないとした部分が取り消された。

労災の事業場名欄の法人名記載部分の開示請求に関する国・大阪労働局長（行政文書不開示決定取消請求）事件（大阪高判平成24年11月29日労判1065号５頁）では、①過去に処理経過簿に記載された法人等のうち従業員30人以下のものは全体の42.8％であり、また、大阪労働局管内における脳血管疾患、虚血性心疾患による年間労災認定件数は少数であることが認められ、このような状況のもとで、事業場名が開示されれば、当該被災労働者の近親者ばかりでなく、同僚や取引先関係者も、事業場名と、その保有し、入手し得る情報とを合わせ照合することにより、当該被災労働者個人を識別できることになるから、事業場名は情報公開法５条１号所定の不開示情報に該当するものとされ、②脳・心疾患に係る死亡事案で労災認定がされたという事実は、それだけで使用者に過失や法令違反があることを意味しないにもかかわらず、社会的には「過労死」という否定的言辞で受け止められ、過酷な労働条件の「ブラック企業」という評価までされ得るものであることは明らかであり、企業名を公表することについて多くの企業が危惧する社会的評価の低下や、業務上の信用毀損については、単なる抽象的な可能性の域にとどまるものではなく、蓋然性の域に達しているものというべきであるとされ、③不開示により保護される利益は情報公開法の体系上も重要な地位を与えられたものであり、また、開示による不利益が大きいと認められる一方で、事業場名の開示により、当該法人等の労働者の生命・身体の保護に資するという具体的な関係は認められないとして、事業場名は、情報公開法５条１号ただし書ロおよび２号ただし書が規定する情報には当たらないとされ、④事業場名が開示されるとなれば、不利益をおそれて事業主が任意の調査に応じなくなる蓋然性が認められ、労災保険給付事務の性質上、事務または事業の適正な遂行に実質的な支障を及ぼす蓋然性が認められるため、事業場名は情報公開法５条６号柱書所定の情報に該当するというべきであるとされ、事業場名不開示を違反とした一審判決が取り消された。

なお、文書不開示決定処分取消等請求事件（最二小判平成26年７月14日判時2242号51頁）は、開示請求の対象とされた行政文書を行政機関が保有していないことを理由とする不開示決定の取消訴訟においては、その取消しを求める者が、当該不開示決定時に当該行政機関が当該行政文書を保有していたことについて主張立証責任を負うものとしている。

#### イ　セクハラ事件に関する労働局等の保管文書に対する文書提出命令

職場内のセクハラ行為不是正等による慰謝料請求等を基本事件とするＡ社文書提出命令申立事件（前掲）では、労働者側からなされたセクハラ行為調査に関する会社側文書、労働局、捜査機関、社会保険機関の各関係文書の提出命令申立てが却下された。

申立人の相手方に対する各告訴事件（休業手当の未払、違法な資格喪失届の提出）に関し、相手方が捜査機関に提出した書類（原本、控え）は、民訴法220条４号ホ（刑事事件に係る訴訟に関する書類もしくは少年の保護事件の記録またはこれらの事件において押収されている文書）に該当するから、この部分の文書提出申立ては理由がないとされたものである。

#### ウ　労災民事賠償事件における労基署保管の文書に対する文書提出命令――災害調査復命書等

かつて労働基準監督署の保管する資料に関しては、労災民事賠償請求等で、労使双方が関係文書に同意していても提出が拒否されてきたが、近時、一部とはいえ、提出を認める例が現れた。

##### a　下級審裁判例

まず、再下請会社の従業員たる申立人（原告）が、砂防施設設計の地質調査現場でモノレールを使用して資材運搬中に、モノレールが脱線して転落・負傷した事故について、元請会社と下請会社（被告）に対して損害賠償を請求した事件を基本事件とする廿日市労基署長（災害調査復命書等提出命令）事件（広島地決平成17年７月25日労判901号15頁）は、以下のとおり判示し、文書の提出を命じた。

すなわち、民訴法220条４号の文理解釈によれば、除外事由の不存在について申立人（労働者）が主張立証責任を負うものの、申立人は申立てに係る文書を所持しておらず、当該文書の記載内容を具体的に認識することは困難であるから、文書を所持する相手方（労基署長）が提出義務のあることを争うときは、同条４号の除外事由（公務員の職務上の秘密に関する文書でその提出により公共の利益を害し、または公務の遂行に著しい支障を生ずるおそれがあるもの等）に該当する具体的な事情を反証する必要があり、反証のない限り、除外文書に該当しないことが推認されるとした。

また、同条４号ロが除外文書とされた趣旨から、「公共の利益を害し、または公務の遂行に著しい支障を生ずるおそれがある」といえるためには、当該文書に記載された当該職務上の秘密の公開により、公共の利益を害し、または公務の遂行に著しい支障を生ずる可能性が具体的に存しなければならないとした。

その上で、申立人が相手方に提出を求めた本件事故に係る災害調査復命書については、申立人、被告ら以外の個人氏名および法人名を提出対象から除き、本件文書を当裁判所に提出することについて、公共の利益を害し、または公務の遂行に著しい支障を生ずる具体的な可能性があるとはいえず、同条４号ロおよびその他の除外文書に該当しないとされた。

そして、本件事故原因につき、申立人側の事情と本件モノレールの不具合が競合した可能性の有無について判断するために、本件提出対象文書を取り調べる必要性は高いとされ、同文書中に含まれる申立人、被告ら以外の個人氏名、法人名を除き、相手方に対し提出が命じられた。

#### b　金沢労基署長事件最高裁決定

金沢労基署長（有川製作所）事件（最三小決平成17年10月14日民集59巻８号2265頁）では、災害調査復命書のうち、①行政内部の意思形成過程に関する情報に係る部分については民訴法220条４号ロ所定の文書に該当するものの、②労働基準監督官等の調査担当者が職務上知ることができた事業者にとっての私的な情報に係る部分は同号ロ所定の文書に該当しないとされた。

すなわち、「公務員の職務上の秘密」には、公務員の所掌事務に属する秘密だけでなく、公務員が職務を遂行する上で知ることができた私人の秘密であって、それが本案事件において公にされることにより、私人との信頼関係が損なわれ、公務の公正かつ円滑な運営に支障を来すこととなるものも含まれること、民訴法220条４号ロにいう「その提出により公共の利益を害し、または公務の遂行に著しい支障を生ずるおそれがある」とは、単に文書の性格から公共の利益を害し、または公務の遂行に著しい支障を生ずる抽象的なおそれがあることが認められるだけでは足りず、その文書の記載内容からみてそのおそれの存在することが具体的に認められることが必要であることを前提として、①本件文書のうち、行政内部の意思形成過程に関する情報に係る部分は民訴法220条４号ロ所定の「その提出により（中略）公務の遂行に著しい支障を生ずるおそれがあるもの」に該当しないとはいえないが、②被告会社にとっての私的な情報に係る部分はこれに該当しないというべきであるから、本件文書のうち、行政内部の意思形成過程に関する情報に係る部分については同号に基づく提出義務が認められないが、被告会社にとっての私的な情報に係る部分については上記提出義務が認められなければならない、とされたものである。

今まで開かずの扉に近かった労基署保管の証拠に、一部ではあるものの、最高裁がアクセスを認めた重要判例といえる（本決定については、岩出誠「判例解説」労判908号５頁以下参照）。

#### c　その後の決定

高松労基署長（日本政策金融公庫）事件（大阪高決平成25年10月４日判時2215号97頁）では、自殺者の遺族から自殺が過労死によるものとして損害賠償請求を受けた使用者が、遺族が作成し、労働基準監督署長に提出した陳述書等について申し立てた文書提出命令の申立てが認容された。

## 【労災民事賠償に関する文書提出命令申立書】

平成○年（ワ）第○○○○○号　損害賠償請求事件
原　告　○○○○　外１名
被　告　株式会社○○○○

文書提出命令申立書

平成○年○月○日

○○地方裁判所民事第○○部　御中

原告ら訴訟代理人弁護士　丙　野　三　郎

第１　文書の表示

平成○年○月○日午後○時頃、○○県○○市○○所在の被告本社工場において発生した本件労災事故（被災者甲野太郎、昭和○○年○○月○○日生、男）についての災害調査復命書（以下「本件文書」という。）

第２　文書の趣旨

本件文書は、本件労災事故の原因及び態様に関する具体的事実関係が記載されている文書である。

第３　文書の所持者

○○労働基準監督署長

第４　証明すべき事実

本件労災事故の原因及び態様に関する具体的事実関係、並びに、被告の安全配慮義務違反の事実

第５　文書提出義務の原因

民訴法220条３号前段又は第４号本文

１　民訴法220条３号前段該当性

本件文書は、被災者甲野太郎の遺族である原告らの遺族補償請求の当否を判断するためにされた調査結果に基づき作成された文書であり、公正な労災保険行政の実現のために労災保険法上作成の予定された文書である。

よって、本件文書は、単なる内部文書ではなく、被災者甲野太郎の遺族である原告らの利益のために作成された文書というべきであり、○○労働基準監督署長には民訴法220条３号前段に基づく文書提出義務がある。

２　民訴法220条４号本文該当性

⑴　本件文書には、被告本社工場における安全衛生管理体制、本件労災事故発生地、発生年月日時、発生状況、発生原因について、調査担当者が被告の代表取締役や労働者らから聴取した内容、被告から提出を受けた関係資料、被告本社工場内での計測、見分等に基づいて推測、評価、分析した事項が記載されており、民訴法220条４号ロの「公務員の職務上の秘密に関する文書」に該当するとの主張が文書の所持者たる○○労働基準監督署長からなされることが考えられる。

しかしながら、本件文書には被告の代表取締役や労働者らから聴取した内容がそのまま記載されていたり、引用されているわけではなく、調査担当者において、他の調査結果を総合し、その判断により聴取内容を取捨選択して、その分析評価と一体化させたものが記載されているにすぎない。

そして、調査担当者には、事業場に立ち入り、関係者に質問し、帳簿、書類その他の物件を検査するなどの権限があり（労働安全衛生法91条、94条）、労働基準監督署長等には、事業者、労働者等に対し、必要な事項を報告させ、又は出頭を命ずる権限があり（同100条）、これらに応じない者は罰金に処せられることとされていること（同法120条４号、５号）などからすれば、上記事項が本件事件において提出されても、関係者の信頼を著しく損なうことになるというわけではなく、以後調査担当者が労働災害に関する調査を行うにあたって関係者の協力を得ることが著しく困難になるというわけでもない。さらに、本件文書の提出によって、災害調査復命書の記載内容に実質的な影響が生ずるなどということも考えられない。

したがって、本件文書が本件事件に提出されることにより、公務の遂行に著しい支障が生ずるおそれが具体的に存在するわけではなく、同号ロの「その提出により公共の利益を害し、又は公務の遂行に著しい支障を生ずるおそれがあるもの」には該当しない（最三小決平成17年10月14日民集59巻８号2265頁）。

⑵　また、本件文書は、同号イ、ハ、ニ、ホにも該当しない。

⑶　本件労災事故の原因と態様を具体的に明らかにするためには、上記事項の記載された本件文書の提出が不可欠であるが、○○労働基準監督署長は、任意の提出を拒んでいるため、原告らは、本申立てによらなければこれを入手することができない。

⑷　よって、○○労働基準監督署長には、民訴法220条４号本文に基づく文書提出義務がある。

【労災民事賠償に関する調査嘱託申出書】

平成○年（ワ）第○○○○○号　損害賠償請求事件
原　告　○○○○　外１名
被　告　株式会社○○○○

調査嘱託申出書

平成○年○月○日

○○地方裁判所民事第○○部　御中

原告ら訴訟代理人弁護士　丙　野　三　郎

第１　証すべき事実
本件労災事故の原因及び態様に関する具体的事実関係、並びに、被告の安全配慮義務違反の事実
第２　嘱託先
〒○○○－○○○○　○○県○○市○○○○
○○労働基準監督署
第３　調査事項
平成○年○月○日午後○時頃、○○県○○市○○所在の被告本社工場において発生した本件労災事故（被災者甲野太郎、昭和○年○月○日生、男）についての災害調査復命書の内容

## 4　和解について

### ⑴　和解の概要・効力等

訴訟上の和解の希望については、訴訟当事者に率直な意見の具申が要請される。

訴訟の進行に応じ、裁判所からも随時、各当事者に和解の打診がなされることがある。そのため、訴訟を提起する前に交渉があった場合には、その経過を裁判所に報告することが求められている。

実務では、必要に応じ、この経過報告や、和解の方針や内容、和解条項等につき、上申書等が各当事者から裁判所宛に提出されることもある。

和解の内容が調書に記載されたときは、確定判決と同一の効力を有することになる（民訴法267条）。

なお、パワハラ事案の和解後のパワハラ的言動が、再発防止義務を課した和解条項違反

として慰謝料が認められた事案がある（神奈川SR経営労務センターほか事件・東京高判平成27年8月26日労判1122号5頁）。

### ⑵　和解条項の概要と作成上の留意点

労災保険金については、被災労働者・遺族の受けた既払給付分だけが損害賠償額から控除され、将来の年金給付分は控除されないというのが最高裁の考え方である（三共自動車事件・最三小判昭和52年10月25日民集31巻6号836頁、最大判平成5年3月24日民集47巻4号3039頁）。

また、労災保険では、通常の保険給付に加えて、特別支給金が給付される場合があるが、この特別支給金についても、最高裁は損害賠償額からの控除を認めていない（コック食品事件・最二小判平成8年2月23日民集50巻2号249頁）。

しかし、和解においては、実質的に将来給付分等の控除を前提とした和解金支払の合意をすることは可能である。

さらに、労災保険との調整による保険給付の支給停止などを招かないように、以下のような形で和解を成立させることが多いといえる。

**【労災民事賠償請求に関する和解調書】**

和解条項

1　被告は、原告らに対し、本件事故に関し、労働者災害補償保険法、厚生年金保険法及び国民年金保険法に基づく既払分と将来給付分により填補される損害を除くその余の損害について、金○，○○○，○○○円の和解金の支払義務のあることを認め、これを次のとおり、第1号につき原告ら訴訟代理人の銀行口座（○○銀行○○支店、普通預金口座、口座番号○○○○番、○○○○名義）、第2号につき原告ら指定の銀行口座（○○銀行○○支店、普通預金口座、口座番号○○○○番、○○○○名義）宛振込送金して支払う。
⑴　平成○年○月○日限り　金○，○○○，○○○円
⑵　平成○年○月以降平成○年○月まで
毎月末日限り金○○，○○○円
2　被告が、前項第1号の支払を遅滞した場合、又は、前項第2号の支払を2回分以上遅滞した場合、被告は、前項の期限の利益を喪失し、原告らに対し、第1項の和解金から既払金を控除した残金及びこれに対する期限の利益喪失日の翌日から支払済に至るまで年1割の割合による遅延損害金を付加して支払う。
3　原告ら及び被告は、本和解条項の内容について第三者に口外しない。
4　原告らは、被告又はその役員、従業員等の関係者に対し、今後本件に関し何らの異議も申し立てないものとする。
5　原告らは、その余の請求を放棄する。
6　原告らと被告は、原告らと被告との間には、本和解条項に定める以外には、何らの債権債務のないことを相互に確認する。
7　訴訟費用は各自の負担とする。

【弁護士　木原 康雄】

# 第7章

# アスベストによる肺がん、中皮腫、じん肺等への労災認定と民事賠償をめぐる諸問題

# Ⅰ　労災認定範囲の拡大と石綿被害者救済法の成立

## 1　労災認定範囲の拡大

労働者が、石綿ばく露作業に従事し、一定の業務上疾病（石綿肺、肺がん、中皮腫、両性石綿胸水、びまん性胸膜肥厚）にかかった場合には、療養、休業、障害等の労災補償給付が行われる。アスベスト関連疾病の業務災害認定基準については、「石綿による疾病の認定基準について」（平成15年９月19日基発919001号）という認定基準が緩和された通達が出されており、近時、さらにその基準が緩和され（平成18年２月９日基発29001号）、労災認定範囲が拡大されてきている（中皮腫の患者はこれまで、石綿肺の所見が得られない場合、胸膜プラーク、石綿小体または石綿繊維が認められるとの医学的所見が必要であったが、中皮腫の確定診断があれば認定するということになった。肺がんについては、石綿小体または石綿繊維量が一定量以上認められた場合、石綿ばく露作業への従事期間が10年未満でも認定されるようになり、びまん性胸膜肥厚についての認定基準も示された）。そしてその後も、認定基準は緩和されている（平成24年３月29日基発0329第２号、平成25年10月１日基発1001第８号）。

また、随時、労災認定等事業場一覧表も公表されており、被害者救済に向けた動きが進んでいる。

## 2　石綿被害者救済法の成立

平成18年２月３日、従来、消滅時効により救済の得られなかった遺族、労働者の家族、企業施設近隣住民をも対象とした「石綿による健康被害の救済に関する法律」（石綿法）が成立し、同月10日に公布され、平成18年３月27日より施行された。

同法は、石綿による健康被害の特殊性に鑑み、石綿による健康被害を受けた者およびその遺族に対し、医療費等を支給するための措置を講ずることにより、石綿による健康被害の迅速な救済を図ることを目的としている（石綿法１条）。

ここでいう「特殊性」とは、石綿が、長期間にわたって我が国の経済活動全般に幅広く、かつ、大量に使用されてきた結果、多数の健康被害が発生してきている一方で、石綿に起因する健康被害については、長期にわたる潜伏期間があって因果関係の特定が難しく現状では救済が困難であることを指す。

そして、この法律の救済制度は、①労災補償等による救済の対象とならない者を対象とした「救済給付」と、②労災補償を受けずに死亡した労働者の遺族を対象とした「特別遺族給付金」の２本の柱からなっている。

さらに、平成20年12月１日から、特別遺族給付金の請求期限が延長され、支給対象が拡大する改正法が施行されている。

また、その後の平成21年５月１日改正により、医療費等の支給対象期間の拡大、認定の申請を行うことなく死亡した者の遺族に対する特別遺族弔慰金等の支給、特別遺族弔慰金及び特別遺族給付金の請求期限の延長、特別遺族給付金の支給対象の拡大がなされている（改正石綿法附則１条）。さらに、その後平成23年８月30日から、特別遺族給付金の請求期限が延長されるとともに、支給対象が拡大される改正法が施行されている。これは、地域住民や従業員の家族ら労災補償の対象とならない被害者に対して、医療費などを支給するものであるが、政府と地方公共団体、事業主が資金を拠出して「石綿健康被害救済基金」を設け、救済の費用に充てている。医療費等の支給対象期間の拡大、認定申請を行うことなく死亡した者の遺族に対する特別遺族弔慰金等の支給、特別遺族弔慰金および特別遺族給付金の請求期限の延長、特別遺族給付金の支給対象の拡大もなされている。

## Ⅱ　企業に対する損害賠償請求

企業に対する損害賠償請求としては、石綿の危険性を認識しつつ使用してきた等として、債務不履行に基づく損害賠償請求、不法行為に基づく損害賠償請求をすることが考えられる。

裁判例においては、かつては、アスベストによる肺がん、中皮腫等への民事賠償問題につき消極的な例もあった（ミサワリゾート事件・東京地判平成16年３月25日労経速1893号24頁では、会社には、従業員のマスク等の自宅持ち帰り防止措置を講ずる義務はなかったとして、労働者の子供の被災と業務との因果関係・安全配慮義務が問題となり、これが否定された）。

しかし、近時、じん肺に対する監督行政庁の監督権限不行使による損害賠償を認めた裁判例が続いた影響により（筑豊炭田（じん肺・国）事件・最三小判平成16年４月27日労判872号５頁、北炭（じん肺・国）事件・札幌高判平成16年12月15日労判885号87頁）、同様の責任を含めて積極的な裁判例が増え（関西保温工業ほか１社事件・東京地判平成16年９月16日労判882号29頁、同控訴事件・東京高判平成17年４月27日労判897号19頁）、前述Ⅰの特別立法がなされたと考えられる。

その他、昭和62年頃までアスベストの被害が認識できなかったとの会社の主張を認めず、じん肺法（昭和35年）、特化則、および安衛法（昭和47年）その他関係法令により、会社のアスベスト粉じんばく露の健康、生命への影響について予見可能性が肯定され、法が要求している局所排気装置による排気、保護具の使用、湿潤化等の措置が講じられていないとして安全配慮義務違反を認めた裁判例が存在する（札幌国際観光（石綿曝露）事件・札幌高判平成20年８月29日労判972号19頁）。

また、昭和35年４月のじん肺法制定以降、粉じん業務に従事させる時点において、アスベスト被害の予見可能性があり、保護具を備え付けず、着用を指示しなかったことは、安全配慮義務違反に当たる、曝露から発症までの潜伏期間等から死亡との間の相当因果関係があるとし、会社に対し慰謝料の支払を命じた裁判例も出現した（中部電力事件・名古屋地判平成21年７月７日労経速2051号27頁）。

なお、同法には、他の法令による給付との調整（26条）や、遺族が会社から損害賠償の支払を受けた場合の調整規定（65条）はあるが、同法に基づく給付を受けた場合の会社に対する損害賠償請求との関係での調整に関する特別な規定がなく、今後の立法が注目される。裁判例には、石綿法に基づき取得した特別遺族年金にかかる損益相殺の可能性を認めたが、当該事案では請求が慰謝料等のため、結果的には、損益相殺はなされなかったものがある（三井倉庫（石綿曝露）事件・神戸地判平成21年11月20日労判997号27頁）。もっとも、少なくとも、立法論としては、公平の趣旨からも、当該加害企業との間では損益相殺の対象となされる可能性はある。

## Ⅲ　政府に対する国家賠償請求

政府に対する責任追及の手段としては、安全配慮義務違反による損害賠償請求、不法行為に基づく損害賠償請求としての国家賠償請求等がある。

近時の裁判例では、米海軍基地に勤務し石綿（アスベスト）の粉じん対策が不十分だったため胸膜中皮腫に罹患したとして、元日本人従業員（死亡）の遺族である原告らの、雇用主である国に対する損害賠償請求訴訟において、国の安全配慮義務違反を認め、損害賠償請求を一部認容したものがある（米軍横須賀基地事件・横浜地横須賀支判平成21年７月６日判時2063号75頁）。

また、大阪泉南地域の石綿工場の労働者が石綿肺、肺がんまたは中皮腫等に罹患したことについて、国の規制権限不行使に基づく国賠法上の責任が肯定された裁判例も存在する（大阪地判平成22年５月19日判時2093号３頁）。その後、最高裁が、アスベスト被害に関する国の規制権限の不行使の違法性を肯定している（最一小判平成26年10月９日民集68巻８号799頁等）。

## Ⅳ　じん肺等発症の遅い労災への損害賠償請求の消滅時効、除斥期間と救済手段

労災損害賠償請求権は、通常、不法行為責任で３年の消滅時効と20年の除斥期間（民法724条）、債務不履行責任で10年の消滅時効（民法167条１項）により消滅する。しかし、これらの規定は、二十数年を経過してから発症するアスベスト障害やじん肺等、発症の遅い労災への損害賠償に関しては具体的妥当性を欠く事態が生ずる。そこで、判例は、消滅時効の起算点をできる限り遅れた時点で認定するなど様々な方法で救済を試みている。

例えば、起算点を遅らせる例として、じん肺によって死亡した場合の損害については、じん肺が特異な進行性の疾患であること、最初の決定から次の重い決定を受けるまでの間に20年以上経過する例もある等、その進行の有無、程度、速度等も多様であること等を考慮し、最も重い決定を受けた時点からとした判例がある（日鉄鉱業事件・最二小判平成６年２月22日民集48巻２号441頁）。

また、さらに進めて、雇用者の安全配慮義務違反により罹患したじん肺によって死亡したことを理由とする損害賠償請求の消滅時効は、死亡の時から進行するとした上、じん肺による死亡に基づく損害額の算定において、じん肺法所定の管理区分に相当する病状に基づく損害賠償請求権の消滅時効が完成しているとしても、当該消滅時効に係る損害賠償額の控除を要しないとした判例がある（筑豊炭田（じん肺・国）事件（前掲））。

なお、近時のトンネルじん肺東京損害賠償請求事件（東京地判平成18年７月７日判時1940号３頁）では、トンネル建設工事において粉じん作業に従事していた労働者がじん肺に罹患したことについて、国の規制権限の不行使に基づく国賠法上の責任が肯定された。この裁判例では、規制権限不行使によって、じん肺に罹患したこと、これが原因で合併症を併発したことないし死亡したことを理由とする国賠法上の損害賠償請求権の消滅時効の起算点

につき、被害者において、加害者に対する損害賠償請求が事実上可能な状況の下に、その可能な程度にこれらを知った時を意味するとされた。

ほかにも、承認を認定して中断を認めたもの（民法147条３号、156条。最大判昭和41年４月20日民集20巻４号702頁等）や、消滅時効の援用を権利濫用として認めないもの（債務者が債権者の時効中断措置を妨害し、もしくは妨害する結果となる行為に出た場合や、債権者に時効中断の挙に出ることを期待するのが酷な場合等、債務者が消滅時効を援用するのが社会的に許容された限界を逸脱するものとみられる場合には、債務者による時効援用は権利濫用に当たり許されないものと解されている。認容例として西松建設株式会社事件・広島高判平成16年７月９日判時1865号62頁等）もある。他方、事案によっては、時効援用が権利濫用にも信義違反にも当たらないとしたもの（ＪＦＥエンジニアリング事件・横浜地判平成23年４月28日労経速2111号３頁、リゾートソリューション（損害賠償請求）事件・さいたま地判平成23年１月21日判時2105号75頁）がある。

アスベストによる中皮腫等は、潜伏期間が非常に長く、また、現在に至るまで無防備な状態でアスベスト粉じんに晒されてきた被害者が数多く存在することに鑑みると、今後も新たにアスベスト被害が明らかになり、それに関する紛争が発生することが予測される。会社の側からすると、長い年月が経過し、曝露当時の状況について資料収集等困難な点も多いといえるが、近時、裁判所は、被害者の積極的な救済を図ろうとしているといえるので、その点に留意し、十分な対策を立て、対応していくことが必要となるであろう。

【弁護士　難波 知子】

# 第８章

# 労災保険給付をめぐる紛争調整手続

# Ⅰ　労災保険給付への不服申立て

## 1　労働保険審査官への審査請求（章末の【労働保険審査請求書】参照）

被災者等が、行政庁である労基署長が行った保険給付をしないという決定に対して不服がある場合の手続については、「労働保険審査官及び労働保険審査会法」（以下「労保審査法」という）が規定している。まず、被災者等は、都道府県労働局ごとに置かれている労働者災害補償保険審査官（以下「労働保険審査官」という）宛に審査請求の申立てを行うことになる（労災法38条１項）。

この審査請求は、その期間内に審査請求をすることができなかったことに正当な理由がある場合を除き、処分のあったことを知った日の翌日から起算して３か月以内に文書または口頭で行うこととなる（労保審査法８条、９条）。労働保険審査官に直接するのが原則だが、審査請求人の住所または居所を所轄する労基署長または原処分をした労基署長を経由して申し立てることも可能である（労保審査令３条１項）。

## 2　労働保険審査会への再審査請求（章末の【労働保険再審査請求書】参照）

次に、労働保険審査官に対して行った審査請求に対して審査決定がなされ、その決定についてなお不服がある被災者等は、今度は労働保険審査会に対して再審査請求の申立てをすることができる（労災法38条１項）。

また、審査請求をした日の翌日から起算して３か月経過しても労働保険審査官による決定がないときは、決定を経ないで労働保険審査会に対して再審査請求の申立てをすることも可能である（労災法38条２項）。

この再審査請求は、審査請求と異なり必ず文書で行わなければならない（労保審査法39条）。そして、再審査請求ができる期間は、労働保険審査官の審査決定を受けた日の翌日から起算して２か月以内である（労保審査法38条１項）。労働保険審査会に直接行うほか、再審査請求人の住所または居所を所轄する労基署長または原処分をした労基署長を経由して申し立てることも可能である。また、決定をした審査官を経由して行うことも可能である（労保審査令23条１項・２項）。労働保険審査会は、両議院の同意を得て、厚生労働大臣が任命した９名（うち３名は非常勤とすることができる）の委員と事業主代表、労働者代表、それぞれ６名の参与で構成されている（労保審査法25条以下）。

## 3　裁決前置主義の変更

ある行政処分に対して審査請求と取消訴訟の２つの争訟手続が認められる場合に、この両者の優先関係をどのようにするかということについては、大別して不服申立前置主義と自由選択主義の２つの立場があり、行訴法８条１項は、処分の取消しの訴えは、その処分について法令の規定により審査請求ができる場合でも直ちに提起することができるとして自由選択主義を原則的に採用しながら、例外として、法律にその処分についての審査請求に対する裁決を経なければ処分の取消しの訴えを提起することができない旨の定めがある場合にはこの限りでないとしている。

そして、労災法旧40条は、保険給付に関する処分が大量に行われており行政の統一性を図る必要があること、処分の内容が専門的知識を要するものが多い上、保険給付に関する審査請求および再審査請求の審査機構が第三者性を持っていること、行政庁に対する不服申立てを前置する方が、訴訟費用・係争期間等を考慮すると簡易・迅速に国民の権利、利益の救済を図るのに有効である等の理由から、前者である不服申立前置主義を採用していた。しかし、平成26年の労災法改正を受けて、労災保険審査官への審査請求手続さえ経れば、労災保険審査会への再審査請求を行わなくとも取消訴訟の提起が可能となった（労災法新40条）。

また、労保審査法も改正を受けて、原処分をした行政庁への質問権（13条の３第４項）や資料の閲覧請求権（16条の３）が認められた。

なお、審査請求に対する決定について、労災保険審査会への再審査請求の手法をとることは、従前どおり可能である（労災法38条１項）。

保険給付に関する決定に対する不服申立てについては、一般法である行審法の手続とは異なる特殊の機関構成および手続を必要とすることから、前述の労保審査法が定められており、同法の手続と行審法の手続が重複する限りにおいて、行審法の適用が排除されることとならざるを得ない（労災法39条）。

審査請求または再審査請求は、少なくとも、支給決定を受けた保険給付の支払を受ける権利に関し、裁判上の請求と同様、時効中断の効力を生ずるが（労災法38条３項）、審査請求または再審査請求が却下されまたはこれを取り下げた場合には時効中断の効力は生じないことには注意を必要とする（民法149条）。

## Ⅱ　不支給処分取消行政訴訟

（章末の【訴状（遺族補償給付不支給処分取消請求事件）】参照）

### 1　原　則

前述の労災保険審査官への審査請求を行った上で、それでも、被災者等がその結果に不満である場合に初めて、処分をなした行政庁としての労基署長が所属する国を被告として処分取消訴訟を提起することができる（行訴法11条１項１号）。

### 2　例　外

審査請求があった日から３か月を経過しても決定がない場合には、審査請求が棄却されたものとみなすことができる（労災法38条２項）。

# Ⅲ　不支給処分取消訴訟への事業主の補助参加の可否

## 1　事業主の手続への関与の可否

### ⑴　労災審査手続

労災法上では、労災保険給付の申請が認められなかった場合、前述のとおり、労働保険審査官への審査請求、労働保険審査会への再審査請求という２回にわたる不服申立てを行うことができるが、この間の不服申立て手続には事業主の参加は認められていない。

### ⑵　事業主の情報提供等

ただし、事業主が、労基署の調査に協力したり、不支給事由の通報をすること自体は、それが不当な目的によらず、いわゆる真実相当性を有する限り、許されるし、これを端緒として、労基署の判断として、労災給付・不支給・支給取消等をなすことには、事業主の行為にも労基署の処分にも違法性は認められない（立川労基署長（ジャムコ〔休業補償〕）事件・東京地判平成18年２月23日労判914号38頁）。

## 2　不支給処分取消訴訟への事業主の参加（章末の【補助参加申出書】参照）

### ⑴　問題の所在

労災認定は、実際上、事業主のいわゆる労災民事責任を導きやすくし、あるいは、いわゆる労災上積み保険・補償制度等の適用要件となるなど、労災行訴の帰趨は事業主にとっても大いに事実上・法律上の利害関係を有するものである。にもかかわらず、事業主が労基署長を補助するため（以下「行政協力型」という）、または、労働者等を補助するため（以下「労働者等協力型」という）、当該取消訴訟に参加することの許否について従前あまり議論されていなかったが、最高裁は、レンゴー事件（最一小決平成13年２月22日労判806号12頁。以下「レンゴー事件決定」という）において、行政協力型について、初めて、一定の要件の下での参加を認め得るとの判断を示し注目された（同判決の分析の詳細については、岩出誠「労災認定をめぐる行政訴訟と事業主の補助参加の存否」労判820号５頁以下参照）。

### ⑵　レンゴー事件決定の意義と疑問点

#### ア　メリット制に基づく法律上の利害関係の認定

レンゴー事件決定は、労災行訴において、その中の事業主による行政協力型の訴訟類型についての事例についてのみの判断であるが、初めて、一定の要件の下での参加を認め得るとの判断を示したものである。同決定の指摘する一定の要件とは、端的にいえば、労徴法のメリット制（一定規模以上の事業について当該事業の過去３年間の労災保険給付の額に応じて次年度の保険料率を40パーセントの範囲で増減させる制度であり、災害発生防止のインセンティブとして認められた制度。労徴法12条３項）による保険料増額の可能性である。そこから、同決定は、当該事業の事業主は、労基署長を補助するために労災保険給付の不支給決定の取消訴訟に参加をすることが許されるとした。

これは、取消判決の拘束力を通じて、自己の権利関係に事実上の影響を受ける場合には補助参加の利益が認められるとする裁判実務における通説的見解に立脚するものと考えられるので、その結論には異論はないものの、問題は、労災行訴において、事業主の訴訟参加は、行政協力型の訴訟類型について、労徴法のメリット制による保険料増額の可能性のある場合に限られるかという点である。つまり、同決定によれば、この徴収法上のメリット制の適用を受けない中小零細企業においては、参加の利益が否定されることにならざるを得ないのである。

**イ　安全配慮義務違反等との関係に基づく法的利害関係の否定への疑問**

まず、同決定は、安全配慮義務違反による損害賠償を求める訴訟を提起された場合に不利益な判断がされる可能性があることをもって補助参加の利益（本案訴訟の結果についての法律上の利害関係）があるということはできないとし、その理由として、①本案訴訟における業務起因性についての判断は、判決理由中の判断である。②その理由は、「不支給決定取消訴訟と安全配慮義務違反に基づく損害賠償請求訴訟とでは、審判の対象及び内容を異にする」との極めて形式的な判示をしている。

しかし、現在の労災民事賠償事件の実態において、とりわけ業務との因果関係が問題となる過労死・過労自殺等においては、労災認定と損害賠償の関係は、社会的紛争の実態としても、法理論的にも、過労死認定新認定基準等の影響もあり、ますます密接不可分となっている。

いずれにせよ、とりわけ過労死等において、労災認定と事業主の損害賠償義務が、労働時間管理を中心とした健康配慮義務の問題と密接に絡んでくることは、古くから労災認定裁判例において明らかであるし（浦和労基署長事件・東京高判昭和54年７月９日労民30巻４号471頁、岩出誠著『社員の健康管理と使用者責任』152頁［労働調査会、平成16年］参照）、過労死等の各新認定基準を引き出した重要な契機が、それぞれ、恒常的長時間残業等を問題にした最高裁判決であったことからも自明のところと解さざるを得ないこと（電通事件・最二小判平成12年３月24日労判779号13頁、横浜南労基署長事件・最一小判平成12年７月17日労判785号６頁等参照）から考えれば、もう少し参加の利益を柔軟に判断すべき余地が十分にあり、同決定には再考の余地があるといわねばならないであろう（岩出・大系811頁以下）。

**【労働保険審査請求書】**

労働保険審査請求書

1　審査請求人
〒○○○－○○○○　○○県○○市○○町○○丁目○○番○○号
甲野　花子

2　審査請求人代理人
〒○○○－○○○○　○○県○○市○○町○○丁目○番地
○○○法律事務所
審査請求人代理人弁護士　丙野　三郎

3　原処分を受けた者の住所及び氏名　１に同じ

4　被災労働者　甲野　太郎

5　原処分に係る労働者が給付原因発生当時使用されていた事業場
（所在地）　○○県○○市○○町○○丁目○○番○○号
（名　称）　○○株式会社

6　審査請求人と被災労働者との続柄　　　　　　　妻
7　原処分をした労働基準監督署長
××労働基準監督署長　　××　××
8　原処分があったことを知った日　　　　　　　平成○年○月○日
9　審査請求の趣旨
「××労働基準監督署長が、平成○年○月○日付で審査請求人に対して行った労働者災害補償保険法による遺族補償給付に関する不支給処分は、これを取り消す」との決定を求める。
10　審査請求の理由
被災労働者は、平成○年○月○日、午後○○時○○分頃、自宅で心筋梗塞を発症し××救急病院に搬送後、翌日の午前○○時○○分に死亡したものであるが、発症の直前1か月は、システムエンジニアとして勤務する株式会社○○東京本店において連日深夜に及ぶ激務について月間の残業が180時間を超えていたものであるから、その心筋梗塞による死亡は過労によったものであり、業務上である。
11　原処分をした労働基準監督署長の教示
あり（内容）　3か月以内に審査請求ができる
12　証拠
追って提出する。

上記のとおり審査請求する。
平成○年○月○日
審査請求人代理人　弁護士　丙野　三郎
××労働者災害補償保険審査官　殿

**【労働保険再審査請求書】**

労働保険再審査請求書

1　再審査請求人
〒○○○－○○○○　○○県○○市○○町○○丁目○○番○○号
甲野　花子
2　再審査請求人代理人
〒○○○－○○○○　○○県○○市○○町○○丁目○番地
○○○法律事務所
審査請求人代理人弁護士　丙野　三郎
3　原処分を受けた者の住所及び氏名　　　　　1に同じ
4　原処分を受けた者が原処分に係る労働者以外のものである時は、当該労働者の氏名
5　原処分に係る労働者が給付原因発生当時使用されていた事業場
（所在地）　○○県○○市○○町○○丁目○○番○○号
（名　称）　○○株式会社
6　再審査請求人が原処分に係る労働者以外のものであるときは、当該労働者との関係
妻
7　原処分をした労働基準監督署長
××労働基準監督署長　　××　××
8　原処分があったことを知った日　　　　　　平成○年○月○日
9　決定をした労働者災害補償保険審査官の氏名
労働者災害補償保険審査官　××　××
10　決定書の謄本の送付を受けた年月日　　　　平成○年○月○日
11　再審査請求の趣旨
「××労働者災害補償保険審査官が、平成○年○月○日付で審査請求人に対して行った決定は、これを取り消す」との決定を求める。

12　再審査請求の理由

被災労働者は、平成○年○月○日、午後○○時○○分頃、自宅で心筋梗塞を発症し××救急病院に搬送後、翌日の午前○○時○○分に死亡したものであるが、発症の直前1か月は、システムエンジニアとして勤務する株式会社○○東京本店において連日深夜に及ぶ激務について月間の残業が180時間を超えていたものであるから、その心筋梗塞による死亡は過労によったものであり、業務上である。にもかかわらず、××労働者災害補償保険審査官が、平成○年○月○日付で審査請求人に対して行った決定は、事実認定あるいは法律上の解釈を誤り、審査請求人の請求を認めておらず、違法な処分であることは明らかである。

13　決定分をした労働者災害補償保険審査官の教示の有無と内容

あり　内容→「この決定に不服があるときは、この決定書の謄本が送付された日の翌日から起算して60日以内に労働保険審査会に再審査請求することができる。」

14　証拠（審理のための処分を必要とするときは、処分の内容並びにその主文を申し立てる趣旨及び理由）

追って提出する。

以上のとおり、再審査請求する。

平成○年○月○日

再審査請求人（法人であるときは、名称及び代表者の氏名、代理人であるときは代理人の氏名）

審査請求人代理人　弁護士　丙野　三郎

××労働保険審査会会長　殿

**【訴状（遺族補償給付不支給処分取消請求事件）】**

訴　状

〒○○○－○○○○　東京都○○区○○○○丁目○○番○○号

原　告　○　○　○　○

（送達場所）

〒○○○－○○○○　東京都○○区○○○○丁目○○番○○号

○○ビル○階

○○法律事務所

原告訴訟代理人　弁護士　○　○　○　○

〒100－0013　東京都千代田区霞が関一丁目1番1号

被　告　　　国

代表者法務大臣　○　○　○　○

東京地方裁判所民事部　御中

遺族補償給付不支給処分取消請求事件

訴訟物の価額　○○○○円

貼用印紙額　　○○○○円

第1　請求の趣旨

1　××労働基準監督署長が原告に対して平成○年○月○日付でした労働者災害補償保険法に基づく遺族補償給付を支給しない旨の処分を取り消す

2　訴訟費用は被告の負担とする

との判決を求める。

第2　請求の原因

1　事案の概要

(1)　原告の夫である○○○○（以下、「被災者」という。）は、××株式会社にシステムエンジニアとして稼働する労働者であったところ、平成○年○月○日、午後○○時○○分頃、自宅で心筋梗塞を発症し、搬送先の××救急病院で翌日の午前○○時○○分頃死亡した。

被災者は、心筋梗塞発症の直前1か月は、システムエンジニアとして連日深夜に及ぶ激務をこなし、月間の残業が180時間を超えていたものであるから、その心筋梗塞による死亡は過労によったものであり、業務上であったことは明らかである。

(2)　被災時の状況〈略〉

2　被災者の業務内容〈略〉

3　被災者の業務の加重性

(1)　××株式会社の所定労働時間は、午前9時から午後6時までであったが、被災者の労働実態は過酷なものであり、帰宅時刻はほぼ毎日、午前2時前後であり、休日勤務も頻繁にあり、休日は月に1～2日くらいしか取れない激務状態であった。

被災者の発症前6か月には、特に参加していたプロジェクトが大詰めを迎えており、その責任者としての被災者の勤務状況は激務を極め、その労働時間数等は、以下のとおりであった。

〈略〉

(2)　被災者の症状等〈略〉

4　本件処分の存在と審査請求

被災者の妻である原告は、被災者の死亡が業務上の事由によるものであるとして、××労働基準監督署長に対し、遺族補償給付の請求を行ったところ、同労働基準監督署長は、平成○年○月○日、被災者の死亡は業務上の事由によるものとは認められないとして、不支給の処分（本件処分）をした。

原告は、本件処分の取消しを求めて、××県労働者災害補償保険審査官に対し平成○年○月○日付で審査請求をしたが平成○年○月○日付で請求を棄却する旨の決定を受けた。そこで原告は、労働保険審査会に対し、平成○年○月○日付で本件処分につき再審査請求をしたが、同日から3か月以上を経過した現在に至るも決定がされていない。

第3　結語

被害者の死亡は、業務上の事由によるものであり、××労働基準監督署長がした本件処分は違法である。

よって、原告は、行政事件訴訟法8条2項1号に基づき、××労働基準監督署長がした本件処分の取消しを求めて、本訴訟を提起する次第である。

証拠方法

〈省略〉

附属書類

1　訴状副本　1通

2　甲号証の写し　各1通

3　訴訟委任状　1通

以上

**【補助参加申出書】**

平成○○年（○）第○○○○号　○○○請求事件

原　告　○○○○○

被　告　　国

補助参加申出書

〒○○○－○○○○　東京都○○区○○○○丁目○○番○○号

補助参加人　○　○　○　○

（送達場所）

〒○○○－○○○○　東京都○○区○○○○丁目○○番○○号

○○ビル○階

○○法律事務所

補助参加人訴訟代理人　弁護士　○　○　○　○

○○地方裁判所民事第○○部　御中

参加の趣旨

頭書事件について、被告を補助するため、この訴訟に参加する。

参加の理由

申出人は、上記事件において、原告が勝訴した場合、補助参加人は、労働保険の保険料の徴収等に関する法律12条３項により次年度以降の保険料が増額される可能性があることから、上記訴訟の結果につき利害関係があるので、被告を補助するため本申出をする。

攻撃方法の提出

申出人は、上記参加の申出をすると同時に、被告の従来の主張を援用し、準備書面及び証拠方法は追って提出する。

添付資料

1　補助参加申出書副本　２通
2　訴訟委任状　１通

以上

【弁護士　中村 仁恒】

# 第９章

# 公務員の公務災害補償制度と民事賠償請求の概要

# Ⅰ　地方公務員公務災害補償制度の概要と留意点

地公災法は、地方公務員が、公務上の災害（負傷、疾病、障害または死亡）または通勤災害を受けた場合に、その職員または遺族に対して補償を行い、これらの者の生活の安定と福祉の向上に寄与することを目的としている（地公災法１条）。地公災法は、常勤の地方公務員に対する公務災害・通勤災害の補償について定めるものであるが、民間労働者に対する労災法、国家公務員に対する国公災法に対応するものである。

かつて、地方公共団体ごとに細分化されていた補償の実施体制について、統一的で迅速かつ構成な補償の実施を確保するため、職員の災害について、地公災法に基づく、補償義務等を履行する機関として、地方公務員災害補償基金を設立し、公務上外の認定、補償および福祉事業の実施を行っている。そして、その活動と補償に必要な財源は、地方公共団体の負担金により賄われている。

地公災制度の特徴としては、以下の点が挙げられる。

①　故意・過失を問わず、使用者に無過失責任を課していること

②　公務との間に相当因果関係が必要となること

③　補償の対象は、身体的損害に限られ、精神的損害である慰謝料等は含まれないこと、また、療養給付や介護給付を除き、あらかじめ定められた基準に従い、典型的な内容で補償が行われること、無過失責任主義であることを前提として、療養給付・介護給付を除き、損害の一定割合分を塡補すること

④　原則として、実損害の補償ではなく、定型的、定率的補償であること

⑤　すべての常勤職員を対象とすること

⑥　補償を行うのは、任命権者の補償を代行する基金であること

⑦　補償を実施する費用は地方公共団体からの負担金によって賄われているものであること

⑧　請求主義がとられていること

以下、詳しく検討していく。

## 1　適用対象

地公災法は、常勤の職員については、一般職であるか特別職であるかを問わず、すべての職員に適用されるほか、一定の常勤的非常勤職員についても適用される（地公災法２条１号で、地方公務員のうちその勤務形態が常時勤務に服することを要する地方公務員に準ずる者で、政令で定めるものを含むとされている）。また、再任用短時間職員も対象とされている。これに対し、非常勤の職員については、勤務実態が多様であって、災害補償の内容を一律に定めることが困難であることから、各地方公共団体の条例に委ねることとされている（地公災法69条１項）。その内容は、地公災法や労災法で定める内容と均衡をとって行うべきものとされている。

地方公務員であっても、地公災法の適用を受ける常勤職員、労災保険法の適用を受ける地方公営企業の非常勤職員、地公災法に基づく条例の適用を受ける地方議員等に分かれて

いる。これに対し、国家公務員に適用される国公災法は、一般職に属する公務員に適用されるとされており、一般府省に勤務する現業非現業の職員・特定独立行政法人の職員、これらに勤務する非常勤職員など、特別職以外のすべての国家公務員が対象となっている。

## 2　災害とは

地公災法において、災害とは、負傷、疾病、障害または死亡をいう。

### ⑴　公務災害

地公災法が対象とする公務上の災害（以下「公務災害」という）と認定されるためには、「公務遂行性」および「公務起因性」の２つの要件を満たす必要がある。

公務遂行性とは、任命権者の支配下にある状況で災害が発生したことをいい、公務起因性とは、公務と災害の間に相当因果関係があることをいう。

この点、職務遂行中や、研修中または健康診断を受診中の被災、あるいは、職務遂行に伴う合理的行為中の被災による負傷等は、「公務遂行性」、「公務起因性」ともに認められ、公務災害といえることは明らかである。

公務運営上の必要により、入居が義務付けられている宿舎において、宿舎の瑕疵により発生した負傷は公務災害となる。また、職務遂行に伴う怨恨によって、第三者から加害され、発生した負傷も公務災害となる。さらに、任命権者が計画、実施したレクリエーションへの参加中に負傷した場合にも、公務遂行性があり、公務災害に当たるとされている。

なお、過労死自殺の判断基準について、地方公務員については、「精神疾患に起因する自殺の公務災害の認定について」（平成11年９月14日地基補173号）や、「公務上の災害の認定基準について」（平成24年３月16日地基補61号）が適用される。これは、民間の企業に勤める者については、「心理的負荷による精神障害の認定基準について」（平成23年12月26日基発1226第１号）が適用されるが、基本的な考え方は類似している。

近時の裁判例として、うつ病による自殺の公務起因性を肯定した地公災基金愛知県支部長（A市役所職員・うつ病自殺）事件・最二小判平成24年２月22日労判1041号97頁や、地公災基金静岡県支部長（磐田市立J小学校）事件・東京高判平成24年７月19日労判1059号59頁などがある。

### ⑵　通勤災害

通勤とは、職員が、勤務のため、①住居と勤務場所との間の往復、②一の勤務場所から他の勤務場所への移動その他の総務省令で定める就業の場所から勤務場所への移動、③①の往復に先行し、または後続する住居間の移動（総務省令で要件が限定されている）を合理的な経路および方法により行うことをいい、公務の性質を有するものを除くとされている（地公災法２条２項）。公務の性質を有する出勤途上で被災した場合は、公務災害に該当することになる。なお、単身赴任先と自宅との往来についても通勤災害と認められている（同条同項３号）。

したがって、その往復の経路を逸脱し、またはその往復を中断した場合には、当該逸脱または中断の間、およびその後の往復中の災害は、通勤災害にはならないとされている（地公災法２条３項本文）。公務の性質を有する出勤途上で被災した場合は、公務災害に該当するとされている。

ただし、当該逸脱または中断が日常生活上必要な行為であって、総務省令で定めるものをやむを得ない事由により行うための最小限度のものである場合は、当該逸脱または中断の間に生じた災害を除き、通勤災害となる（同条項ただし書）。この、日常生活上必要な行為であって、総務省令で定めるやむを得ないものとは、日常品の購入や、理髪店に行く場合、学校または公共職業能力開発施設における職業訓練を受ける場合、病院・診療所等に行く場合、選挙権の行使をする場合等である。

通勤災害とは、以上の「通勤」に直接起因し、または相当因果関係をもって発生した負傷、疾病、障害または死亡をいう。

例えば、通勤途上で、自動車と衝突して負傷した場合、駅の階段から転落して負傷した場合、電車にはねられて死亡した場合は、通勤災害に当たる。他方、通勤途上で、私的な怨恨によって暴行を受け、負傷した場合は通勤災害とはならない。

## 3　補償の内容

地公災制度における補償には、①療養補償（地公災法27条）、②休業補償（同28条）、③傷病補償年金（同28条の２）、④傷害補償（年金、一時金）（同29条）、⑤介護補償（同30条）、⑥遺族補償（年金、一時金）（同31条～41の２条）、⑦葬祭補償（同42条）、⑧障害補償年金差額一時金（同附則５条の２）、⑨障害補償年金前払一時金（同附則５条の３）、⑩遺族補償年金前払一時金（同附則６条）がある。

### ⑴　療養補償

療養補償とは、公務上または通勤により被災した職員に対し、必要な療養を行い（現物給付）、または必要な療養の費用を支給するもの（現金補償）をいう（地公災法26条）。療養の範囲は、①診察、②薬剤または治療材料の支給、③処置、手術その他の治療、④居宅における療養上の管理およびその療養に伴う世話その他の看護、⑤病院または診療所への入院およびその療養に伴う世話その他の看護、⑥移送をいい、療養上相当であると認められるものをいう（地公災法27条）。

### ⑵　休業補償

職員が公務上負傷し、もしくは疾病にかかり、または通勤により負傷し、もしくは疾病にかかり療養のため勤務することができない場合において、給与を受けないときは、休業補償として、その勤務することができない期間につき、平均給与額の60％に相当する金額を支給するものとされている（地公災法28条）。

この「平均給与額」とは、災害発生の日の属する月の前月の末日から起算して過去３か月間にその職員に対して支払われた給与の総額を、その期間の総日数で除して得た額をいう（地公災法２条４項本文）。

### ⑶　傷病補償年金

職員が公務上負傷し、もしくは疾病にかかり、または通勤により負傷し、もしくは疾病にかかり、当該負傷または疾病に係る療養の開始後１年６か月を経過した日において、①当該負傷または疾病が治っていないこと、かつ、②障害の程度が傷病等級表の第１、２、３級の傷病等級に該当するときに、その状態が続いている期間、その等級に応じて傷病補償年金が支給される（地公災法28条の２）。

### ⑷　障害補償

職員が公務上負傷し、もしくは疾病にかかり、または通勤により負傷し、もしくは疾病にかかり、治ったときに障害等級表に定める障害が残った場合、その障害の程度に応じて、第１級から第７級までは、障害補償年金が支給され、第８級から第14級までは障害補償一時金が支給される（地公災法29条）。

### ⑸　介護補償

傷病補償年金または障害補償年金を受ける権利を有する者が、当該傷病補償年金または傷害補償年金を支給すべき事由となった障害であって、総務省令で定める程度のものにより、常時または随時介護を受けている場合に、当該介護を受けている期間、通常要する費用を考慮して、総務大臣が定める金額が介護補償として支給される（地公災法30条の２）。

### ⑹　遺族補償

職員が公務上死亡し、または通勤により死亡した場合においては、職員の遺族に対して、遺族補償年金または、遺族補償一時金が支給される（地公災法31条）。

### ⑺　葬祭補償

職員が公務上死亡し、または通勤により死亡した場合においては、葬祭を行う者に対して、葬祭補償として、通常葬祭に要する費用を考慮して、政令で定める額が支給される（地公災法42条）。

### ⑻　障害補償年金差額一時金

当分の間、障害補償年金を受ける権利を有する者が死亡した場合において、既に支給した年金および前払一時金の額の合計額が一定の額に満たないときには、その遺族に対しその差額が、傷害補償年金差額一時金として支給される（地公災法附則５条の２）。

### ⑼　障害補償年金前払一時金

当分の間、障害補償年金を受ける権利を有する者が総務省令で定めるところにより申し出たときは、補償として、障害補償年金前払一時金の支給を受けることができる（地公災法附則５条の３）。

### ⑽　遺族補償年金前払一時金

当分の間、遺族補償年金を受ける権利を有する遺族が、総務省令で定めるところにより申し出たときは、その者が受けることができる年金の一部を、遺族補償年金前払一時金として支給を受けることができる（地公災法附則６条）。

## 4　申請手続

地公災法に基づく補償は、当該補償を受けるべき職員もしくは遺族または葬祭を行う者の請求に基づいて行われる（地公災法25条２項）（請求主義）。

ただし、傷病補償年金は請求を待たずに行われる。

被災職員またはその遺族等は、基金の支部長に対し、任命権者を経由して、その災害が公務、通勤により生じたものであるとの認定請求を行い、これとあわせて傷病補償年金を除く補償の請求を行う（地公災法45条）。任命権者は請求内容を点検して、所要の説明を行うとともに、公務災害または通勤災害の認定請求について意見を付した上で支部長に送付する。

支部長は、認定請求の内容を審査の上、速やかに認定し、その結果を請求者および任命権者に通知するとともに、公務災害・通勤災害と認定したものについては補償の決定とその通知を行い、補償の給付を行う。

補償を受ける権利は、2年間行わないときは、時効によって消滅する。なお、障害補償および遺族補償については、5年間行わないときは、時効によって消滅する（地公災法63条）。

### 5　不服申立て

基金の従たる事務所の長（以下「支部長」という）が行う補償に関する決定に不服がある者は、地方公務員災害補償基金各県支部審査会（以下「支部審査会」という）に対して、審査請求をすることができる（地公災法51条2項）。

補償に関する決定には、公務外、通勤災害該当、非該当の認定や、療養補償の決定、休業補償の決定、傷病補償年金の決定または等級決定等がある。審査請求は、決定があったことを知った日の翌日から起算して3か月以内にしなければならない（行審法18条1項本文）。

そして、支部審査会の裁決について不服がある者は、地方公務員災害補償基金審査会（以下「審査会」という）に対する再審査請求をすることができる（地公災法51条2項）。この再審査請求は、裁決があったことを知った日の翌日から1か月以内にしなければならない（行審法62条1項本文）。

審査会または支部審査会の裁決によって支部長の決定が取り消された場合、支部長は、裁決の趣旨に従って改めて補償に関する決定をすることになる。

支部審査会の裁決について不服がある者または審査会の裁決を経てもなお不服がある者は、行政事件訴訟法の定めるところにより、取消しの訴えを提起することができる。この訴え提起は、支部審査会または審査会の裁決があったことを知った日の翌日から起算して6か月以内にしなければならない（行訴法14条1項）。この場合、地方公務員災害補償基金を被告として、基金本部または支部長の所在地を管轄する地方裁判所に訴えを提起することになる。

なお、支部長が行う補償に関する決定に不服があっても、直ちに取消しの訴えを提起することはできず、審査請求をして、審査会または支部審査会の裁決を経た後でなければならない（地公災法56条）。

## Ⅱ　国家公務員公務災害補償制度の概要と留意点

### 1　国家公務員災害補償法の適用

国家公務員には国公災法が適用される。

国公災法も、国家公務員法2条に規定する一般職に属する職員（未帰還者留守家族等援護法17条1項に規定する未帰還者である職員を除く）の公務上の災害（負傷、疾病、障害または死亡をいう）または通勤による災害に対する補償を迅速かつ公正に行い、あわせて公務上の災害または通勤による災害を受けた職員（以下「被災職員」という）の社会復帰の促進ならびに被災職員およびその遺族の援護を図るために必要な事業を行い、もって被災職員およびその遺族の生活の安定と福祉の向上に寄与することを目的として制定された法律である（国公災法１条）。

国公災法は、民間労働者に対する労災法、地方公務員に対する地公災法に対応するものであり、民間労働者、国家公務員、地方公務員について、実際上は同様の補償制度が確立されている。したがって、地方公務員の場合と同様、故意・過失を問わず、使用者に業務起因性と業務遂行性があれば責任を負わせるという無過失責任を課していること、公務との間に相当因果関係が必要となること、補償の対象は、身体的損害に限られ、精神的損害である慰謝料等は含まれないこと、原則として、実損害の補償ではなく、定型的、定率的補償であること、すべての一般職の公務員が対象であること等が特徴として挙げられる。

なお、地方公務員法45条４項においては、公務災害についての補償に関する制度は、法律によって定めるものとし、当該制度については、国の制度との間に均衡を失わないよう十分考慮が払われなければならないとされている。

そして、国家公務員の場合は、省庁ごとに取扱規定が詳細に定められている。

## 2　地公災法との対比

### ⑴　適用対象

国公災法は、前述１のとおり、国家公務員法２条に規定される一般職に属する公務員に適用される（国公災法１条）。一般府省に勤務する現業非現業の職員・特定独立行政法人の職員、これらに勤務する非常勤職員など、特別職以外のすべての国家公務員が包含される。これに対し、前述Ⅰ１のとおり、地公災法においては、一部の非常勤職員しか、法律上は対象となっていない。なお、特別職に属する公務員にも地公災法は適用されている。

### ⑵　公務災害

国公災法において対象となる災害については、地公災法と同様の規定となっている。国公災法でも、負傷、疾病、障害または死亡を対象としており、物的な損害や、精神的な損害は対象とされていない（国公災法１条）。

また、国公災法の場合にも、公務災害とされるためには、「公務遂行性」および「公務起因性」の２つの要件を満たすことが必要となる。「公務起因性」に関しては、判例上も、国家公務員災害補償法上の「『職員が公務上死亡した場合』は、職員が公務に基づく負傷又は疾病に起因して死亡した場合をいい、右負傷又は疾病と公務との間には相当因果関係のあることが必要であり、その負傷又は疾病が原因となって死亡事故が発生した場合でなければならない」と判示している（最二小判昭和51年11月12日判時837号34頁）。加えて、通勤災害も、①住居と勤務場所との間の往復、②一の勤務場所から他の勤務場所への移動その他人事院規則で定める就業の場所から勤務場所への移動、③①の往復に参考し、または後続する住居間の移動（人事院規則で要件を限定）を合理的な経路および方法により行うことをいい、公務の性質を有するものを除くとされている（国公災法１条の２第１項）。その往復の経路を逸脱し、または、その往復を中断した場合には、当該逸脱または中断の間、およびその往復中の災害は通勤災害にはならないとされており、逸脱または中断が、日常生活上必要な行為であって、人事院規則で定めるものをやむを得ない事由により行うための最小限度のものである場合は、当該逸脱または中断の間に生じた災害を除き、通勤災害となる（国公災法１条の２第２項）。

### ⑶　補償の内容

国公災制度における補償も地公災制度の補償と同様、①療養補償（国公災法10条、11条）、②休業補償（同12条、４条）、③傷病補償年金（同12条の２）、④傷害補償（年金、一時金）（同13条）、⑤介護補償（同14条の２）、⑥遺族補償（年金、一時金）（同15条〜17条）、⑦葬祭補償（同18条）、⑧傷害補償年金差額一時金（同附則４項）、⑨障害補償年金前払一時金（同附則８項）、⑩遺族補償年金前払一時金（同附則12項〜15項）がある。

#### ア　療養補償

療養補償とは、公務上または通勤により被災した職員に対し、必要な療養を行い（現物給付）、または必要な療養の費用を支給するもの（現金補償）をいう（国公災法10条）。療養の範囲は、①診察、②薬剤または治療材料の支給、③処置、手術その他の治療、④居宅における療養上の管理およびその療養に伴う世話その他の看護、⑤病院または診療所への入院およびその療養に伴う世話その他の看護、⑥移送をいい、療養上相当であると認められるものをいう（国公災法11条）。

#### イ　休業補償

職員が公務上負傷し、もしくは疾病にかかり、または通勤により負傷し、もしくは疾病にかかり療養のため勤務することができない場合において、給与を受けないときは、休業補償として、その勤務することができない期間につき、平均給与額の60％に相当する金額を支給するものとされている（国公災法12条）。

この「平均給与額」とは、災害発生の日の属する月の前月の末日から起算して過去３か月間にその職員に対して支払われた給与の総額を、その期間の総日数で除して得た額をいう（国公災法４条）。

#### ウ　傷病補償年金

職員が公務上負傷し、もしくは疾病にかかり、または通勤により負傷し、もしくは疾病にかかり、当該負傷または疾病に係る療養の開始後１年６か月を経過した日において、①当該負傷または疾病が治っていないこと、かつ、②障害の程度が傷病等級表の第１、２、３級の傷病等級に該当するときに、その状態が続いている期間、その等級に応じて傷病補償年金が支給される（国公災法12条の２）。

#### エ　障害補償

職員が公務上負傷し、もしくは疾病にかかり、または通勤により負傷し、もしくは疾病にかかり、治ったときに障害等級表に定める障害が残った場合、その障害の程度に応じて、第１級から第７級までは、障害補償年金が支給され、第８級から第14級までは障害補償一時金が支給される（国公災法13条）。

#### オ　介護補償

傷病補償年金または障害補償年金を受ける権利を有する者が、当該傷病補償年金または傷害補償年金を支給すべき事由となった障害であって、人事院規則で定める程度のものにより、常時または随時介護を受けている場合に、当該介護を受けている期間、通常要する費用を考慮して、総務大臣が定める金額が介護補償として支給される（国公災法14条の２）。

#### カ　遺族補償

職員が公務上死亡し、または通勤により死亡した場合においては、職員の遺族に対して、遺族補償年金または遺族補償一時金が支給される（国公災法15条～17条）。

### キ　葬祭補償

職員が公務上死亡し、または通勤により死亡した場合においては、葬祭を行う者に対して、葬祭補償として、通常葬祭に要する費用を考慮して、政令で定める額が支給される（国公災法18条）。

### ク　障害補償年金差額一時金

当分の間、障害補償年金を受ける権利を有する者が死亡した場合において、既に支給した年金および前払一時金の額の合計額が一定の額に満たないときには、その遺族に対しその差額が、傷害補償年金差額一時金として支給される（国公災法附則４）。

### ケ　障害補償年金前払一時金

当分の間、障害補償年金を受ける権利を有する者が人事院規則で定めるところにより申し出たときは、補償として、障害補償年金前払一時金の支給を受けることができる（国公災法附則８）。

### コ　遺族補償年金前払一時金

当分の間、遺族補償年金を受ける権利を有する遺族が、人事院規則で定めるところにより申し出たときは、その者が受けることができる年金の一部を、遺族補償年金前払一時金として支給を受けることができる（国公災法附則12項～15項）。

## ⑷　手　続

まず、地公災法においては、補償を行うのは、任命権者の補償を代行する基金であるのに対し、国公災法においては、人事院と実施機関たる各府省等がその実施の責めに任ずるものとされている（国公災法３条）。

実施機関は、国公災法および人事院が定める方針、基準、手続規則および計画に従って、補償の実施を行わなければならないとされている（国公災法３条３項）。そして、実施機関が責務を行った場合等は、人事院はその是正のため必要な指示を行うことができるとされている（国公災法３条４項）。

地方公務員災害補償制度が、地方公務員の場合は、地方公務員災害補償基金の該当する支部の支部長に対して公務上の災害であるとの認定請求をするという手続を踏み、請求主義をとっているのに対し、国家公務員の場合は、少し手続が異なる。国家公務員の場合、職員が公務災害または通勤による災害を受けた場合においては、実施機関は、補償を受けるべき者に対して、その者が国公災法によって、権利を有する旨を速やかに通知しなければならないとされている（国公災法８条）。すなわち、被災職員等からの請求を待つことなく、国（実施機関）が自ら、公務災害であるかの認定を行い、公務災害と認定した場合は、被災職員等に対して速やかに通知する義務を負うという考え方に基づいて、補償が実施されている。

## ⑸　不服申立て

認定に不服がある場合には人事院に対して審査の申立てができる。

実施機関の行う公務上の災害または通勤による災害の認定、療養の方法、補償金額の決定その他、補償の実施について不服がある者は、人事院規則に定める手続に従い、人事院に対し、審査を申し立てることができるとされている（国公災法24条１項）。そして、この申立てがあったときは、人事院は速やかにこれを審査して、判定を行い、これを本人およびその者に係る実施機関に通知しなければならないとされている（国公災法24条２項）。特別職の国家公務員についても、これに準じた不服申立措置が可能である。

ただし、公務上、外の認定は行政処分とは解釈されていないため、時効にかからない限り、審査の申立期間の制限はなく、また、公務外とされたときには、国家公務員法に基づく法定補償額の支払を求めて直接訴訟を裁判所へ提起することも可能である。この点が、国公災法の大きな特徴といえる。

## Ⅲ　公務員の公務災害における民事賠償請求事件対応上の留意点

### 1　民事賠償請求

公務員の場合でも、一般の労働者と同様、地公災法、国公災法における損害賠償請求とは別に、被災公務員およびその遺族は、民事上の損害賠償請求をすることができる。

国の安全配慮義務違反による債務不履行に基づく損害賠償請求、不法行為に基づく損害賠償請求として、国家賠償請求等ができる。

判例では、自衛隊員が作業中に同僚自衛隊員の運転する大型自動車に轢かれ即死し、両親に対して、国公災法に基づく補償金が支給されたが、その額に両親が不満であったので、使用者である国に対して自賠法３条に基づき損害賠償を請求した事案について、国は、公務員に対し、公務遂行のために必要となる施設や器具等の設置管理に当たって、または、公務員が国あるいは上司の指示の下に遂行する公務の管理に当たって、「公務員の生命及び健康等を危険から保護するよう配慮すべき義務（以下「安全配慮義務」という。）を負っているもの」とされ、この義務に国が違反した場合には、公務員に損害賠償請求権が発生することを認めたものがあり（陸上自衛隊八戸車両整備工場事件・最三小判昭和50年２月25日民集29巻２号143頁）、この判例により、安全配慮義務の判例法理が確立された。

安全配慮義務違反を主張する場合において、原告は、通常の民間の労働者と同様、安全配慮義務違反の内容を特定し、かつ、義務違反に該当する事実を主張立証する必要がある。また、負傷、疾病または死亡が労働者の業務従事によって生じたと認めるのが相当であること、すなわち、相当因果関係が存在することを立証する必要がある。

### 2　調整の規定の存在

損害賠償請求が認められる場合でも、地公災法、国公災法で支払を受けた限度で、これらは損害賠償額から控除される。すなわち、地公災法、国公災法による給付の限度を超える損害については、国、地方公共団体基金も、民法上の損害賠償の責めを免れない。

具体的には、国や地方公共団体災害補償基金が、国賠法、民法その他の法律による損害賠償の責めに任ずる場合において、国公災法による補償を行ったときは、同一の事由については、国は、その価格の限度においてその損害賠償の責めを免れる（国公災法５条１項、地公災法58条１項）。この場合において、補償を受けるべき者が、同一の事由につき、国賠法、民法その他の法律による損害賠償を受けたときは、国、地方公共団体災害補償基金は、その価格の限度において、補償の義務を免れる（国公災法５条２項、地公災法58条２項）。

また、国、地方公共団体災害補償基金は、補償の原因である災害が第三者の行為によって生じた場合に、補償を行ったときは、その価格の限度において補償を受けたものが第三者に対して有する損害賠償請求権を取得する（国公災法６条１項、地公災法59条１項）。

さらに、この場合において、補償を受けるべき者が当該第三者から同一の事由につき損害賠償を受けたときは、国、地方公共団体災害補償基金は、その価格の限度において補償の義務を免れるとされている（国交災法６条２項、地公災法59条２項）。

【弁護士　難波 知子】

# 事項別索引

【け】



【こ】



【さ】



【し】

# 裁判例年月日別索引

| 年月日 | 裁判所 | 掲載文献 | 事件名 | 本文登載頁 |
|---|---|---|---|---|
| 昭和41年4月20日 | 最大判 | 民集20巻4号702頁 | | 207 |
| 昭和45年3月26日 | 最一小判 | 民集24巻3号165頁 | | 194 |
| 昭和49年9月2日 | 最一小判 | 民集28巻6号1135頁 | | 034 |
| 昭和50年2月25日 | 最三小判 | 民集29巻2号143頁 | 陸上自衛隊八戸車両整備工場事件 | 126、134、226 |
| 昭和50年6月24日 | 前橋地判 | 訟月21巻8号1712頁 | 高崎労基署事件 | 034 |
| 昭和51年11月12日 | 最二小判 | 判時837号34頁 | | 225 |
| 昭和52年10月25日 | 最三小判 | 民集31巻6号836頁 | 三共自動車事件 | 147、178、202 |
| 昭和54年7月9日 | 東京高判 | 労民30巻4号471頁 | 浦和労基署長事件 | 213 |
| 昭和55年2月18日 | 大阪地判 | 労判338号57頁 | 大阪府立中宮病院松心園事件 | 131 |
| 昭和55年12月18日 | 最一小判 | 民集34巻7号888頁 | 鹿島建設・大石塗装事件 | 134、144、146 |
| 昭和56年2月16日 | 最二小判 | 民集35巻1号56頁 | 航空自衛隊芦屋分遣隊事件 | 002、134 |
| 昭和57年11月5日 | 佐賀地判 | 労判397号10頁 | 佐賀労基署長事件 | 034 |
| 昭和57年12月24日 | 東京地判 | 労判403号68頁 | 新聞輸送事件 | 005 |
| 昭和58年4月20日 | 浦和地判 | 労判412号26頁 | 所沢労基署長事件 | 035 |
| 昭和58年9月21日 | 名古屋高金沢支判 | 労民34巻5＝6号809頁 | 福井労基署長事件 | 033 |
| 昭和58年10月4日 | 京都地判 | 労判426号64頁 | 日本陶料事件 | 130 |
| 昭和59年4月10日 | 最三小判 | 民集38巻6号557頁 | 川義事件 | 002、004、127 |
| 昭和62年7月10日 | 最二小判 | 労判507号6頁 | 青木鉛鉄事件 | 140、143、147 |
| 平成元年4月11日 | 最三小判 | 労判546号16頁 | 高田建設事件 | 146 |
| 平成元年4月27日 | 最一小判 | 民集43巻4号278頁 | 三共自動車事件 | 005 |
| 平成元年5月8日 | 札幌高判 | 労判541号27頁 | 札幌労基署長（札幌市農業センター）事件 | 058 |
| 平成3年3月22日 | 東京地判 | 労判586号19頁 | 空港グランド・サービス・日航事件 | 130 |
| 平成3年4月11日 | 最一小判 | 労判590号14頁 | 三菱重工神戸造船所事件 | 134 |
| 平成3年10月25日 | 最二小判 | 判時1405号29頁 | 大塚鉄工・武内運送事件 | 135 |
| 平成5年3月24日 | 最大判 | 民集47巻4号3039頁 | | 147、202 |
| 平成6年2月22日 | 最二小判 | 民集48巻2号441頁 | 日鉄鉱業事件 | 157、206 |
| 平成6年6月30日 | 福岡高判 | 判タ875号130頁 | 佐伯労基署長（けい肺・自殺）事件 | 044 |
| 平成7年7月31日 | 神戸地姫路支判 | 労判688号59頁 | 石川島興業事件 | 131 |
| 平成8年1月23日 | 最三小判 | 労判687号16頁 | 町田高校事件 | 032 |
| 平成8年2月23日 | 最二小判 | 民集50巻2号249頁 | コック食品事件 | 148、202 |
| 平成8年3月28日 | 東京地判 | 労判692号13頁 | 電通事件 | 137、146 |
| 平成8年4月26日 | 青森地弘前支判 | 労判703号65頁 | 東映視覚事件 | 151 |
| 平成9年1月28日 | 最三小判 | 判タ934号216頁 | | 156 |
| 平成9年3月18日 | 岐阜地御嵩支判 | 判タ953号224頁 | | 156 |
| 平成9年9月26日 | 東京高判 | 労判724号13頁 | 電通事件 | 138、146 |
| 平成9年10月29日 | 大阪地判 | 労判728号72頁 | 岸和田労基署長事件 | 044 |
| 平成10年2月23日 | 岡山地倉敷支判 | 労判733号13頁 | 川崎製鉄事件 | 137、138、139、177 |
| 平成10年3月19日 | 東京地判 | 判時1641号54頁 | システム・コンサルタント事件 | 136 |
| 平成10年7月16日 | 札幌地判 | 労判744号29頁 | 協成建設事件 | 135、137 |
| 平成10年8月27日 | 大阪高判 | 労判744号17頁 | 東加古川幼児園事件 | 137、138、177、178 |

| 平成10年９月16日 | 名古屋地判 | 労判747号26頁 | 秋田運輸事件 | 151 |
|---|---|---|---|---|
| 平成11年２月26日 | 東京地判 | 労経速1695号22頁 | 成和化成事件 | 150 |
| 平成11年３月31日 | 大阪高決 | 労判784号86頁 | 商工組合中央金庫（職員考課表提出命令）事件 | 194 |
| 平成11年５月31日 | 名古屋高判 | 労判764号20頁 | 秋田運輸控訴事件 | 151 |
| 平成11年７月12日 | 大阪高決 | 労判762号80頁 | 京ガス（賃金台帳提出命令）事件 | 194 |
| 平成11年７月28日 | 東京高判 | 判時1702号88頁 | システム・コンサルタント控訴事件 | 133、136 |
| 平成11年９月６日 | 大阪地決 | 労判776号36頁 | 住友金属工業（文書提出命令）事件 | 195 |
| 平成11年10月14日 | 大阪地決 | 労判776号44頁 | 住友金属工業（履歴台帳提出命令）事件 | 194 |
| 平成11年11月12日 | 最二小決 | 民集53巻８号1787頁 | | 196 |
| 平成12年３月24日 | 最二小判 | 民集54巻３号1155頁 | 電通事件 | 130、131、138、146、178、213 |
| 平成12年５月18日 | 広島地判 | 労判783号15頁 | オタフクソース・イシモト食品事件 | 138 |
| 平成12年６月27日 | 最三小決 | 労判795号13頁 | 東加古川幼児園上告事件 | 178 |
| 平成12年７月17日 | 最一小判 | 労判785号６頁 | 横浜南労基署長事件 | 213 |
| 平成12年８月９日 | 大阪地判 | 判時1732号152頁 | | 003 |
| 平成12年11月９日 | 東京地八王子支判 | 労判805号95頁 | 富国生命事件 | 131 |
| 平成13年２月２日 | 浦和地判 | 労判800号５頁 | 三洋電機事件 | 137、138 |
| 平成13年２月５日 | 名古屋地判 | 労判808号62頁 | 住友軽金属工業（団体定期保険第１）事件 | 151 |
| 平成13年２月22日 | 最一小決 | 労判806号12頁 | レンゴー事件 | 176、212 |
| 平成13年３月６日 | 名古屋地判 | 労判808号30頁 | 住友軽金属工業（団体定期保険第２）事件 | 150 |
| 平成13年11月９日 | 大阪地判 | 労判821号45頁 | アジア航測事件 | 005 |
| 平成14年２月19日 | 和歌山地判 | 労判826号67頁 | みくまの農協事件 | 139、147 |
| 平成14年４月24日 | 名古屋高判 | 労判829号38頁 | 住友軽金属工業（団体定期保険第２）事件高裁判決 | 151 |
| 平成14年４月25日 | 名古屋高判 | 労判829号30頁 | 地公災基金三重県支部長（伊勢総合病院）事件 | 041 |
| 平成14年７月23日 | 東京高判 | 労判852号73頁 | 三洋電機サービス事件 | 147 |
| 平成15年２月21日 | 大阪高判 | 金判1166号２頁 | | 152 |
| 平成15年４月４日 | 大阪地堺支判 | 労判854号64頁 | 南大阪マイホームサービス事件 | 139、147 |
| 平成15年６月26日 | 大阪高決 | 労判861号49頁 | 塚越運送事件 | 194 |
| 平成15年７月25日 | 新潟地判 | 労判858号170頁 | 新潟労基署長（中野建設工業）事件 | 034 |
| 平成15年９月３日 | 大阪地判 | 交民36巻５号1217頁 | | 157 |
| 平成15年12月４日 | 東京高決 | 労判866号92頁 | 住友重機械工業（文書提出命令申立抗告）事件 | 195 |
| 平成15年12月19日 | 千葉地判 | 労経速1856号11頁 | 東宝タクシー事件 | 136 |
| 平成16年１月14日 | 神戸地判 | 労判868号５頁 | 全日本検数協会（文書提出命令）事件 | 194 |
| 平成16年３月22日 | 大阪地判 | 労判883号58頁 | 喜楽鉱業株式会社事件 | 124 |
| 平成16年３月25日 | 東京地判 | 労経速1893号24頁 | ミサワリゾート事件 | 205 |
| 平成16年４月27日 | 最三小判 | 労判872号５頁 | 筑豊炭田（じん肺・国）事件 | 157、205、206 |
| 平成16年７月９日 | 広島高判 | 判時1865号62頁 | 西松建設株式会社事件 | 157、207 |
| 平成16年９月16日 | 東京地判 | 労判882号29頁 | 関西保温工業ほか１社事件 | 125、205 |
| 平成16年12月９日 | 広島高岡山支判 | 労判889号62頁 | 岡山労基署長（東和タクシー）事件 | 042 |

| | | | | |
|---|---|---|---|---|
| 平成16年12月15日 | 札幌高判 | 労判885号87頁 | 北炭（じん肺・国）事件 | 205 |
| 平成16年12月16日 | 東京高判 | 労判888号68頁 | 立川労基署長（東京港運送）事件 | 041 |
| 平成16年12月20日 | 最二小判 | 裁判集民215号987頁 | | 146 |
| 平成17年1月5日 | 神戸地尼崎支決 | 労判902号166頁 | A社文書提出命令申立事件 | 196、198 |
| 平成17年3月16日 | 東京地八王子支判 | 労判893号65頁 | ジャムコ立川工場事件 | 124 |
| 平成17年3月17日 | 大阪地判 | 労判893号47頁 | 大阪労働局長（行政文書不開示）事件 | 197 |
| 平成17年3月31日 | 東京地判 | 労判894号21頁 | アテスト（ニコン熊谷製作所）事件 | 137 |
| 平成17年4月12日 | 大阪高決 | 労判894号14頁 | 藤沢薬品工業（賃金台帳等文書提出命令）事件 | 195 |
| 平成17年4月27日 | 東京高判 | 労判897号19頁 | 関西保温工業ほか1社控訴事件 | 125、205 |
| 平成17年6月27日 | 長崎地佐世保支判 | 労経速2017号32頁 | 海上自衛隊事件 | 137 |
| 平成17年7月25日 | 広島地決 | 労判901号15頁 | 廿日市労基署長（災害調査復命書等提出命令）事件 | 198 |
| 平成17年9月8日 | 大分地判 | 判時1935号158頁 | | 152 |
| 平成17年10月14日 | 最三小決 | 民集59巻8号2265頁 | 金沢労基署長（有川製作所）事件 | 199 |
| 平成17年12月28日 | 東京地判 | 労判910号36頁 | 松屋フーズ（パート未払賃金）事件 | 196 |
| 平成18年1月18日 | 名古屋地判 | 労判918号65頁 | 富士電機E&C事件 | 131、137 |
| 平成18年2月23日 | 東京地判 | 労判914号38頁 | 立川労基署長（ジャムコ〔休業補償〕）事件 | 212 |
| 平成18年3月1日 | 最大判 | 民集60巻2号587頁 | | 008 |
| 平成18年3月3日 | 最二小判 | 労判919号5頁 | 地公災基金鹿児島県支部長（内之浦町教委職員）事件 | 042 |
| 平成18年4月11日 | 最三小判 | 労判915号51頁 | 住友軽金属工業（団体定期保険第2）事件最高裁判決 | 151 |
| 平成18年4月12日 | 福岡地判 | 労判916号20頁 | 八女労基署長（九州カネライト）事件 | 046 |
| 平成18年4月26日 | 東京地判 | 労判930号79頁 | 協和エンタープライスほか事件 | 136 |
| 平成18年5月15日 | 大阪地判 | 労判952号81頁 | ミヤショウプロダクツ事件 | 125 |
| 平成18年5月17日 | 名古屋地判 | 労判918号14頁 | 名古屋南労基署長（中部電力）事件第一審 | 045 |
| 平成18年6月15日 | 大分地判 | 労判921号21頁 | KYOWA（心臓病突然死）事件 | 136、148 |
| 平成18年7月7日 | 東京地判 | 判時1940号3頁 | トンネルじん肺東京損害賠償請求事件 | 157、206 |
| 平成18年7月20日 | 札幌高判 | 労判922号5頁 | NTT東日本北海道支店事件 | 131、136、139、147 |
| 平成18年10月30日 | 東京地八王子支判 | 労判934号46頁 | みずほトラストシステムズ（うつ病自殺）事件 | 137 |
| 平成18年11月24日 | 大阪高判 | 労判931号51頁 | JR西日本尼崎電車区事件 | 137 |
| 平成19年1月2日 | 大阪高判 | 労判952号77頁 | ミヤショウプロダクツ（損害賠償請求）控訴事件 | 125 |
| 平成19年1月24日 | 名古屋地判 | 労判939号61頁 | ボーダフォン（ジェイフォン）事件 | 137 |
| 平成19年3月28日 | 東京地判 | 労判943号28頁 | 国・中央労基署長（通勤災害）事件 | 059 |
| 平成19年5月24日 | 東京地判 | 労判945号5頁 | 国・八王子労基署長（パシフィックコンサルタンツ）事件 | 046 |

| | | | | |
|---|---|---|---|---|
| 平成19年６月６日 | 大阪地判 | 労判952号64頁 | 国・中央労基署長（興国鋼線索）事件 | 036、135 |
| 平成19年７月４日 | 大阪地判 | 労判943号98頁 | 国・淀川労基署長（商工経営センター・中国共同事務所）事件 | 036 |
| 平成19年９月26日 | 神戸地判 | 判時1999号89頁 | 損害賠償請求事件 | 136 |
| 平成19年10月５日 | 名古屋地判 | 労判947号５頁 | スギヤマ薬品事件 | 136 |
| 平成19年10月11日 | 東京高判 | 労判959号114頁 | さいたま労基署長（日研化学）事件控訴審 | 046 |
| 平成19年10月24日 | 福岡地判 | 労判956号44頁 | ハヤシ（くも膜下出血死）事件 | 136、148 |
| 平成19年10月25日 | 福岡高判 | 労判955号59頁 | 山田製作所（うつ病自殺）事件 | 137 |
| 平成19年10月31日 | 名古屋高判 | 労判954号31頁 | 名古屋南労基署長（中部電力）事件控訴審 | 045 |
| 平成19年11月30日 | 名古屋地判 | 労判951号11頁 | 国・豊田労基署長（トヨタ自動車）事件 | 035 |
| 平成19年11月30日 | 札幌地判 | 平成20年版年間労働判例命令要旨集174頁 | 札幌中央労基署長（粧連）事件 | 047 |
| 平成19年11月30日 | 大阪高判 | 労判958号89頁 | アイスペック・ビジネスブレイン（賃金請求）事件 | 196 |
| 平成19年12月14日 | 熊本地判 | 労判975号39頁 | 中野運送（トラック運転手・脳出血）事件 | 136 |
| 平成20年１月16日 | 大阪地判 | 労判958号21頁 | 国・国立循環器病センター（看護師・くも膜下出血死）事件 | 035 |
| 平成20年１月24日 | 最一小判 | 労判953号５頁 | 神奈川都市交通事件 | 006 |
| 平成20年２月13日 | 東京地判 | 労判955号13頁 | テクノアシスト相模（大和製罐）事件 | 134 |
| 平成20年３月27日 | 最一小判 | 労判958号５頁 | NTT東日本北海道支店上告事件 | 136、139、147 |
| 平成20年３月27日 | 大阪高判 | 労判972号63頁 | 大阪府立病院（医師・急性心不全死）事件 | 136 |
| 平成20年４月17日 | 東京地判 | 判時2008号78頁 | 東京労働局長ほか事件 | 008 |
| 平成20年４月22日 | 東京地判 | 労判965号５頁 | 東芝深谷工場事件（原審） | 005 |
| 平成20年４月28日 | 大阪地判 | 労判970号66頁 | 天辻鋼球製作所（小脳出血等）事件 | 136 |
| 平成20年５月26日 | 大阪地判 | 労判973号76頁 | 富士通四国システムズ（FTSE）事件 | 137 |
| 平成20年７月１日 | 松山地判 | 労経速2013号３頁 | 前田道路事件 | 137 |
| 平成20年７月29日 | 神戸地尼崎支判 | 労判976号74頁 | 名神タクシーほか事件 | 136、139、147 |
| 平成20年８月25日 | 福岡高判 | 労経速2017号３頁 | 海上自衛隊（賠償請求等控訴）事件 | 137 |
| 平成20年８月29日 | 札幌高判 | 労判972号19頁 | 札幌国際観光（石綿曝露）事件 | 125、205 |
| 平成20年９月30日 | 東京地判 | 労判977号59頁 | ヤマトロジスティクス事件 | 137 |
| 平成20年10月22日 | 東京高判 | 労経速2023号７頁 | 立正佼成会事件 | 137 |
| 平成20年10月30日 | 名古屋地判 | 労判978号16頁 | トヨタ自動車ほか事件 | 137 |
| 平成20年11月21日 | 札幌高判 | 平成21年版年間労働判例命令要旨集218頁 | 札幌中央労基署長（粧連）事件控訴審 | 047 |
| 平成20年12月８日 | 東京地判 | 労経速2033号20頁 | JFEスチールほか事件 | 135、137 |
| 平成21年１月16日 | 東京地判 | 労判981号51頁 | 中央労基署長（日立製作所・通勤災害）事件 | 059 |
| 平成21年１月30日 | 札幌高判 | 労判976号５頁 | NTT東日本北海道支店事件差戻審 | 136、147 |

| 平成21年１月30日 | 福岡高判 | 労判978号98頁 | ハヤシ（くも膜下出血死）控訴事件 | 136 |
|---|---|---|---|---|
| 平成21年２月９日 | 福岡高判 | 判時2048号118頁 | 三菱重工業（損害賠償請求控訴、同附帯控訴）事件 | 125 |
| 平成21年２月16日 | 東京地判 | 判時2051号150頁 | 損害賠償請求事件 | 125 |
| 平成21年４月20日 | 大阪地判 | 労判984号35頁 | 国・さいたま労基署長（鉄建建設）事件 | 041 |
| 平成21年４月23日 | 高松高判 | 労経速2044号３頁 | 前田道路控訴事件 | 137 |
| 平成21年７月６日 | 横浜地横須賀支判 | 判時2063号75頁 | 米軍横須賀基地事件 | 125、206 |
| 平成21年７月７日 | 名古屋地判 | 労経速2051号27頁 | 中部電力事件 | 125、205 |
| 平成21年９月９日 | 福井地判 | 労判990号５頁 | 国・大野労基署長（じん肺・自殺）事件 | 044 |
| 平成21年11月10日 | 千葉地木更津支判 | 労判999号35頁 | 川島コーポレーション事件 | 130 |
| 平成21年11月20日 | 神戸地判 | 労判997号27頁 | 三井倉庫（石綿曝露）事件 | 125、205 |
| 平成22年４月21日 | 大阪地判 | 労判1016号59頁 | 渡辺工業事件 | 125 |
| 平成22年５月14日 | 東京地判 | 労経速2081号23頁 | テレビ朝日ほか（クモ膜下出血）事件 | 136 |
| 平成22年５月19日 | 大阪地判 | 判時2093号３頁 | | 206 |
| 平成22年５月25日 | 京都地判 | 労判1011号35頁 | 大庄ほか（急性左心機能不全）事件 | 136 |
| 平成22年５月25日 | 最三小判 | 労判1018号５頁 | 小野リース事件 | 190 |
| 平成22年５月27日 | 京都地判 | 労判1010号11頁 | 国・園部労基署長（障害等級男女差）事件 | 155、167 |
| 平成22年８月27日 | 奈良地判 | 判タ1341号210頁 | | 152 |
| 平成22年９月13日 | 最一小判 | 民集64巻６号1626頁 | | 145 |
| 平成22年10月13日 | 東京高判 | 労経速2087号28頁 | ユニプラ事件 | 004 |
| 平成22年10月15日 | 最二小判 | 裁判集民235号65頁 | | 145 |
| 平成23年１月21日 | さいたま地判 | 判時2105号75頁 | リゾートソリューション（損害賠償請求）事件 | 207 |
| 平成23年２月23日 | 東京高判 | 労判1022号５頁 | 東芝深谷工場事件 | 004 |
| 平成23年３月７日 | 東京地判 | 労判1051号50頁 | フォーカスシステムズ（急性心疾患）事件 | 136 |
| 平成23年４月28日 | 横浜地判 | 労経速2111号３頁 | JFEエンジニアリング事件 | 207 |
| 平成23年５月25日 | 大阪高判 | 労判1033号24頁 | 大庄ほか（急性左心機能不全）控訴事件 | 136 |
| 平成24年２月22日 | 最二小判 | 労判1041号97頁 | 地公災基金愛知県支部長（A市役所職員・うつ病自殺）事件 | 221 |
| 平成24年２月24日 | 最二小判 | 裁判集民240号111頁 | | 140 |
| 平成24年３月22日 | 東京高判 | 労判1051号40頁 | フォーカスシステムズ（急性心疾患）控訴事件 | 136 |
| 平成24年７月19日 | 東京高判 | 労判1059号59頁 | 地公災基金静岡県支部長（磐田市立Ｊ小学校）事件 | 221 |
| 平成24年10月18日 | 東京高判 | 労判1065号24頁 | 慶應義塾大学（化学物質過敏症）事件 | 125 |
| 平成24年11月29日 | 大阪高判 | 労判1065号５頁 | 国・大阪労働局長（行政文書不開示決定取消請求）事件 | 197 |
| 平成24年12月13日 | 大阪高判 | 労判1072号55頁 | アイフル（旧ライフ）事件 | 005 |
| 平成25年２月14日 | 岐阜地判 | 最高裁ＨＰ | 地位確認請求事件 | 189 |
| 平成25年６月19日 | 大阪高決 | 労判1077号５頁 | ニチアス（石綿曝露・文書提出命令）事件 | 195 |
| 平成25年７月10日 | 東京高判 | 労判1076号93頁 | 学校法人専修大学事件 | 005 |
| 平成25年７月18日 | 大阪高決 | 判時2224号52頁 | 検証物提示命令に対する抗告事件 | 195 |

| | | | | |
|---|---|---|---|---|
| 平成25年９月24日 | 最三小判 | 労判1078号96頁 | 大庄ほか（急性左心機能不全）上告事件 | 136 |
| 平成25年10月４日 | 大阪高決 | 判時2215号97頁 | 高松労基署長（日本政策金融公庫）事件 | 199 |
| 平成25年11月27日 | 東京地判 | 労経速2200号３頁 | 新宿労働基準監督署長事件 | 123 |
| 平成25年12月19日 | 最一小決 | 労判1102号５頁 | 国立大学法人茨城大学（文書提出命令）事件 | 196 |
| 平成26年１月16日 | 東京地判 | 労経速2206号８頁 | 国・王子労基署長事件 | 124 |
| 平成26年３月26日 | 東京地判 | 労判1095号５頁 | 医療法人社団明芳会（R病院）事件 | 004 |
| 平成26年４月22日 | さいたま地判 | 労経速2209号15頁 | X学園事件 | 189 |
| 平成26年４月24日 | 東京地判 | 労経速2215号17頁 | 横浜西労基署長事件 | 123 |
| 平成26年７月８日 | 大阪高決 | 判時2252号107頁 | 労働審判申立却下決定に対する抗告事件 | 185 |
| 平成26年７月14日 | 最二小判 | 判時2242号51頁 | 文書不開示決定処分取消等請求事件 | 198 |
| 平成26年７月17日 | 大阪高判 | 労判1108号13頁 | 日本政策金融公庫（うつ病・自殺）事件 | 004 |
| 平成26年９月24日 | 広島高判 | 労判1114号76頁 | 三菱重工下関造船所事件 | 135 |
| 平成26年10月９日 | 最一小判 | 民集68巻８号799頁 | | 206 |
| 平成26年10月17日 | 盛岡地判 | 労判1112号61頁 | 地公災基金岩手県支部長（県職員）事件 | 124 |
| 平成26年10月17日 | 熊本地判 | 労判1108号５頁 | 肥後銀行事件 | 152 |
| 平成26年12月25日 | 福岡地判 | 労判1111号５頁 | 環境施設ほか事件 | 135 |
| 平成27年１月21日 | 東京地判 | 労経速2241号３頁 | 国・品川労基署長事件 | 033 |
| 平成27年３月４日 | 最大判 | 民集69巻２号178頁 | フォーカスシステムズ事件 | 146 |
| 平成27年３月23日 | 東京地判 | 労判1120号22頁 | 国・中央労基署長（旧旭硝子ビルウォール）事件 | 046 |
| 平成27年６月８日 | 最二小判 | 労判1118号18頁 | 学校法人専修大学事件 | 003、006 |
| 平成27年７月14日 | 甲府地判 | 判時2280号131頁 | Y農業協同組合事件 | 152 |
| 平成27年８月26日 | 東京高判 | 労判1122号５頁 | 神奈川ＳＲ経営労務センターほか事件 | 202 |
| 平成27年９月14日 | 岐阜地判 | 労判1150号61頁 | ニチアス事件 | 156 |
| 平成27年10月30日 | 高松高判 | 労判1133号47頁 | 四国化工機ほか１社事件 | 004 |
| 平成28年４月27日 | 東京高判 | 労判1146号46頁 | 国・中央労基署長（日本運搬社）事件 | 036 |
| 平成28年５月19日 | 前橋地高崎支判 | 労判1141号５頁 | ヤマダ電機事件 | 004 |
| 平成28年10月18日 | 最三小判 | 判タ1431号92頁 | | 179 |
| 平成29年１月31日 | 東京地判 | 労判1176号65頁 | 国・歳入徴収官神奈川労働局長（医療法人社団総生会）事件 | 177 |
| 平成29年３月16日 | 名古屋高判 | 労判1162号28頁 | 国・半田労基署長（医療法人B会D病院）事件控訴審 | 045 |
| 平成29年４月19日 | 東京地判 | 労判1166号82頁 | 日本コクレア事件 | 186 |
| 平成29年９月21日 | 東京高判 | 労経速2341号29頁 | 国・歳入徴収官神奈川労働局長（医療法人社団総生会）事件控訴審 | 177 |
| 平成30年７月２日 | 東京地判 | 判例集未登載 | 花王事件 | 125 |

**労災民事賠償マニュアル**
**申請、認定から訴訟まで**

平成30年 8 月20日　第 1 刷発行
令和 4 年12月10日　第 5 刷発行

編集代表　**岩出　誠**
編　　集　**ロア・ユナイテッド法律事務所**
発　　行　株式会社 ぎょうせい
〒136-8575　東京都江東区新木場1-18-11
URL：https://gyosei.jp

フリーコール　0120-953-431
〈検印省略〉　ぎょうせい　お問い合わせ　検索　https://gyosei.jp/inquiry/

印刷／ぎょうせいデジタル㈱

ISBN978-4-324-10516-0
(5108439-00-000)
〔略号：労災賠償〕